Ulrich Steinvorth · Docklosigkeit

Ulrich Steinvorth

Docklosigkeit oder zur Metaphysik der Moderne

Wie Fundamentalisten und Philosophen auf die menschliche Fehlbarkeit reagieren

mentis
PADERBORN

Einbandabbildung:
William Turner, »Steamer in a Snowstorm« (1842). London, Tate Gallery

Bibliografische Information Der Deutschen Bibliothek

Die Deutsche Bibliothek verzeichnet diese Publikation in der
Deutschen Nationalbibliografie; detaillierte bibliografische Daten sind
im Internet über http://dnb.ddb.de abrufbar.

Gedruckt auf umweltfreundlichem, chlorfrei gebleichtem
und alterungsbeständigem Papier ∞ ISO 9706

© 2006 mentis, Paderborn
(mentis Verlag GmbH, Schulze-Delitzsch-Straße 19, D-33100 Paderborn)

Alle Rechte vorbehalten. Dieses Werk sowie einzelne Teile desselben sind urheberrechtlich
geschützt. Jede Verwertung in anderen als den gesetzlich zulässigen Fällen ist ohne vorherige
Zustimmung des Verlages nicht zulässig.

Printed in Germany
Einbandgestaltung: Anna Braungart, Tübingen
Satz und Druck: Druckhaus Plöger, Borchen
ISBN 3-89785-544-5

Inhalt

Einleitung 5
  1. Docklosigkeit und Gottlosigkeit 5
  2. Das Gehäuse und die Autonomie 15
  3. Fundamentalismus und Liberalismus 18

1. Teil: Von den Schrecken der Docklosigkeit: Der Papst und Qutb 21

1. Kapitel: Die Attraktion des christlichen Fundamentalismus ... 21
  1. Zum Begriff der Vernunft 21
  2. Der Papst zu den Schrecken der Docklosigkeit 23
  3. Das Gegenmodell Prometheus 27
  4. Vorderasiatisch erweiterter Eurozentrismus? 31

2. Kapitel: Sayyid Qutb 36
  1. Qutbs Kriterium für die Richtigkeit eines Weltzugangs: Kohärenz 40
  2. Qutbs Kritik der europäischen Wissenschaft 43
  3. Qutbs Kritik des europäischen Geistes 48
  4. Was es heißt, spiritualistisch zu sein 52
  5. Qutbs Freiheit 58
  6. Politik, Jihad und natürliche Rechte 63
  7. Qutbs Gleichheit und Solidarität 70
  8. Qutb über europäischen Kommunismus und Pragmatismus . 75
  9. Qutbs Gottesbegriff 80
  10. Der Islam und die Einheit der Lebensführung 86

2. Teil: Von den Tugenden der Docklosigkeit: Wittgenstein und Popper 93

3. Kapitel: Probleme des Erkennens 96
  1. Poppers Problem 97
    a. Drei rationale Weisen, auf Erkenntnisdissens zu reagieren   99
    b. Ist die Fehlbarkeitsthese selbstwidersprüchlich? 102
    c. Wie naturwissenschaftlicher Fortschritt möglich ist 104
    d. Kritische und prometheische Vernunft 107

    2. Wittgensteins Problem 110
       a. Wirklichkeitszugang durch das Sprachspiel 112
       b. Kann es keine Privatsprache geben? 115
       c. Konsequenzen 120
       d. Eine neue Dimension der Fehlbarkeit 124

4. Kapitel: Probleme des Handelns 128
   1. Wie kann es Fortschritt in der Moraltheorie geben? 129
      a. Beobachtung und Intuition 131
      b. Was moralische Intuitionen nahelegen 135
      c. Das natürliche Recht auf gleiche Freiheit und das
         Differenzprinzip 139
      d. Solidarität und die Interessenbedingtheit moralischer
         Intuitionen 145
   2. Wie können wir überhaupt normative Ansprüche erheben? . 153
      a. Der kantische und der scholastische Begriff der Willens-
         freiheit 155
      b. Probleme des scholastischen Begriffs und ihre Auflösung 160
      c. Willensfreiheit und Hirnforschung 164
      d. Willensfreiheit und Autonomie, Moral, Vernunft und
         Handlungsfreiheit 168

5. Kapitel: Metaphysische Fragen 174
   1. Weinberg gegen Dyson, oder wie entscheidet man meta-
     physische Kontroversen? 176
   2. Verbindlichkeit in der Metaphysik 185
   3. Die prometheische Idee 189

Schluß: Gemeinsamkeiten von Fundamentalisten und Liberalen 196

   1. Wie Philosophie und Wirklichkeit zusammenprallen 196
   2. Liberale Gesellschaften und Autonomie 201
   3. Rückblick auf die Twin Towers 208

Literaturverzeichnis 212

Register 219

Vorbemerkung

Ulrike Baumann, Friederike Liechtenstein, Martin Sehrt, Reto Winckler, Charlotte Krüger und Felix Hoßfeld haben frühere Versionen dieser Arbeit gelesen und kommentiert. Ich habe vieles von ihnen gelernt und möchte ihnen für ihre Hilfen danken.

Einleitung

1. Docklosigkeit und Gottlosigkeit

Was unterscheidet das gegenwärtige Leben von früheren Epochen? Was macht es zu einer Lebensform mit besonders großen Risiken und Chancen? Welchen Herausforderungen müssen wir uns stellen, um die richtigen Möglichkeiten zu verwirklichen? Diese Fragen verdienen eine Antwort, aber sie verlangen auch einen Ausgangspunkt, eine Vermutung, die in ihrer Anwendung auf gegenwärtige Verhältnisse scheitern oder sich bewähren kann. Dies Buch geht den Fragen in der Vermutung nach, es sei die Einsicht in die unaufhebbare *Fehlbarkeit* aller unserer inhaltlichen (oder wie Kant sie nannte: synthetischen) Urteile, unserer empirischen wie unserer normativen Urteile, die die Gegenwart von früheren Epochen unterscheidet.

Ob unsere Urteile unaufhebbar fehlbar sind oder nicht, scheint eine bloß akademische Frage, die unser alltägliches Leben kaum berührt. Tatsächlich aber durchzieht die Hoffnung auf unerschütterliche Wahrheit die Geschichte der Menschheit. Mit ihr zu brechen ist vielleicht in der akademischen Theorie leicht, in der Praxis aber schwer. Wenn wir uns alle irren können, müssen wir dann nicht in der Irre leben? Kann es dann noch Verbindlichkeit geben? Sind Moral und Wissenschaft dann nicht subjektiv und relativ auf Macht, Tradition, Mode und Laune? Zeigen nicht Hitler und Stalin, Auschwitz und Pol Pot und viele andere Greuel des vergangenen und laufenden Jahrhunderts überdeutlich, wohin die Annahme der Fehlbarkeit all unseres inhaltlichen Wissens führen muß?

Diese Einschätzung der Gegenwart, verbreitet vor allem unter Wortführern und Anhängern fundamentalistischer Bewegungen, will das vorliegende Buch als grundfalsch erweisen. Es will zeigen, daß nur die Einsicht in unsere Fehlbarkeit allgemeinverbindliche Moral und Erkenntnis, Halt und Autonomie ermöglicht. Aber es erkennt an, daß es eine besondere Herausforderung der Gegenwart ist, zusätzlich zu ihren vielen inhaltlichen Herausforderungen, die Einsicht in unsere unaufhebbare Fehlbarkeit in ihren Voraussetzungen und Konsequenzen verständlich und überzeugend zu machen.

In Zeiten sozialen Wandels verlieren die Anwendungsbedingungen tradierter Regeln des Erkennens und Handelns ihren Sinn. Daher suchte man gerade in unruhigen Zeiten Regeln, die man unter allen Bedingungen anwenden könnte. Sokrates und Platon, Descartes und Hobbes, Kant und Bentham, sie alle beanspruchten, einen unerschütterlichen Felsgrund, einen archimedischen Punkt, einen kategorischen Imperativ, einen untrüglichen Kompaß für richtig und falsch gefunden zu haben. Dafür waren sie bereit, mit allen früheren Regeln reinen Tisch, *tabula rasa* zu machen. Es ist die Einsicht des 20. Jahrhunderts, daß ihre Hoffnung trog. Otto Neurath, ein Wortführer des Wiener Kreises, hat dieser Einsicht ein Bild gesetzt:

> Es gibt keine *tabula rasa*. Wie Schiffer sind wir, die ihr Schiff auf offener See umbauen müssen, ohne es jemals in einem Dock zerlegen und aus besten Bestandteilen neu errichten zu können.[1]

Docklosigkeit ist eine Metapher für unsere unaufhebbare *Fehlbarkeit*. Da die Wörter *docklos* und *Docklosigkeit* wie *gottlos* und *Gottlosigkeit* klingen, vermitteln sie die Schrecken der Einsicht in unsere Fehlbarkeit besser als die Wörter *fehlbar* und *Fehlbarkeit*. Daher werde ich sie im folgenden oft anstelle der blasseren gebrauchen. Anders als der Begriff der Fehlbarkeit verweist die Metapher der Docklosigkeit auch auf einen Zusammenhang, den man bei Betrachtung der Fehlbarkeit leicht übersehen kann: können wir auf kein unerschütterliches Wissen hoffen, dann dürfen wir nicht das fehlerhafte Wissen der Tradition verachten. Wir müssen mit ihm vorlieb nehmen, wenn wir es auch immer überprüfen müssen.

Neurath war nicht der erste, der das Bild der bodenlosen offenen See zur Beschreibung der modernen Existenz gebrauchte. Einige Jahrzehnte vor ihm schrieb Nietzsche:

> Wir haben das Land verlassen und sind zu Schiff gegangen! Wir haben die Brücke hinter uns – mehr noch, wir haben das Land hinter uns abgebrochen! Nun, Schifflein! Sieh' dich vor! Neben dir liegt der Ocean, es ist wahr, er brüllt nicht immer, und mitunter liegt er da, wie Seide und Gold und Träumerei der Güte. Aber es kommen Stunden, wo du erkennen wirst, dass er unendlich ist und dass es nichts Furchtbareres giebt, als Unendlichkeit. Oh des armen Vogels, der sich frei gefühlt hat und nun an die Wände des Käfigs stößt! Wehe, wenn das Land-Heimweh dich befällt, als ob dort mehr *Freiheit* gewesen wäre, – und es giebt kein ›Land‹ mehr![2]

---

[1] Otto Neurath, Protokollsätze. *Erkenntnis* 3, 1932/3, 204-14, zit. nach Neurath, Gesammelte philosophische und methodologische Schriften Bd. 2, Wien (Hölder) 1981, 577. Willard van Orman Quine hat die zitierten Sätze als Motto seinem Buch *Word and Object*, Cambridge/Mass. (MIT) 1960, vorangestellt. Auch Paul Lorenzen, Methodisches Denken, in: Ratio 7, 1965, 1-13, nahm Neuraths Bild auf. Vgl. dazu auch Hans Blumenberg, Schiffbruch mit Zuschauer, Frankfurt (Suhrkamp) 1979, 72.

[2] Friedrich Nietzsche, Die fröhliche Wissenschaft §124, Kritische Gesamtausgabe, eds. G. Colli u. M. Montinari, München und Berlin/New York (de Gruyter) ²1988, Bd.3, 480.

Nietzsche stützt seine These, dem modernen Menschen fehle der feste Boden transzendenter Sicherheiten, nicht wie Neurath auf erkenntnistheoretische Argumente. Er sieht in ihr die Konsequenz der Aufklärung und ihrer Religionskritik. Seinem Aphorismus über die Landlosigkeit schließt er daher den berühmteren über den »tollen Menschen« an, »der am hellen Vormittage eine Laterne anzündete, auf den Markt lief und unaufhörlich schrie: ›Ich suche Gott! Ich suche Gott!‹« Solange die Menschen an einen allmächtigen Gott glaubten, glaubten sie, auf festem Grund zu leben. Gott schränkte ihre Freiheit ein, aber gab ihnen Halt. Doch nun, so Nietzsche aus dem Mund des tollen Menschen,

> Wohin bewegen wir uns? Fort von allen Sonnen? Stürzen wir nicht fortwährend? Und rückwärts, seitwärts, vorwärts, nach allen Seiten? Giebt es noch ein Oben und ein Unten? Irren wir nicht wie durch ein unendliches Nichts? Ist es nicht kälter geworden? Kommt nicht immerfort die Nacht und mehr Nacht?[3]

Die Angst vor der Haltlosigkeit, der Nietzsche Ausdruck gibt (ohne sie zu teilen),[4] kannten frühere Epochen nicht. Sie ist eine spezifisch moderne Angst, die spezifisch moderne Reaktionen weckt. Vormoderne Epochen kannten zwar den Skeptiker, der an keine unfehlbaren Wahrheiten glaubt und ebenso Fallibilist ist wie der heutige Wissenschaftstheoretiker. Aber Fallibilismus und Skepsis früherer Epochen waren akademische Theorien, die die Lebenspraxis höchstens am Rande berührten. Das vormoderne Leben in Europa und Vorderasien war an Religionen orientiert, die ein unerschütterliches Fundament aus unfehlbaren Wahrheiten zu legen beanspruchten und den gewöhnlichen Sterblichen auf etwas festlegten, das heute Fundamentalismus heißt. So selbstverständlich es fundamentalistisch war, so selbstverständlich ist das Leben im Westen heute docklos. Erst diese nicht immer reflektierte Docklosigkeit erzeugt einen spezifisch modernen *politischen* Fundamentalismus und die ihn motivierende Angst vor dem Nichts und der Haltlosigkeit, die Nietzsche beschreibt.

---

[3] Ebd. §125; Kritische Gesamtausgabe 3, 480. Zur Bedeutung der einzelnen Züge des Aphorismus vgl. Beatrix Himmelmann, Freiheit und Selbstbestimmung, Freiburg u. München (Alber) 1996, 292f.

[4] Nietzsche registriert die Folgen der allgemeinen Anerkennung der Fehlbarkeit nüchtern. Vgl. *Menschliches, Allzumenschliches* I §441, Krit. Gesamtausg. a.a.O Bd.2, S. 287: »Die Subordination, welche im Militär- und Beamtenstaate so hoch geschätzt wird [...] muss schwinden, denn ihr Fundament schwindet: der Glaube an die unbedingte Autorität, an die endgültige Wahrheit«; auch §472, S. 302-7, über den »Tod des Staates«. Aber er trauerte auch um den Tod Gottes, dessen »Mörder« er als den »hässlichsten« Menschen darstellt; s. Also sprach Zarathustra IV, Krit. Gesamtausg. Bd. 4, 327-32.

Docklosigkeit ist in der Tat das Ergebnis nicht bloß akademischer Argumente, sondern eines zwar von Argumenten geleiteten und gerechtfertigten, aber von ihnen nicht motivierten Prozesses der *Säkularisierung* der menschlichen Lebensführung. Dieser Prozeß fand eine gewisse Ruhe in der Aufklärung und der Kunst und Philosophie der Klassik, in der Vernunft und Gefühl, Mensch und Natur, Individuum und Gesellschaft in grundsätzlicher Harmonie erschienen. Sie fand in England ihren Ausdruck in Alexander Popes *Essay on Man*, in Frankreich in Condorcets *Esquisse d'un tableau historique des progrès de l'esprit humain*, in Deutschland bei Kant, Goethe und den Brüdern Humboldt. Die Säkularisierung oder, wie Weber denselben Prozeß nannte, Rationalisierung und Entzauberung war mit Aufklärung und Klassik jedoch nicht zum Ende gelangt. Die westlichen Gesellschaften erlebten eine Industrialisierung, die alle vorausgegangenen Veränderungen als unbedeutend erscheinen ließ. Wie zwei Beobachter in der Mitte des 19. Jahrhunderts bemerkten:

> Alle festen eingerosteten Verhältnisse mit ihrem Gefolge von altehrwürdigen Vorstellungen und Anschauungen werden aufgelöst, alle neugebildeten veralten, ehe sie verknöchern können. Alles Ständische und Stehende verdampft, alles Heilige wird entweiht, und die Menschen sind endlich gezwungen, ihre Lebensstellung, ihre gegenseitigen Beziehungen mit nüchternen Augen anzusehen.[5]

Mit der Industrialisierung begann eine Epoche, die wir von der Neuzeit unterscheiden sollten. Manche Autoren nennen sie *Moderne*;[6] ich folge dieser Terminologie. Docklosigkeit gehört ebenso zur Moderne[7] wie Industriali-

---

[5] Karl Marx, Friedrich Engels, Manifest der Kommunistischen Partei (1848), in Marx, Engels, Werke, Berlin Dietz) 1962ff., Bd. 4, 465.

[6] So Marshall Berman, All That is Solid Melts Into Air, Penguin 1988, 17ff. Daß wir die Moderne von der Neuzeit unterscheiden sollten, heißt natürlich nicht, daß sie nicht durch Säkularisierung oder Entzauberung verbunden sind. Ob dieser Prozeß dem Streben nach ökonomischem (wie Marx und Berman vermuteten, der ebd. 40 auf Goethes Faust als einen frühen Vertreter der Vermutung verweist) oder Seelenheil (wie Max Weber annahm) entsprang, brauchen wir hier nicht zu entscheiden.

[7] So auch Jürgen Habermas, Technik und Wissenschaft als ›Ideologie‹, in Technik und Wissenschaft als ›Ideologie‹, Frankfurt (Suhrkamp) 1968, 93: »Die Schwelle der *Moderne* wäre dann durch jenen Rationalisierungsprozeß bezeichnet, der mit dem Verlust der ›Unangreifbarkeit‹ des institutionellen Rahmens ... einsetzte«. Allerdings fährt Habermas fort: »Die traditionellen Legitimationen werden an den Maßstäben der Rationalität von Zweck-Mittel-Beziehungen kritisierbar«. Hier beschreibt er die Mittel der Kritik zu eng; Hobbes, Locke und Kant, die die Kritik der traditionellen Legitimationen begannen, stützten sich keineswegs auf Maßstäbe der Zweckrationalität. – Ähnlich Claus Offe, The Utopia of the Zero Option (zuerst 1987), in Modernity and the State, Cambridge (Polity) 1996, 3-30., 7: »In the modernization process, traditional monopolies of interpretation, claims to absoluteness, and doctrinal compulsions become obsolete ...«.

sierung, Demokratisierung, Verstädterung, Aufhebung nationaler und anderer partikularer Schranken und nicht zuletzt Zweifel an der Aufklärung und eine Verwischung der früheren Front zwischen fortschrittlichen Rationalisten auf der einen und reaktionären Traditionalisten auf der andern Seite.[8] Denn zur Docklosigkeit gehört die Einsicht, daß Fortschritt nur in Anknüpfung an die Tradition möglich ist, in kritischer Anknüpfung zwar, aber doch in Anknüpfung an sie.[9] Wie wir sehen werden, gehört zu ihr auch der Rückgriff auf moralische Intuitionen, wenn es um die Rechtfertigung von Normen geht. Daran zeigt sich, daß das Geschäft der Vernunft, die Rechtfertigung von Geltungsansprüchen, in einem zentralen Bereich nicht ohne historisch verwurzeltes Gefühl möglich ist; denn moralische Intuitionen sind mit historisch beeinflußten Gefühlen verbunden.

Ich unterscheide die Moderne nicht von dem, was andere Postmoderne nennen. Wenn es spezifische Probleme der Postmoderne gibt, so sind es dieselben, die die Moderne kennzeichnen.[10] Zu ihnen gehört das Problem der Docklosigkeit. Es stellt uns vor die Frage: wie werden wir damit fertig, daß wir unaufhebbar fehlbar sind? Oder können wir uns doch, wie die Fundamentalisten meinen, vor Docklosigkeit bewahren?

Marx, Nietzsche und Max Weber sind die wichtigsten Analytiker der Moderne, aber sie und ihre Nachfolger haben der Docklosigkeit wenig Aufmerksamkeit gewidmet. Das ist nicht verwunderlich. Docklosigkeit ist eine Eigenschaft unseres Erkennens, und dessen Möglichkeiten sind Gegenstand der Philosophie, da wir sie weitgehend unabhängig von empirischen Untersuchungen erörtern können und müssen. Marx und Nietzsche aber waren an Erkenntnistheorie wenig interessiert, und ihre Nachfolger waren überwiegend Soziologen. Die Philosophen verstrickten sich im 20. Jahrhundert mehr und mehr in Probleme ihrer eignen Methode und blieben, vor der Renaissance der politischen Philosophie und dem Beginn der angewandten Ethik in den 70er Jahren, für allgemeinere Fragen der Gesellschaft unfruchtbar. Obgleich Neurath einer der wichtigsten Initiatoren der analytischen Philosophie war, blieb diese blind für die philosophischen Fragen, die er in sein Bild der Docklosigkeit gegossen hatte.

---

[8] Auf die Verwischung verweist auch Isaiah Berlin, The Bent Twig. On the Rise of Nationalism, Foreign Affairs 51, 1972, Neudruck in The Crooked Timber of Humanity, London (Murray) 1990, 238-61, 255; dt. Der gekrümmte Zweig. Über den Aufstieg des Nationalismus, in Das krumme Holz der Humanität, Frankfurt (Fischer) 1995, 297-325, 317.
[9] Auch darauf verwies schon Nietzsche; vgl. etwa *Menschliches, Allzumenschliches* I §§ 463, 472f., a.a.O. S.299 und 302-8.
[10] Ähnlich argumentiert C. Offe, The Utopia of the Zero Option a.a.O. 4f. und 19-21.

Diese Blindheit versucht dies Buch zu überwinden, unter Vernachlässigung anderer und gewiß nicht weniger wichtiger Aspekte der Moderne. Es versteht sich als philosophischen Beitrag zur Selbstverständigung der Moderne und teilt die Prämissen, die in Neuraths (und Nietzsches) Bild der Docklosigkeit eingegangen sind. Dies sind vor allem normative (und fehlbare) Prämissen, die die Moderne und die Modernisierung als Zustand und Prozeß einer Entfaltung aller konstruktiven Potentiale der Menschen und sogar der Natur insgesamt hochschätzen.[11] Es impliziert Aussagen über den Sinn der Moderne. Diese sind nicht empirisch, sondern *Deutungen* von Fakten, und Deutungen empirischer Fakten sind, wie sich zeigen wird, Aussagen, die in einer Tradition, die in diesem Begriff keine Schmach, sondern eine Auszeichnung sah, *metaphysisch* hießen. Da ich (anders als Neurath) keinen Grund sehe, dieser Tradition nicht zu folgen, nenne ich meine Untersuchung eine Metaphysik der Moderne.

Warum man für Aussagen Verbindlichkeit beanspruchen kann, werde ich im *zweiten Teil* dieses Buchs erklären. Karl Popper, Ludwig Wittgenstein und einige weitere Philosophen stellen klar, ohne den Begriff der Docklosigkeit zu gebrauchen, daß Docklosigkeit unvermeidlich und doch nicht das Ende von Wissenschaft und Moral, daß sie im Gegenteil ihre notwendige Bedingung ist. Sie legen nicht nur die Gründe, sondern auch die *Tugenden* der Docklosigkeit offen. Das macht ihre Botschaft wichtig in einer Zeit, die von ihren Schrecken gefangen ist und sie, soweit sie sie überhaupt reflektiert, beklagt.

Vor den Tugenden aber müssen wir die Gründe der Schrecken der Docklosigkeit untersuchen. Sie macht angst, weil nicht nur Nietzsche sie als Gottlosigkeit empfand. Wurde Gott nicht aus guten Gründen als feste Burg und nicht als offene See verstanden? Gott, so müssen wir jedoch bedenken, wurde als feste Burg erst verstanden, als man an unerschütterlichen Felsgrund glaubte. Der Gott des Alten Testaments zeigt dagegen einen merkwürdig erschütterlichen, um nicht zu sagen launischen Willen.

Hinter der scheinbaren Gottlosigkeit der Docklosigkeit steht in jedem Fall ein schrecklicherer Schrecken. Die moderne Welt scheint, weil sie jedes unerschütterliche Fundament als Schein verwirft, unfähig, dem

---

[11] C. Offe, The Utopia of the Zero Option a.a.O. 4, verweist auf den Bewertungsgegensatz in der Literatur zur Modernisierung und der Moderne als »modernization euphoria and modernity skepticism«, zwischen denen er eine vermittelnde Position einnehme. Eine solche Vermittlung scheint aus logischen Gründen notwendig: wie kann man einen Zustand negativ einschätzen und den zu ihm führenden Prozeß negativ? Auch Offe hebt an der Moderne ebd. 11 »the priniple of the expansion of capacities« und an der Modernisierung ebd. 18 »its built-in dynamic of an increase in capacities« hervor.

Leben die Einheit zu geben, ohne die es zu zerfallen droht. Über diesen Mangel klagte schon der früheste Analytiker der Moderne, Jean-Jacques Rousseau, und seine Klage wiederholten viele Autoren nach ihm.[12] Zu Beginn des 20. Jahrhunderts warnte Max Weber vor ihm mit dem Pathos eines Unheilpropheten. Er war kein politischer Fundamentalist, aber seine Kassandrarufe sprechen die Ängste heutiger Fundamentalisten aus, nicht zuletzt des politischen Islam. Ohne dessen Kritik der Moderne ernst zu nehmen, kann heute jedoch keine Analyse der Moderne mehr glaubhaft sein. Daher sollten wir schon jetzt einen Blick auf Webers Kassandrarufe werfen.

2. Das Gehäuse und die Autonomie

Das moderne Leben, so Weber, zerfällt in Teilsysteme, in denen wir nach deren Werten und »Eigengesetzlichkeiten«[13] handeln, denken und empfinden. Dieselbe Moderne, die unter dem Banner der Freiheit dem Individuum zu seinem Recht verhelfen, es auf sich selbst stellen, es als gottunmittelbar anerkennen und von den Zwängen der Tradition befreien will, entpuppt sich als »Gehäuse der Hörigkeit«, das die Selbstgesetzgebung des Einzelnen durch die Eigengesetzlichkeit der »Lebensordnungen« ersetzt. Darüber hinaus sind auch die Teilsysteme von der ökonomischen Sphäre beherrscht. Als »faktisch unabänderliches Gehäuse« zwingt der »Kosmos« der »kapitalistischen Wirtschaftsordnung« dem Fabrikanten wie dem Arbeiter »die Normen seines wirtschaftlichen Handelns auf«.[14]

Das ist eine grimmige Ironie der Geschichte, weil die Dominanz der Ökonomie mit der Lebensführung des Puritaners begann, des für Weber paradigmatisch autonomen Menschen, der nicht sich der Welt, sondern die Welt sich anpaßte. War aber für ihn dank seines unerschütterlichen Glaubens »die Sorge um die äußeren Güter« nur ein »dünner Mantel, den man jederzeit abwerfen könnte«, so ließ »aus dem Mantel [...] das Verhängnis ein stahlhartes Gehäuse werden«, als nämlich das puritanische Glaubensfundament weich wurde.[15]

Auch eine sozialistische Revolution werde kein »Zerbrechen des stählernen Gehäuses der modernen gewerblichen Arbeit« bedeuten. »Vielmehr:

---

[12] s. Marshall Berman (Fußnote 6), 17ff.
[13] Max Weber, Gesammelte Aufsätze zur Religionssoziologie, Tübingen (Mohr) 1920 (Zwischenbetrachtung), 537, 541.
[14] Weber, Gesammelte Aufsätze zur Religionssoziologie a.a.O. (Die protestantische Ethik) 37
[15] Weber, ebd. 203

daß nun auch die *Leitung* der verstaatlichten oder in irgendeine ›Gemeinwirtschaft‹ übernommenen Betriebe bürokratisch würde«.[16]

> Im Verein mit der toten Maschine ist (die bürokratische Organisation mit ihrer Spezialisierung der geschulten Facharbeit, ihrer Abgrenzung der Kompetenzen, ihren Reglements und hierarchisch gestuften Gehorsamsverhältnissen) an der Arbeit, das Gehäuse jener Hörigkeit der Zukunft herzustellen, in welche vielleicht dereinst die Menschen sich, wie die Fellachen im altägyptischen Staat, ohnmächtig zu fügen gezwungen sein werden.[17]

Zwar ist Weber in seinen Aussagen über die Unentrinnbarkeit des Gehäuses des kapitalistisch-bürokratischen Kosmos der Gegenwart nicht eindeutig. So fügt er dem zuletzt zitierten Satz gesperrt gedruckt hinzu: »wenn ihnen eine rein technisch gute und das heißt: eine rationale Beamtenverwaltung und -versorgung der letzte und einzige Wert ist, der über die Art der Leitung ihrer Angelegenheiten entscheiden soll«. Aber Webers Eindruck der Unentrinnbarkeit des »Gehäuses« lebt unvermindert fort in seiner und seiner Nachfolger Klage über eine Übermacht des »Systems«, das den Menschen seine Logik aufzwingt, eines Systems zudem, das nicht nur den Westen, sondern im Zuge der Globalisierung die ganze Welt unterwirft. Eine rationale, aber Autonomie verhindernde Beamtenverwaltung hat nach Weber deshalb die besten Zukunftsaussichten, weil das Erstarken einer Autonomie, die Beamtenverwaltung verhindert, schlechte Aussichten hat. Denn dazu wäre nötig der »großartige Rationalismus der ethisch-methodischen Lebensführung«,[18] zu dem die Puritaner fähig waren, die Modernen aber nach Weber unfähig sind, so sehr sie nach Autonomie verlangen.

Sind Webers Klagen über das Gehäuse der Hörigkeit nicht nur nostalgischer Ausdruck eines Konservativen, der einer Einheit der Lebensführung anhängt, für die in der Moderne einfach kein Platz ist? Werden sich die Menschen nicht an die Lebensbedingungen der Moderne ebenso gewöhnen wie an viele frühere Veränderungen? Vielleicht. Aber sollten wir es wünschen? Was geht verloren, wenn jene Einheit nicht mehr möglich ist, der Weber nachtrauert? Nach Weber ist es eine Autonomie, die uns befähigt, die Welt uns anzupassen. Spätere Theoretiker sind ihm in dieser Annahme gefolgt: »Die sozialpsychologische Signatur des Zeitalters«, so Habermas, »wird weniger durch die autoritäre Persönlichkeit als durch Entstrukturierung des Über-Ich charakterisiert«; Habermas konstatiert daher eine »Zu-

---

[16] Max Weber, Gesammelte politische Schriften, Tübingen (Mohr) 1958 (Parlament und Regierung), 319f.
[17] ebd. 320.
[18] Max Weber, Wissenschaft als Beruf, in Soziologie, universalgeschichtliche Analysen, Politik, Stuttgart (Kroner) 1973, 330.

nahme des *adaptiven Verhaltens*«.[19] Hatte Weber also nicht recht, der Autonomie nachzutrauern?

Gegen die Annahme, Autonomie sei nicht gefährdet, sprechen viele Beobachtungen, nicht zuletzt das Erstarken des Fundamentalismus. Das Verlangen nach einer im westlichen Leben vermißten Autonomie ist, wie noch deutlicher werden wird, eines der stärksten Motive des Fundamentalismus. Auch der Islam wäre tot geblieben ohne die verbreitete Empfindung, das »System« sei ein Gehäuse der Hörigkeit. Diese Empfindung ist kein Wahn. Die moderne Wirtschaft unterwirft Unternehmer wie Arbeiter und Angestellte ihrer Logik, und die ihr Unterworfenen können sich noch glücklicher schätzen als die von ihr befreiten Arbeitslosen.

Doch handelt es sich bei der Empfindung, das »System« sei ein Gehäuse der Hörigkeit, nicht nur um Symptome unvollkommener Anpassung von Leuten aus vormodernen agrarischen Schichten? Werden sie nicht ihre Autonomie gewinnen, wenn sie oder ihre Kinder lernen, ihre Identität gerade darin zu finden, in den Subsystemen trotz deren Eigengesetzlichkeit dieselben zu bleiben? Auch das könnte sein. Nur müßten sie dazu Gelegenheit haben, ihre Fähigkeiten in den Subsystemen (oder wo immer) zu betätigen und sich als Wesen zu erfahren, die ihre Umgebung meistern können. Daran aber hindert heute die Arbeitslosigkeit zu viele, und viele mit Arbeit Privilegierte sehen in ihrem Privileg eher Verrat an den Ausgeschlossenen als Sinn im System. Und daß sich die Arbeitslosigkeit so ausbreiten konnte, belegt wiederum die Unzerbrechlichkeit des Systems und den Autonomieverlust bei den Verantwortlichen.

Es gibt, so werde ich argumentieren, ein natürliches Recht, am gesellschaftlichen Arbeitsprozeß teilzunehmen, da dieser in natürliche Ressourcen, das Gemeineigentum aller, eingreift. Daher empfinden die Betroffenen Massenarbeitslosigkeit als schweres Unrecht. Nehmen aber dieselben Gesellschaften, die zum Schutz der Menschenrechte Krieg führen, weltweite Arbeitslosigkeit hin, so handeln sie offensichtlich ungerecht. Ihr ungerechtes Handeln scheint nur möglich, weil sie in ihrer Docklosigkeit jede unerschütterliche Wahrheit leugnen. Docklosigkeit ermöglicht daher in den Augen vieler ein himmelschreiend ungerechtes System.

Sie irren, wie ich zeigen möchte. Verbindliche moralische Wahrheiten gibt es nicht trotz, sondern wegen unserer unaufhebbaren Fehlbarkeit. Nicht Docklosigkeit, sondern Dogmatismus ist der Grund der himmelschreienden Ungerechtigkeit unseres Systems.

---

[19] Jürgen Habermas, Technik und Wissenschaft als ›Ideologie‹ a.a.O. 83f.

3. Fundamentalismus und Liberalismus

Die beste Kritik des politischen Fundamentalismus ist die aufmerksame Lektüre fundamentalistischer Texte. Sie zeigen uns, was moderne Menschen verlangen, und zugleich, warum ihr Verlangen nicht vom Fundamentalismus gestillt werden kann. Ein solcher Text ist die Enzyklika des verstorbenen Oberhaupts der katholischen Kirche, Papst Johannes Pauls II, die den Glauben an unfehlbare Wahrheiten gegen den Fallibilismus verteidigt. Der erste Teil dieser Arbeit beginnt mit seiner Untersuchung. Jedoch ist heute die wichtigste Bastion des Fundamentalismus der Islam. Die Schriften Sayyid Qutbs, eines Wortführers der ägyptischen Moslembrüder, der zum wohl einflußreichsten Theoretiker des politischen Islam wurde, haben den Vorzug, ihre Verteidigung unfehlbarer Wahrheiten mit einer bemerkenswerten Kritik des Liberalismus zu verbinden. Ihre Erörterung ist die Hauptpartie des ersten Teils.

In diesen Texten treten zwei Gegner unter dem Namen des Fundamentalismus und des Liberalismus an. Auch ich werde den Gegner des (politischen) Fundamentalismus Liberalismus nennen. Liberalismus ist jedoch ein vieldeutiger Begriff. Derjenige Liberalismus, der allein als Gegner des Fundamentalismus gelten kann, ist die Praxis, die sich, meist ohne Bewußtsein ihrer Gründe, auf die unvermeidliche Fehlbarkeit aller Menschen eingestellt hat. Er ist weder eine ökonomische Position, die auf die Verteidigung des Marktes, noch eine politische Position, die auf die Verteidigung der parlamentarischen Demokratie festgelegt ist. Er vertritt vielmehr bestimmte *Ideen* und *Methoden der Konfliktschlichtung*, die mit der Unmöglichkeit unfehlbarer Wahrheiten eng verbunden sind.

Zu seinen *Ideen* gehören die Freiheit aller zur Betätigung der eigenen Vermögen oder zu individueller Selbstbestimmung und die Idee der Gleichheit aller vor dem Recht. Diese Ideen legen nahe, den Markt zur Allokation und Wertmessung ökonomischer Ressourcen und die parlamentarische Demokratie zur Durchsetzung von Gerechtigkeit zu gebrauchen, jedoch nur, wenn Markt und Demokratie der Freiheit und Gleichheit dienen.

Eine Konsequenz der Ideen von Freiheit und Gleichheit ist die Annahme *natürlicher* Rechte. Solche Rechte bestehen im Anspruch jedes Menschen darauf, erstens die Verfügung über das eigene Leben, den eigenen Körper und die eigenen Anlagen notfalls auch mit Gewalt verteidigen zu dürfen; zweitens andere, die Dritte an solcher Verfügung hindern, notfalls mit Zwang an ihrer Behinderung der Freiheit anderer hindern zu dürfen. Die Rechte gelten als *natürlich,* weil sie als Befugnisse gelten, die nicht erst durch Interessen einer Gesellschaft gültig werden. Nicht alle Liberalen nehmen noch *natürliche* Rechte an, keiner aber nimmt nicht *Menschen*rechte an. Im 20. Jahrhundert wurden Menschenrechte in internationalen Erklärungen verkündet, die nichtliberalen Gesellschaften die Zustimmung erleichtern sollten. Daher haben einige der deklarierten Menschenrechte mit der Idee natürlicher Rechte der liberalen Tradition wenig zu tun.[20] Trotzdem ist die Idee der Menschenrechte eine Konsequenz der Idee natürlicher Rechte. Für den Anhänger natürlicher Rechte sind sie solche, deren Verletzung besonders verwerflich ist. Daher gehört zum Liberalismus die Idee der Menschenrechte.[21]

Die *Methoden der Konfliktschlichtung*, auf die der Liberalismus festlegt, bestehen in der Ersetzung von Gewalt und List durch faire Verfahren. Sie sind eine Konsequenz der Ideen von Freiheit und Gleichheit. Wenn jeder gleiche Rechte auf Betätigung seiner Fähigkeiten hat, dürfen Konflikte *nicht* durch Mißachtung einer Seite, sondern nur durch ein für beide Seiten gleich faires Verfahren gelöst werden. Ein solches Verfahren ist die Ausbreitung der Gründe der strittigen Standpunkte vor einander oder einem Schiedsrichter, in der Erwartung, daß eine Entscheidung fällt, die beide Parteien anerkennen können. Jedoch ist die Konfliktschlichtung des Liberalen nicht auf Gründeabwägung oder rationale Verfahren angewiesen. Sie hat vielmehr ein Lösungsangebot auch für den Fall, in dem Gründe versagen: den Loswurf oder einen andern Zufallsmechanismus, dem beide Seiten die Entscheidung überlassen können, weil er beiden die gleiche Gewinnchance gibt.

Wenn sich schließlich eine Konfliktpartei jedem fairen Verfahren verschließt, kann es auch nach dem Liberalismus richtig sein, die eigene durch gute Gründe gerechtfertigte Position mit Gewalt und List zu verteidigen. Grundsätzlich aber zieht der Liberale friedliche und den andern achtende Mittel kriegerischen vor. Daher gilt der Liberale in manchen (besonders amerikanischen) Kreisen als links und weich. Auch diese Bedeutungsnuance gehört zu dem Liberalismus, der dem Fundamentalismusgegner entgegengesetzt wird.

Was den Streit zwischen Fundamentalismus und Liberalismus seine besondere Schärfe gibt, ist eine Gemeinsamkeit zwischen ihnen. Sie machen einander denselben Vorwurf: den Menschen Autonomie zu versagen. Der Liberale, so der Fundamentalist, verhindert Autonomie, da er docklos den

---

[20] Etwa das Recht auf bezahlten Urlaub, Artikel 24 der UN-Menschenrechtserklärung.
[21] Bernard Williams, Truth and Truthfulness, Princeton UP 2002, 210ff., rechnet zu den Ideen des Liberalismus auch die der Wahrheit, die man über die Geschichte der Menschen finden muß. Schätzenswert wie diese Idee ist, ist sie doch nicht spezifisch liberal; auch Fundamentalisten vertreten sie.

Menschen den unerschütterlichen Boden entzieht, der für Autonomie notwendig sei; der Fundamentalist, so der Liberale, verhindert Autonomie, da er sie dogmatisch auf kritikimmune Wahrheiten einschwört. Ich werde im ersten Teil zeigen, daß der Vorwurf des Liberalen an den Fundamentalisten berechtigt ist, und im zweiten, daß der Vorwurf des Fundamentalisten an den Liberalen nicht berechtigt ist. Aber es wird schon dann deutlich werden, was ich im Schlußteil hervorhebe, nämlich daß eine Form des Liberalismus, der Wirtschaftsliberalismus, in der Tat Autonomie behindert, und sogar, daß Liberalismus und Fundamentalismus nicht nur die formale Berufung auf Autonomie, sondern ein Ideal teilen, für das die mythische Figur des *Prometheus* steht: das Ideal eines reichen, nicht zerfasernden Lebens, das jedem die Entwicklung seiner geistigen Fähigkeiten erlaubt. Der Fundamentalismus kann dies Ideal nicht verwirklichen, aber er muß ihm doch folgen. Daher ist eine Zusammenarbeit zwischen Liberalen und Fundamentalisten möglich, ohne die wir nicht hoffen könnten, die heute deutlich genug drohenden Katastrophen abzuwenden.

1. TEIL:
DIE SCHRECKEN DER DOCKLOSIGKEIT: DER PAPST UND QUTB

1. Kapitel:
Die Attraktion des christlichen Fundamentalismus

1. Zum Begriff der Vernunft

Bevor wir betrachten, wie der Papst das Verhältnis von Vernunft und Glauben bestimmt, sollten wir klären, was überhaupt unter Vernunft zu verstehen ist. Unter Vernunft wurde vieles verstanden, aber das Urteilen nach Gründen und Argumenten galt immer und überall als das spezifische Geschäft der Vernunft.[22] Wenn man nach Gründen urteilt, erhebt man mit seinem Urteil einen Geltungs- oder Richtigkeitsanspruch, entweder auf Wahrheit oder auf normative Richtigkeit. Umgekehrt impliziert man, wenn man für ein Urteil Geltung beansprucht, daß man für sein Urteil gute Gründe hat. Daher sollten wir Vernunft als das Vermögen betrachten, Geltungsansprüche zu erheben und *nach Gründen zwischen richtig und falsch zu unterscheiden.*

Wenn wir mit einer Aussage oder einem Urteil einen Richtigkeitsanspruch stellen, gebrauchen wir Vernunft und appellieren an sie. Wir können das wiederum nur dann tun, wenn wir Kriterien haben, zwischen richtig und falsch zu unterscheiden. Welche Kriterien zu gebrauchen sind, darüber besteht Dissens. Wir können daher Menschen und Gesellschaften verschiedene Formen der Vernunft zusprechen, wenn sie verschiedene Kri-

---

[22] Vgl. U. Steinvorth, Was ist Vernunft? München (Beck) 2002, und U. Steinvorth, animal rationale, in Heinrich Schmidinger und Clemens Sedmak, Hg., Der Mensch – ein ›animal rationale‹? Vernunft – Kognition – Intelligenz, Darmstadt (Wissensch. Buchgesellschaft) 2004, 32-47.

terien zur Unterscheidung von richtig und falsch gebrauchen. So spricht man etwa von der politischen oder wirtschaftlichen Vernunft, wenn man an Handlungsweisen denkt, die nach politischen oder wirtschaftlichen Richtigkeitskriterien richtig sind.

Die heutige analytische Philosophie unterscheidet der Sache nach zwei Formen der Vernunft, die für unsere Untersuchung von besonderem Interesse sind, die dogmatische und die kritische Vernunft. Die *dogmatische* nimmt für die Unterscheidung von richtig und falsch unfehlbare Wahrheiten an. Wir können nach ihr gar nicht zwischen richtig und falsch unterscheiden, wenn wir nicht Axiome voraussetzen, deren Richtigkeit unbezweifelbar, unfehlbar und unrevidierbar ist. Sie sind der Felsgrund, auf den bei Hinzunahme fehlbarer Aussagen alle Gebäude empirischen und normativen Wissens gebaut werden.

Die *kritische* Vernunft hält Unfehlbarkeit in empirischen und normativen Aussagen für unmöglich. Nach ihr fehlt allen Systemen unseres Wissens ein unerschütterliches Fundament. Die geeignete Metapher zu ihrer Beschreibung ist nicht das fundierte *Haus*, das uns Schutz gibt, sondern das *Netz*, mit dem wir je nach Größe seiner Maschen einfangen können, was wir einfangen wollen. Es ist nicht unerschütterlich noch unzerreißbar, aber um so zuverlässiger, je leichter wir zerrissene Fäden neu knüpfen können. Die kritische Vernunft ersetzt die Suche nach Axiomen, aus denen die Richtigkeit einer Aussage ableitbar ist, durch die Prüfung der *Kohärenz* aller relevanten Daten einer deskriptiven oder normativen Theorie, die bei Annahme der Richtigkeit der Aussage eintritt oder ausbleibt. Zu den relevanten Daten gehören oft auch tradierte Auffassungen, für deren Verwerfung wir keinen Grund erkennen. *Kohärenz*, die Stimmigkeit der Daten untereinander oder ein gewisser Sinn, den sie zusammen ergeben, ersetzt das Richtigkeitskriterium der Ableitung aus unfehlbaren Wahrheiten oder Grundlagen.

Was wir heute nach bestem Wissen und Gewissen als richtig oder kohärent anerkennen, kann freilich morgen inkohärent und sinnlos aussehen, wenn wir neue relevante Daten entdecken und die alten Daten in ein neues Licht rücken.

Die meisten heutigen westlichen Philosophen folgen der kritischen Vernunft. Auch außerhalb der Philosophie herrscht im Westen die kritische Vernunft vor. Bei vielen Bürgern westlicher Gesellschaften stößt die Annahme unfehlbarer empirischer oder normativer Wahrheiten auf Mißtrauen. Außerhalb fundamentalistisch religiöser Kreise steht die dogmatische Vernunft in niedrigem Ansehen. Daher ist es wichtig zu erinnern, daß die meisten früheren Philosophen bis ins 19. Jahrhundert hinein auch in Europa der dogmatischen Vernunft folgten. Mögen ihre Gründe nicht so gut sein wie die für die Annahme der kritischen Vernunft, sie sind, wie ich im zweiten Teil darlegen werde, nicht zu unterschätzen. So großartige, scharfsinnige und weise Philosophen wie Platon, Aristoteles, Descartes, Hobbes, Locke, Kant und Bentham glaubten an unfehlbare Wahrheiten. Auch wenn der frühere Fundamentalismus nicht der moderne ist, die Argumente für die Annahme unfehlbarer Wahrheiten dürfen nicht belächelt werden. Es ist nicht leicht, ihre Schwäche zu erkennen.

2. Der Papst zu den Schrecken der Docklosigkeit

Papst Johannes Paul II hat in einer Enzyklika die Lehre der katholischen Kirche zum Verhältnis von Glauben und Vernunft dargelegt. Er widerspricht in ihr dem *Syllabus moderner Irrlehren*, den sein Vorgänger Pius IX 1864 veröffentlichte. In dieser heute in Europa vergessenen Schrift wird der »absolute Rationalismus« durch die Aussage bestimmt: »Vernunft ist das Maß aller Dinge, durch die der Mensch jegliche Erkenntnis erreichen kann« und wird und als Götzendienerei verworfen.[23]

Was Pius IX verdammte, ist das Ideal der Aufklärung. Seit aber so viele Europäer die Vernunft durch das Gefühl oder die Stimme des Blutes oder ein Klasseninteresse ersetzten, mußte das Ansehen der Vernunft auch bei treuen Katholiken steigen. Johannes Paul II folgt diesem Trend, wenn er in seiner Enzyklika der Vernunft huldigt. Aber im Konflikt stellt auch er sie hinter den Glauben. Der Fundamentalismus siegt auch bei ihm über die Aufklärung.

Alle inhaltlichen Urteile als fehlbar anzuerkennen, so Johannes Paul II, hat zwar seine Attraktion, aber nur vorübergehend: »Hypothesen können den Menschen faszinieren, aber sie befriedigen ihn nicht. Es kommt für alle der Zeitpunkt, wo sie, ob sie es zugeben oder nicht, das Bedürfnis haben, ihre Existenz in einer als endgültig anerkannten Wahrheit zu verankern, welche eine Gewißheit vermittelt, die nicht mehr dem Zweifel unterworfen ist«.[24]

---

[23] Trotz seiner Wichtigkeit ist der päpstliche *Syllabus* heute schwer erhältlich; sehr wenige Bibliotheken enthalten ihn. Am leichtesten ist er zugänglich in G.A. Kertesz, Hg., Documents in the political history of the European continent: 1815-1919, Oxford 1968, 223-41. Ein Anhänger des *Syllabus* war Erzbischof Lefebvre, dessen unversöhnliche Kritik am Zweiten Vatikanischen Konzil ihm die Exkommunikation zuzog (mittlerweile wurden seine Anhänger wieder in die Kirche aufgenommen). Über den *Syllabus*, Lefebvre und die erstaunlichen Parallelen zum heutigen islamistischen Fundamentalismus berichtet Sadik J. Al-Azm, Islamischer Fundamentalismus – neubewertet, in Unbehagen in der Moderne. Aufklärung im Islam, Frankfurt (Fischer) 1993, 77-137.

[24] Papst Johannes Paul II, Enzyklika Fides et Ratio an die Bischöfe der katholischen Kirche über das Verhältnis von Glaube und Vernunft, 14.9.1998, Hg. Sekretariat der

Fehlbare Regeln sind in der Tat Hypothesen vergleichbar. Auf Hypothesen können wir aber, so der Papst, unser Leben nicht gründen. Diese Behauptung ist nicht unplausibel. Um unser Leben durch seine zahlreichen Schwierigkeiten und Versuchungen zu steuern, brauchen wir verläßliche Prinzipien. Müssen sie uns nicht tief genug überzeugen, daß wir mit Luther, aber gewiß nicht weniger mit dem Papst sagen können: »Hier stehe ich, ich kann nicht anders«? Taugen dazu revidierbare Prinzipien? Sie erlauben uns doch nur zu sagen: »Hier stehe ich, aber wenn du mir ein besseres Argument gibst, kann ich auch anders.«

Der hier unterstellte Gegensatz hält jedoch einer näheren Prüfung nicht stand. *Hier stehe ich, ich kann nicht anders* kann immer nur bedingt ausgesprochen werden. Auch Luther hätte anders gehandelt, wenn ihn bessere Argumente dazu bewogen hätten. Wenn wir unser Handeln überhaupt auf Gründe stützen, können wir nie unfehlbare Gewißheit von der Richtigkeit unseres Handelns haben. Denn wir müssen bescheiden genug sein anzuerkennen, daß wir nie alle möglichen relevanten Gründe überblicken können. Stützen wir unser Handeln aber nicht auf Gründe, so können wir für unsere Lebensführung erst recht nicht beanspruchen, sie sei in einer Wahrheit verankert. Stützen wir sie auf Gründe, so können die Gründe wechseln. Wir können dann nicht ohne Verletzung der Rationalität eine unfehlbare Wahrheit beanspruchen. Gesellschaften, deren Entscheidungen sich an Gründen orientieren, führen notwendig eine docklose Existenz. So paradox es klingt, eine Gesellschaft wird um so dockloser, je mehr sie ihre Entscheidungen auf Gründe stützt. Docklosigkeit schließt das Handeln aus Gründen nicht etwa aus, sondern setzt es voraus.

Wir müssen weiter anerkennen, daß individuelle Autonomie, die Fähigkeit, sein Leben nach eignem Urteil zu führen,[25] eine Konsequenz des Handelns nach Gründen ist. Wir können nur nach Gründen entscheiden, wenn wir je selbst die Gründe betrachten und abwägen. Die Gründe müssen *mir* einleuchten, wenn sie die Gründe sind, nach denen ich handle. Selbst wenn ich nach einem Grund handle, den ich nicht für den stärksten oder einleuchtendsten halte, wähle ich ihn, weil ich glaube, in seiner Wahl mir selbst am ehesten treu zu bleiben. (Entscheidungen dieser Art ermöglichen, wie wir sehen werden, uns Willensfreiheit zuzusprechen.)

Wenn man überhaupt verlangt, daß Menschen nach Gründen urteilen, wie es jeder Mensch tut, der an die Vernunft appelliert, muß man auch in-

---

Deutschen Bischofskonferenz, Bonn, 31f. Die folgenden in Klammer gesetzten Seitenzahlen verweisen auf diese Ausgabe.

[25] dies ist nur eine vorläufige Definition, die ich unten im 4. Kapitel (2d) näher ausführe.

1. Kapitel: Die Attraktion des christlichen Fundamentalismus

dividuelle Autonomie anerkennen. In der Tat tun das auch der Papst und, wie wir sehen werden, Qutb. Wenn wir aber nach Gründen urteilen, müssen wir immer mit einer Revision der Gründe rechnen, nach denen wir urteilen. Daher können wir nicht auf eine unfehlbare Lehre festgelegt werden. Individuelle Autonomie ist mit dogmatischer Vernunft unvereinbar. Daher können, wie wir noch oft sehen werden, weder der Papst noch andere Fundamentalisten ihre Anerkennung der Autonomie durchhalten. Ihr Bekenntnis zur Autonomie ist ehrlich gemeint, aber bleibt Lippenbekenntnis.

Der Fundamentalismus ist einerseits auf den Appell an die Vernunft angewiesen, fordert das Handeln nach Gründen und muß daher individuelle Autonomie als Ideal hochhalten. Das steigert seine Attraktion. Anderseits muß er für seine Lehren die Unerschütterlichkeit beanspruchen, ohne die er nicht als Retter vor der Docklosigkeit auftreten könnte; das autonome Urteil kann jedoch unfehlbare Lehren nicht anerkennen. Daher kann der Fundamentalismus in seiner Praxis die Autonomie der Individuen nicht respektieren. Das ist sein grundlegender Widerspruch. Er löst sich nur auf, wenn man die dogmatische durch die kritische Vernunft ersetzt. Diese Ersetzung scheint jedoch ihrerseits paradox. Denn die kritische Vernunft scheint unfähig, Richtigkeitsansprüche zu rechtfertigen. Der Fundamentalismus wird solange attraktiv bleiben, wie es den Liberalen nicht gelingt klar zu machen, daß die kritische Vernunft, und nur sie, Richtigkeitsansprüche rechtfertigen kann.

Wir können vom Führer einer Religion nicht erwarten, daß er für eine Lebensführung eintritt, die allein auf Vernunft und nicht auch auf den Glauben gebaut ist. Aber zum Glauben gehören Gewissensentscheidungen, und diese können gewöhnlich keine Unfehlbarkeit beanspruchen; sie sind sogar die Quelle aller Autonomie. So versichert Johannes Paul, der Glaube müsse »die Vernunft nicht (fürchten), sondern sucht sie und vertraut auf sie« (46). Er billigt auch »der Philosophie und den Wissenschaften die nötige Autonomie« zu, »die diese brauchen, um sich den jeweiligen Forschungsgebieten erfolgreich widmen zu können« (48f), und erkennt an, daß »eine Philosophie, die nicht im Lichte der Vernunft nach eigenen Prinzipien und den für sie spezifischen Methoden vorginge, [...] wenig hilfreich (wäre)« (53); ja, er will mit den »Interventionen« des kirchlichen Lehramts »vor allem bezwecken, das philosophische Denken anzuregen, zu fördern und ihm Mut zu machen« (54).

Trotzdem geht ihm das Bedürfnis vor, seine »Existenz in einer als endgültig anerkannten Wahrheit zu verankern, welche eine Gewißheit vermittelt, die nicht mehr dem Zweifel unterworfen ist«. Er schließt ohne Umschweife von der *Existenz* des Bedürfnisses nach Verankerung »in einer als endgültig anerkannten Wahrheit« auf die *Berechtigung*, Wahrheiten als endgültig zu verankern. Er hält es offenbar nicht einmal für nötig zu zeigen, wie es eine Gewißheit geben kann, die nicht mehr dem Zweifel unterworfen ist. Vielmehr erläutert er nur, wie man etwas als endgültig anerkannte Wahrheit *verankert*. Zur Verankerung ist eine »Treue, die sich hinzugeben vermag«, nötig, ein »gläubiger Mensch«, der »sich der Wahrheit an(ver-traut)«, insbesondere als »Märtyrer«, »der zuverlässigste Zeuge der Wahrheit über das Dasein«. Er bezeugt, »was wir bereits empfinden« und »was auch wir, wenn wir die Kraft dazu fänden, gern ausdrücken würden« (35).[26]

Zwar ist diese Überlegung nicht unattraktiv. Der Papst will offenbar sagen, daß ein Anspruch auf moralische Richtigkeit glaubwürdig werden kann, wenn jemand bereit ist, für ihn in den Tod zu gehen. Nicht jeder Geltungsanspruch kann offenbar so verankert werden; vielmehr gehört dazu, daß das Zeugnis des Märtyrers etwas bezeugt, »was wir bereits empfinden«. Die Schwäche der Überlegung liegt jedoch auf der Hand. Es ist kein Zufall, daß *Märtyrer* im Islamismus (und im Hinduismus der Tamilrebellen in Sri Lanka, die gegen fundamentalistische Buddhisten kämpfen) Selbstmordattentäter und -täterinnen heißen, die der Papst wohl nicht als Vorbild darstellen will. Wenn wirklich der Märtyrer »der zuverlässigste Zeuge der Wahrheit über das Dasein« ist, müßte der Papst zur Konversion zum Islam aufrufen, da für keine andere Religion heute so viele Menschen bereit sind, mit ihrem Tod die Wahrheit des Islam zu bezeugen. Das freiwillige Martyrium ist kein Kriterium der Wahrheit.

Auch beim Papst ist die Verankerung einer Wahrheit nur die Erzwingung der Anerkennung einer fehlbaren Annahme als einer unfehlbaren durch sozialen Druck. Sie ist eine Vergewaltigung nicht nur der individuellen Autonomie, sondern aller Regeln des Denkens, des Urteilens, der Vernunft. Sie widerspricht auch allen Prinzipien des Gewissens, auf die keine Religion verzichten kann, die ihren Gläubigen ein göttliches letztes Gericht vorhält, das über sie als *Individuen* urteilt. Fundamentalistische Bewegungen kommen nicht darum herum, ihre Dogmen mit demselben sozialen

---

[26] Johannes Paul II verweist im ersten Schritt seines Arguments darauf, es seien »im Leben eines Menschen die einfachhin geglaubten Wahrheiten viel zahlreicher als jene, die er durch persönliche Überprüfung erwirbt. Wer wäre denn imstande, die unzähligen wissenschaftlichen Ergebnisse, auf die sich das moderne Leben stützt, kritisch zu prüfen? Wer vermöchte für sich allein den Strom der Informationen zu kontrollieren, die Tag für Tag aus allen Teilen der Welt eintreffen und die immerhin als grundsätzlich wahr angenommen werden?« (34) Dieser Verweis auf das Vertrauen in die Autorität der Wissenschaften läßt außer acht, daß die Autorität der Wissenschaften darauf beruhen, daß sie ihre eigne Fehlbarkeit anerkennen und sich der Kritik aussetzen. Die religiöse Tradition dagegen, die Johannes Paul verteidigt, schließt die Anerkennung ihrer Fehlbarkeit gerade aus.

Druck zu verankern, den der Papst stillschweigend fordert. Ob sie wie die katholische Kirche die Lehre durch ein Lehramt verankern oder wie der Islam jede Vermittlung zwischen dem Gläubigen und Gott durch das Priesteramt verwerfen: ihren Appellen an Vernunft und Autonomie zum Trotz verankern sie ihre Lehren mit denselben Mitteln des sozialen Drucks, der Terror und Scheiterhaufen einschließt. Dies ist eine der vielen Konkretisierungen des allgemeinen Widerspruchs aller Fundamentalismen, Autonomie anerkennen und zugleich brechen zu müssen.

In jedem Fall verkündet das Haupt der katholischen Christenheit mit seiner Kritik an der Docklosigkeit moderner Gesellschaften keine *frohe* Botschaft, wie es seines Amtes wäre. Es ist eine *traurige* Wahrheit, daß viele Menschen, wenn auch unter dem Druck gesellschaftlicher Verhältnisse, der kritischen Einstellung eine Hingabe vorziehen, deren Selbstdestruktivität uns heute Selbstmordattentäter überanschaulich vorführen.

3. Das Gegenmodell Prometheus

Johannes Paul beklagt in einer andern Enzyklika (über Abtreibung, Euthanasie und die Todesstrafe von 1995), eine »gewisse prometheische Einstellung, die dazu führt zu denken, man könne Leben und Tod kontrollieren, indem man die Entscheidungen über sie in eigene Hände nimmt«.[27] Entscheidungen auch über das Ende seines Lebens in eigene Hände zu nehmen statt sich den gegebenen Umständen anzupassen kann man nicht verurteilen, wenn man die Autonomie anerkennt. Wenn der Papst die Anerkennung dieser Konsequenz der Autonomie eine prometheische Einstellung nennt, tut er das zu recht. Denn es gehört zur mythischen Figur des Prometheus, den eignen Willen nicht den gegebenen Umständen anzupassen.

Werfen wir einen Blick auf die Geschichte seines Mythos, um zu verstehen, warum Prometheus für jeden Fundamentalismus der Inbegriff der Verwerflichkeit und trotzdem, wie noch deutlich werden wird, auch für Fundamentalisten anziehend ist. Prometheus, ursprünglich vermutlich ein lokaler Feuergott, wird von Hesiod am Ende des 8. Jahrhunderts v.Chr. als Sohn eines Titanen beschrieben, der den Göttern das Feuer stiehlt und es den Menschen bringt. Dafür schmiedet Zeus ihn an einen Felsen im Kaukasus, an

---

[27] Zit. nach Theodore Ziolkowski, The Sin of Knowledge. Ancient themes and modern variations, Princeton UP 2000, 5 (meine Übersetzung). Ziolkowski gibt in den Kapiteln 2 und 5 eine vorzügliche Übersicht über die Geschichte der Prometheusdarstellungen. Das Buch erörtert auch die vergleichbaren Mythen vom Sündenfall und von Faust und die Gemeinsamkeiten der drei Mythen.

dem ihm ein Adler täglich an der Leber frißt, die nachts nachwächst.[28] Zwei Jahrhunderte später macht Äschylos[29] ihn in einer Trilogie über den Feuerbringer, den gefesselten und den entfesselten Prometheus zum heroischen Helfer der Menschheit, der in Zeus den Vertreter eines jüngeren Geschlechts bekämpft, das seine Willkür über das Gesetz stellt. Im Sturm und Drang wird Prometheus zur Verkörperung menschlicher Unabhängigkeit von Gott und der Fähigkeit, für sich selbst zu sorgen. Am wirksamsten war wohl Goethes Gedicht Prometheus, in dem es unter anderem heißt:[30]

> Ich kenne nichts Ärmeres Unter der Sonne als euch, Götter! [...] Hast du nicht alles selbst vollendet, Heilig glühend Herz?

Das hier angesprochene Du ist natürlich Prometheus' Herz. Wenn Prometheus dagegen weiter sagt:

> Hier sitz ich, forme Menschen Nach meinem Bilde [...], Zu leiden, zu weinen, Zu genießen und zu freuen sich, Und dein nicht zu achten, Wie ich!,[31]

so bezieht sich der Genitiv »dein« auf Zeus und den christlichen Gott. Karl Marx wirkte mit, Prometheus zum Vorbild einer uneingeschränkten Autonomie der Menschen zu machen, als er das Vorwort zu seiner Dissertation mit der Versicherung schloß, Prometheus sei der höchste Heilige und Märtyrer im philosophischen Kalender,[32] und im *Kapital* (nur nebenbei und an keiner herausgehobenen Stelle) erklärte, »das Gesetz [...], welches die [...] industrielle Reservearmee stets mit Umfang und Energie der Akkumulation in Gleichgewicht hält, schmiedet den Arbeiter fester an das Kapital als den Prometheus die Keile des Hephästos an den Felsen«.[33]

Der durch eine lange Rezeptionsgeschichte geformte Prometheus verkörpert die Einstellung, die der Papst verwirft. Sein Leben in die eignen Hände nehmen, alle Kräfte der Natur nutzen, die die Menschen fördern, den Mächten trotzen, die die Menschen hindern, über ihr Leben selbst zu entscheiden, und dabei das Interesse der ganzen Menschheit im Auge behalten: das macht die prometheische Einstellung aus. Sie ist für Fundamentalisten unakzeptabel, weil sie das Vertrauen in die eignen fehlbaren Vermögen über den Glauben an unfehlbare Autoritäten stellt. Sie wird be-

---

[28] ebd. 27f.
[29] ebd. 36ff.
[30] ebd. 113f.
[31] Johann Wolfgang Goethe, Sämtliche Gedichte Erster Teil. Die Gedichte der Ausgabe letzter Hand, München (dtv) 1961, 284f.
[32] Ziolkowski a.a.O. 115.
[33] K. Marx, Das Kapital Bd.1, in Marx und Engels, Werke, Dietz (Berlin) 1971, Bd. 23, 675.

1. Kapitel: Die Attraktion des christlichen Fundamentalismus

straft durch eine drastische Form der Verankerung in einem unerschütterlichen Felsgrund. Die Dichter, die zum Prometheusmythos beitrugen, erkannten viel früher als die Philosophen die Verbindung von Fundamentalismus und Unfreiheit.

Dennoch ist trotz aller offiziellen Verwerfung die prometheische Einstellung auch für Fundamentalisten attraktiv. Denn anders als der Liberale, der sich nur am negativen Ideal der Freiheit orientiert, stellt Prometheus ein positives Ziel dar: die Betätigung der eigenen Anlagen, die zugleich die Verwirklichung der Potenzen der Natur ist. Dies Ideal ist mit dem negativen Ideal der Freiheit vereinbar, denn es läßt jedem die Freiheit, seine Anlagen zu betätigen und unter den Naturpotenzen solche zur Verwirklichung auszuwählen, die den eigenen Anlagen am besten entsprechen. Zugleich ist es ein positives Ziel, das angibt, wofür jeder seine Freiheit gebrauchen soll, und das weder ein Fundamentalist noch ein Liberaler verwerfen kann. Es ist so allgemein, daß mögliche Konfliktquellen in der Bestimmung der Wege zur Verwirklichung der Naturpotenzen ausgeklammert sind. Trotzdem ist das Ziel nicht leer. Es gibt eine gewisse Orientierung, die allerdings in dem Maß, wie sie konkretisiert wird, für den Fundamentalisten unakzeptabel wird. Dazu gehört vor allem, daß die prometheische Einstellung Autonomie voraussetzt, die mit dem Fundamentalismus letztlich unvereinbar ist. Aber erst letztlich. Auch der Fundamentalist muß die individuelle Autonomie hochhalten, denn die Menschen werden vorm jüngsten Gericht für ihre individuellen Entscheidungen gerichtet.

Tatsächlich kritisiert auch Papst Johannes Paul II an der prometheischen Einstellung nicht, daß sie die eignen Angelegenheiten in die eignen Hände zu nehmen verlangt. Er kritisiert an ihr, daß sie Entscheidungen *über Leben und Tod* in die eigenen Hände zu nehmen verlangt, Entscheidungen, die durch die technischen Möglichkeiten der modernen Medizin Auswirkungen haben, die sich kaum überblicken lassen. Seine Kritik trifft weniger das, wofür die mythische Figur des Prometheus in der Geschichte bis zum Ende des 19. Jahrhunderts gestanden hat, nämlich den Gebrauch von Intelligenz zur Ausschöpfung des natürlichen Potentials an Mitteln zur Förderung der menschlichen Existenz. Er kritisiert vielmehr den *leichtfertigen* Gebrauch von Intelligenz zu diesem Zweck, etwas, wofür nicht Prometheus, sondern sein Bruder *Epimetheus* steht, der die Folgen seiner Handlungen erst erkennt, nachdem er die Büchse der Pandora geöffnet hat. Er vertritt daher nicht nur den Standpunkt eines autoritären Glaubens, sondern stützt sich auf ein Unbehagen in der heutigen Kultur, das an ihrem auffälligsten Produkt, der Technik, besonders spürbar wird. Dies Unbehagen treibt ökologische Bewegungen an, die weit entfernt sind, als reaktionär zu gelten. Einer ihrer Wortführer, Hans Jonas, versah sein Buch *Das Prinzip Verantwortung*[34] mit folgendem Klappentext:

> Der endgültig entfesselte Prometheus, dem die Wissenschaft nie gekannte Kräfte und die Wirtschaft den rastlosen Antrieb gibt, ruft nach einer Ethik, die durch freiwillige Zügel seine Macht davor zurückhält, dem Menschen zum Unheil zu werden. ›Die dem Menschen zugedachte Unterwerfung der Natur hat im Übermaß ihres Erfolges, der sich nun auch auf die Natur des Menschen selbst erstreckt, zur größten Herausforderung geführt, die je dem menschlichen Sein aus eigenem Tun erwachsen ist.‹

Auch Jonas' Kritik trifft nur Epimetheus. Jonas hat recht, daß ihr Erfolg in der Unterwerfung der Natur die Menschen zur größten Herausforderung geführt hat, die ihnen ihre eignen Tätigkeiten je gestellt haben. Er hat auch darin recht, daß die heutige Wirtschaft dem Gebrauch der Technik einen rastlosen Antrieb gibt. Doch die heutigen Probleme der Menschheit verlangen mehr, nicht weniger Technik. Gewiß verlangen sie eine verständige Technik, die Technik eines Aufklärers, der zuerst nicht an Technik, sondern am Vertrauen der Menschen in ihre eignen fehlbaren Vermögen interessiert ist, vor allem in das Vermögen, zwischen richtig und falsch zu unterscheiden. Prometheus ist Rebell, nicht weil er Technik gebraucht, sondern weil er auf sein Urteil mehr gibt als auf das des Zeus.[35]

Die Kritiker der prometheischen Einstellung können sich auf ein allgemeines Unbehagen an der Technik stützen, können dem Unbehagen aber nur durch Appelle Rechnung tragen, die Technik zu fesseln. Ähnlich wie Herbert Marcuse erweist sich Jonas in seiner Kritik an der Technik (und seiner Hoffnung auf eine qualitativ neue Technik) als abhängig von Heideggers Technikkritik.[36] Diesem Ansatz hielt schon Habermas entgegen:

> Wenn man sich vergegenwärtigt, daß die technische Entwicklung einer Logik folgt, die der Struktur [...] der Arbeit entspricht, dann ist nicht zu sehen, wie wir je, solange [...] wir [...] unser Leben durch gesellschaftliche Arbeit und mit Hilfe von Arbeit substituierenden Mitteln erhalten müssen, auf Technik, und zwar auf unsere Technik, zugunsten einer qualitativ anderen sollten verzichten können.[37]

---

[34] Hans Jonas, Das Prinzip Verantwortung. Versuch einer Ethik für die technologische Zivilisation, Frankfurt (Fischer) 1979.
[35] Arthur Mitzman, Prometheus Revisited. The quest for global justice in the 21st century, University of Massachusetts Press 2003, versteht Prometheus treffend als Aufklärer, der durch die Züge, die ihn als Techniker und Rebell bekannt machen, oft übersehene Eigenarten der Aufklärung klarmacht.
[36] vgl. M. Heidegger, Die Frage nach der Technik, in Vorträge und Aufsätze, Pfullingen (Neske) 1985, 9- 40.
[37] J. Habermas, Technik und Wissenschaft als ›Ideologie‹ a.a.O. 56f.

1. Kapitel: Die Attraktion des christlichen Fundamentalismus 31

Appelle an Technikverzicht sind zudem unmoralisch. Wir sind auf unsere Technik angewiesen, wenn wir nicht Menschen in Massen verhungern lassen wollen. Die Gefahren, die den Menschen heute durch eine unzureichende Technik drohen, sind so offensichtlich, daß sich solche religiösen Fundamentalisten, die ein Interesse auch am diesseitigen Wohlergehen der Menschen haben – und das ist immerhin die Mehrheit unter den religiösen Fundamentalisten – der prometheischen Einstellung nicht konsequent verschließen können. Auch wenn sie am Ende die von ihr implizierte Autonomie verwerfen müssen.

4. Vorderasiatisch erweiterter Eurozentrismus?

Man könnte zur Vermutung neigen, die Ideen der dogmatischen unfehlbaren Vernunft ebenso wie die der individuellen Autonomie und der Docklosigkeit seien Produkte des eifernden Monotheismus der drei abrahamitischen Religionen der Juden, Christen und Muslime, entsprungen dem Königtum konkurrierender Stadtstaaten und Großreiche, das Vorderasien und den Mittelmeerraum prägt. Das gesamte Projekt einer Konfrontation von Docklosigkeit und Fundamentalismus sei daher zwar kein eurozentrisches, aber doch ein abrahamozentrisches, vorderasiatisch-eurozentrisches Unternehmen.

Meine These ist dagegen, daß wir im Widerspruch des Fundamentalismus, an Vernunft und Autonomie appellieren zu müssen, ohne an ihnen festhalten zu können, ein Paradox finden, das die menschliche Intelligenz in allen Kulturen kennzeichnet. Wenn Menschen einmal zu fragen beginnen, was sie am besten mit ihrem Leben machen, das sie vorfinden, ohne darum gebeten zu haben, entdecken sie ihre Autonomie, ihre Fähigkeit, fehlbar aber selbständig zwischen richtig und falsch zu unterscheiden. Mit derselben psychologischen Unvermeidlichkeit, mit der sie ihre Autonomie entdecken, schrecken sie vor ihr zurück und flüchten in Verankerungen fehlbarer Wahrheiten in für unfehlbar erklärten, sozial durchgesetzten Dogmen.

Es ist die allgemein menschliche Erfahrung der eignen Fähigkeit, zwischen richtig und falsch zu unterscheiden, und die Angst vor ihrem Gebrauch, die sich im Prometheusmythos niedergeschlagen hat. Es wäre verwunderlich, wenn wir Zeugnisse dieser Erfahrung nur in Vorderasien fänden. Tatsächlich finden wir Zeugnisse im antiken China. Ähnliche Zeugnisse finden sich vermutlich auch im antiken Indien und anderen Kulturen außerhalb Vorderasiens.

Der chinesische Philosoph Xunzi (oder Hsün Tze, 310-230 v. Chr.) schrieb:

Das Herz [...] verbietet und gebietet selbst, es verwirft und wählt selbst, es wird von selbst aktiv, es stellt von selbst seine Aktivität ein. Deshalb kann zwar der Mund gezwungen werden, zu schweigen, und der Körper, sich zu beugen oder zu strecken, aber das Herz kann nicht gezwungen werden, seine Ansicht zu ändern.[38]

Was Xunzi hier Herz nennt, nennt die europäische Tradition *nous*, *ratio* und *Vernunft*. Es ist das Vermögen, zwischen richtig und unrichtig zu unterscheiden. (Auch in der europäischen Tradition kann *Herz* für *Vernunft* stehen; das *heilig glühend Herz* des Goetheschen *Prometheus* ist ein Beispiel.)[39] Wer von seiner Vernunft Gebrauch macht, kann nicht mehr der Tradition vertrauen; für ihn sind Appelle an die Treue, die sich hingibt, nur Appelle, die Vernunft zu verraten: mit dem Körper auch das Herz zu beugen. Wir können dem Zitat nicht entnehmen, ob Xunzi allen Menschen Herz zusprach oder wie Aristoteles nur manchen Menschen aktive Vernunft zutraute.[40] Da aber alle Menschen ein Herz im gewöhnlichen Sinn haben, dürfen wir annehmen, Xunzi habe auch für alle Menschen das Vermögen zu eigenem Urteil angenommen.

Wir wissen, daß Xunzis Zeugnis für die Autonomie nicht auch die Entstehung einer offenen Gesellschaft autonomer Individuen bezeugt. Xunzi stand zwar nicht allein. Ähnliche Aussagen zur Vernunft finden sich in andern konfuzianischen Schriften.[41] Dennoch wurde ausgerechnet Konfuzius zur Personifikation einer Tradition, die das eigne Urteil auszulöschen versuchte.[42] Die Geschichte Chinas belegt das Zurückschrecken der Menschen vorm Gebrauch ihrer Autonomie, das der Prometheusmythos im Zorn des Zeus darstellt. Dieselbe Geschichte bezeugt aber auch, daß die Erfahrung der Autonomie nicht leicht auszurotten ist. Fast zwei Jahrtausende nach Xunzi schrieb Wang Yangming (1472-1529):

---

[38] Xunzi 21: 265, nach Heiner Roetz, Die chinesische Ethik der Achsenzeit. Eine Rekonstruktion unter dem Aspekt des Durchbruchs zu postkonventionellem Denken, Frankfurt (Suhrkamp) 1992, 256f. Roetz nennt dort das ›Herz‹ »das Organ des Denkens« (256). Auch Aristoteles, De anima 408b8, nennt das Denken eine Bewegung des Herzens oder »eines andern Organs«; vgl. De partibus animalium 647a22-34. Hippokrates dagegen und später Galen hielten das Gehirn für das Organ des Denkens. Vgl. M.R. Bennett und P.M.S. Hacker, Philosophical Foundations of Neuroscience, Oxford (Blackwell) 2003, 16 n.7 und 20f.
[39] vgl. vorangehende Fußnote.
[40] Aristoteles, Politik I, 1254b20-23.
[41] vgl. Heiner Roetz, Die chinesische Achsenzeit a.a.O. 256f.
[42] Eun-Jeung Lee, Konfuzianismus und Kapitalismus, Münster (Westfälisches Dampfboot) 1997, 128, betont jedoch, daß demokratische Bewegungen in Ostasien ihre »Legitimität [...] auf Konfuzius zurück(führen)« und »der Sinn für Gerechtigkeit und Humanismus« immer »die Grundlage des konfuzianischen Gedankenguts« war.

> Wenn ich eine Aussage in meinem Herzen untersuche und sie verwerfen muß, dann werde ich nicht wagen, sie für richtig zu halten, auch wenn sie aus dem Munde von Konfuzius stammt. [...] Wenn ich aber eine Aussage in meinem Herzen untersuche und finde, daß sie richtig ist, dann werde ich nicht wagen, sie zu verwerfen, auch wenn sie aus dem Munde eines mittelmäßigen Menschen kommt.[43]

Wang Yangming sagt nicht, daß Menschen Aussagen in ihrem Herzen untersuchen *sollen*. Er behauptet nicht, jemandes Fähigkeit zu urteilen verpflichte ihn zu urteilen. Er beschreibt vielmehr die Erfahrung der Macht des eignen Urteils, derselben Kraft, die Sokrates in der *Apologie* als sein *daimonion* beschrieb.[44] Denn Wangs Untersuchung einer Aussage in seinem Herzen ist dieselbe Art von Untersuchung, auf die sich Sokrates berief, als er seinen Entschluß verteidigte, die über ihn verhängte Todesstrafe zu erleiden und nicht zu fliehen:

> [...]nicht nur jetzt, schon immer habe ich ja das an mir, daß ich nichts anderem von mir gehorche, als dem Satze (dem logos), der sich mir bei der Untersuchung als der beste zeigt.[45]

Aristoteles betrachtete Nicht-Griechen nicht nur als Barbaren, sondern als Wesen ohne eignes Urteilsvermögen, deren Natur sie zu geborenen Sklaven mache.[46] Wang dagegen und vermutlich ebenso Xunzi sprechen auch den »mittelmäßigen« Menschen Vernunft zu. Seine Bewunderung der Vernunft ist vermutlich für Xunzi wie für Kant der Grund seiner Forderung, *alle* Menschen zu achten. Denn jeder kann selbst urteilen:

> Ein Menschlicher wird andere unbedingt achten. Für die Achtung der anderen gibt es einen Weg. Hat man es mit einem Tüchtigen zu tun, so schätzt man ihn hoch und achtet ihn. Hat man es mit einem Unfähigen (oder: Taugenichts) zu tun, so fürchtet man ihn und achtet ihn gleichwohl. Einen Tüchtigen achtet man mit liebevoller Zuneigung, einen Unfähigen achtet man aus der Distanz. *Die Achtung ist in beiden Fällen die gleiche; die Gefühle aber sind verschieden.*[47]

Es scheint daher klar, daß auch im antiken China die Erfahrung des eigenen Urteilens und Denkens gemacht wurde. Offensichtlich wird auch, daß die Erfahrung des eignen Urteilsvermögens alle überlieferte Hierarchien be-

---

[43] Chuanxilu 2, nach Heiner Roetz, Die chinesische Ethik a.a.O. 280. Vgl auch H. Roetz, Chancen und Probleme einer Reformulierung und Neubegründung der Menschenrechte auf Basis der konfuzianischen Ethik, in Walter Schwendler, Hg., Menschenrechte und Gemeinsinn – westlicher und östlicher Weg? St. Augustin (Academia) 1998, 189-208, 201.
[44] Platon, Apologie 31c-d und 40a4.
[45] Platon, Kriton 46b. Roetz a.a.O. 424 verweist auf die Parallele.
[46] Aristoteles, Politik I, 1254b20-23.
[47] Xunzi 13: 169f., nach Roetz a.a.O. 218. Zu Kant vgl. das folgende Kapitel.

droht: wenn jeder selbst urteilen kann, sind alle in einer für ihr Zusammenleben grundlegenden Hinsicht gleich. Gegen das revolutionäre Potential der Erfahrung des eignen Urteilsvermögens standen überall mächtige Interessen auf.

Nicht nur der Prometheusmythos bezeugt die Ambivalenz, die Europa der in Prometheus verkörperten Autonomie entgegenbringt. Auch der *biblische Sündenfallmythos* tut es. Auf die Ähnlichkeit des Prometheus- mit dem Sündenfallmythos verwies schon Nietzsche.[48]

Der Sündenfallmythos entstand in Mesopotamien[49] und wirkte auf die islamische Welt nicht weniger als auf die jüdische und christliche. Die Verfasser des biblischen Sündenfallmythos nahmen viel entschiedener als Hesiod Partei für die göttlichen Privilegien. Der Helfer der Menschen tritt als Schlange auf, und die Strafe trifft nicht nur den Helfer, sondern auch die Menschen, die aus dem Paradies vertrieben werden. Dagegen ist das Privileg, das dem Gott geraubt wird, grundsätzlicher gefaßt. Es besteht nicht im Gebrauch des Feuers, sondern allgemeiner in der Fähigkeit, richtig und falsch, daher auch gut und böse zu unterscheiden. Es geht auch noch um ein weiteres göttliches Privileg, das der Unsterblichkeit, das die Menschen allerdings nicht erhalten. Denn die Schlange verspricht den Menschen nicht nur, »daß, welches Tages ihr davon esset, so werden eure Augen aufgethan, und werdet seyn wie Gott, und wissen, was gut und böse ist«, sondern auch, »Ihr werdet mit nichten des Todes sterben«.[50] Ihr Versprechen ist glaubwürdig, wie der Mythos bekräftigt:

> Und Gott der Herr sprach: Siehe, Adam ist geworden als unser einer, und weiß, was gut und böse ist. Nun aber, daß er nicht ausstrecke seine Hand, und breche auch von dem Baume des Lebens, und esse und lebe ewiglich; Da ließ ihn Gott der Herr aus dem Garten Eden, daß er das Feld bauete, davon er genommen ist. Und trieb Adam aus, und lagerte vor den Garten Eden den Cherubim mit einem bloßen hauenden Schwerte, zu bewahren den Weg zu dem Baume des Lebens.[51]

Sündenfall- und Prometheusmythos stellen dieselbe Möglichkeit menschlicher Existenz dar, über deren Richtigkeit die Menschen bis heute streiten. Es ist die Möglichkeit, das eigene Leben in die eigne Hand zu nehmen und auf das eigne Urteil zu vertrauen, was zu tun richtig und was falsch ist.

---

[48] Im 9. Kapitel seiner *Geburt der Tragödie*, Nietzsche, Werke, ed. Schlechta, München (Hanser) 1954-6, I 58. Auf die Ähnlichkeiten verweist durchgehend Ziolkowski a.a.O.
[49] Ziolkowski a.a.O. 13ff.
[50] 1 Mose 3, 4-5. Übersetzung von Martin Luther, auch in den folgenden Bibelzitaten.
[51] 1 Mose 3, 22-24. Der wichtigste Unterschied des islamischen Mythos zur biblischen Fassung besteht darin, daß Adam nicht weniger als Eva entscheidet, dem Rat der Schlange zu folgen.

1. Kapitel: Die Attraktion des christlichen Fundamentalismus 35

Beide Mythen verstehen die Entscheidung, aufs eigne Urteil zu vertrauen, als eine Kampfansage an machtvolle, strafbewehrte Traditionen. Dem mesopotamischen Mythos ist nicht weniger als dem hellenischen die Idee vertraut, daß die Menschen gegen Gottes Willen Gott gleich werden. Der entscheidende Schritt zur Gottgleichheit ist weder im Prometheus- noch im Sündenfallmythos der Gebrauch einer Technik, sondern Entdeckung und Gebrauch des eigenen Urteilsvermögens.

An seinem Gebrauch scheiden sich Fundamentalisten und Liberale. Wir sahen schon, daß der Papst ihn durch sein Plädoyer für eine Verankerung als unfehlbar anerkannter Wahrheiten und durch seine Kritik der prometheischen Einstellung einschränkt. Nehmen wir vorweg, daß es Qutb ebenso tut. Nach Qutb gründen alle heutigen Gesellschaften, die offiziell islamischen nicht weniger als die nicht-islamischen, auf Heidentum, Jahiliyyah. Jahiliyyah aber ist

> rebellion against God's sovereignty on earth. (Jahiliyyah) transfers to man one of the greatest attributes of God, namely sovereignty [...] It now [...] takes the form of claiming that the right to create values, to legislate rules of collective behaviour, and to choose any way of life rests with men, without regard to what God has prescribed.[52]

Diese Aussagen drücken dieselbe antiprometheische Einstellung aus, die wir bei Johannes Paul II gefunden haben. Zugleich aber appellieren sie, wie wir sehen werden, nicht weniger als die analogen Aussagen des Papstes an die Fähigkeit des Lesers, seine Vernunft zu gebrauchen und selbst zu urteilen. Stillschweigend müssen sie dieselbe prometheische Einstellung wecken, die sie verwerfen. Auch das gehört zum Grundwiderspruch des Fundamentalismus.

---

[52] Seyyid Qutb, Milestones, Damaskus (Dar al-Ilm) o.J. (zuerst 1964), 11.

2. Kapitel: Sayyid Qutb

Der politische Islam, zu dessen wichtigsten Wortführern Qutb gehört, ist eine Form des Fundamentalismus,[53] mit dessen Zukunft der liberale Westen ebenso rechnen muß wie mit der des Katholizismus.[54] Ich stelle Qutb mit dem Interesse vor zu erkennen, warum Docklosigkeit und Liberalismus als Gehäuse der Hörigkeit erscheinen und was verständlich macht, aber nicht rechtfertigt, warum die Unterwerfung unter Unfehlbarkeitsansprüche von der Zerfaserung des Lebens zu erlösen scheint.[55] Dazu muß

---

[53] Erstaunlich viele europäische Theoretiker, sogar Gilles Kepel, halten es für bedenklich, wenn nicht für unmöglich, den Begriff des Fundamentalismus auf den Islamismus anzuwenden. Zu ihrer Kritik s. Sadik Al-Azm, Islamischer Fundamentalismus – neubewertet, in Unbehagen in der Moderne, Frankfurt (Fischer) 1993, 77-137.

[54] Zu Qutb (oder Qotb, wie Gilles Kepel, Le prophète et pharaon; aux sources des mouvements islamistes, Paris (Seuil), 1984, ihn schreibt; auch der Vorname wird verschieden übersetzt) und seinem maßgeblichen Einfluß vgl. außer Kepel vor allem Sabine Damir-Geilsdorf, Herrschaft und Gesellschaft, Der islamische Wegbereiter Sayyid Qutb und seine Rezeption, Würzburg (Ergon) 2003. Ferner Hamid Enayat, Modern Islamic Political Thought, Austin (Univ. of Texas) 1982, 92 (über Gemeinsamkeiten mit ägyptischen liberalen Autoren), 150-2 (Qutbs Lehren zusammenfassend); John L. Esposito, Unholy War. Terror in the name of Islam, Oxford UP 2002, 8, 50, 56-61; Mir Zohair Husain, Global Islamic Politics, New York (Longman) ²2003 (¹1995), 74; Malise Ruthven, A Fury of God, London (Granta) 2002 (stellt im 3. Kap. *Milestones* vor); Paul Berman, Terror and Liberalism, New York (Norton) 2003.
Der britische Dokumentarfilmemacher Adam Curtis hat in einer dreiteiligen Sendung von je einer Stunde im BBC unter dem Titel *The Power of Nightmares* den fundamentalistischen islamischen Terrorismus mit dem amerikanischen Neokonservatismus verglichen und Sayyid Qutb ebenso als Ahnherrn des ersteren ausgemacht wie Leo Strauss als Ahnherrn des letzteren. Wie Jonathan Raban, der darüber in *The New York Review of Books* Jan. 13, 2005, S. 24f., berichtet, zu recht hervorhebt, wird diese Darstellung weder Strauss noch Qutb gerecht.

[55] Außer auf die oben zitierten *Milestones* stütze ich meine Darstellung Qutbs auf sein *Social Justice in Islam*, Islamic Publications (Oneonta, N.Y.), übersetzt von John B. Hardie, revidierte Übersetzung von Hamid Algar, 2000, 114. Die erste Auflage dieses Buchs erschien 1948 in Kairo. Algars revidierte Ausgabe folgt nicht wie Hardies Übersetzung der ersten, sondern der 5. Auflage (Kairo 1958). Wie Algar in der Einleitung zu seiner Ausgabe berichtet, unterscheiden sich die Auflagen erheblich: »Whole passages found in Hardie are absent from the 1377/1958 printing, to which matters have been added not found in the first edition. Whether the changes were made for the fifth edition/printing or at an earlier date I am unable to tell.« (16) Die

2. Kapitel: Sayyid Qutb

ich weiter ausholen als in der Diskussion von Johannes Pauls Kritik der liberalen Lebensform. Aber nicht, um den politischen Islam insgesamt darzustellen, sondern nur um seine ambivalente Einstellung zur Autonomie zu beleuchten. Ich lege meiner Darstellung vor allem seine Schrift *Justice in Islam* zugrunde, die als relativ gemäßigt gilt, anders als seine spätere Schrift *Milestones*,[56] die ich auch heranziehe.

Sayyid Qutb, 1906 in einem Dorf (Musha bei Asyut) in Oberägypten als Sohn eines Landeigentümers geboren[57], wurde in den 30er und 40er Jahren als Literaturkritiker, Dichter und Herausgeber einer Literaturzeitschrift bekannt. Sein hier erörtertes Buch *Social Justice in Islam* schrieb er 1948, noch bevor er mit einem Stipendium der ägyptischen Regierung zwei Jahre lang in den USA lebte. Die Regierung erhoffte sich von Qutbs USA-Aufenthalt eine Stärkung seiner Sympathien für den Westen. Qutb war jedoch vom amerikanischen Leben abgestoßen. Nach seiner Rückkehr sympathisierte er mit der ägyptischen Muslimbruderschaft und trat ihr 1954 bei. Er unterstützte die ägyptische Julirevolution von 1952 unter Nagib, die die Monarchie abschaffte, kritisierte aber die Beteiligung der Muslimbrüder an der Regierung, als er erkannte, daß sie nicht das islamistische Programm der Muslimbrüder durchsetzen wollte. Als diese 1954 aus der Regierung ausgestoßen wurden, gehörte er zu den zahlreichen Verhafteten. Er blieb bis 1964 im Gefängnis; dort verfaßte er die meisten seiner Schriften. Nach wenigen Monaten in Freiheit, in denen er die *Milestones* schrieb, wurde er wegen Verschwörung gegen die Regierung (Nassers) neu verhaftet und angeklagt; ein Anklagepunkt war, daß er in den *Milestones* alle bestehenden Regierungen der islamischen Welt für anti-islamisch erklärte und die Muslime aufrief, sich auf die Absetzung der *jahili*, d.h. heidnischen und barbarischen, Ordnung vorzubereiten. Am 29.8.1966 wurde er gehängt.

Veränderungen sind von Interesse, weil die späteren Auflagen eine Radikalisierung zu erkennen geben, wie ein Kenner verschiedner Auflagen, William Shephard, versichert (17; vgl. folgende Fußnote). Algar beschreibt die Neuerungen in seiner Übersetzung nur allgemein (16f.), kennzeichnet sie aber nicht im Text. Nähere Angaben bei S. Damir-Geilsdorf.

[56] S. dazu S. Damir-Geilsdorf, Kap. III. *Milestones*, das ich auch benutze, gilt als radikaler. Wie Damir-Geilsdorf 53f bemerkt, enthält diese Schrift »kaum neue Ideen. Die Explosivität und Popularität dieser Schrift lassen sich vermutlich darauf zurückführen, daß Qutb darin in einer vereinfachten und polemischen Sprache besonders deutlich und komprimiert zum Bruch mit der etablierten Ordnung aufruft, deren vorgeblich islamischen Charakter er abstreitet.«

[57] Die ausführlichste westliche Darstellung von Qutbs Lehre und Leben gibt S. Damir-Geilsdorf. Wichtig ist auch Gilles Kepel, ferner William E. Shephard, Sayyid Qutb and Islamic Activism. A Translation and Critical Analysis of *Social Justice in Islam*, Leiden (Brill) 1996, xi-xvii.

Qutb wurde zur Zeit seiner Hinrichtung in (regierungsfreundlichen) Zeitungen Terroristenführer und seine *Milestones* »Philosophie des Terrorismus« genannt, die »bei Bomben und Sprengstoff immer dabei« gewesen seien.[58] Seine Schriften rufen in der Tat zum bewaffneten Kampf gegen Ungläubige auf, aber auch zum friedlichen Weg zu einer islamischen Herrschaft.[59] Mir geht es hier in jedem Fall nicht um ein Urteil, ob er den Terrorismus empfiehlt, sondern um eine Klärung der Rolle der Autonomie in seinem Fundamentalismus.

Erklärte letzte Grundlage und letztes Kriterium der Richtigkeit von Qutbs Aussagen sind der Koran und andere islamische Autoritäten. Qutb belegt die meisten seiner philosophischen Aussagen mit Zitaten aus dem Koran und von andern Autoritäten. Er erklärt, die »Islamic line of thought [...] does not entrust the whole question« von Gottes Existenz und ähnlichen metaphysischen Fragen »to human logic alone, but relies also upon revelation.«[60] Die Offenbarungen, die Mohammed zugeschrieben werden, und einige andere Aussagen der islamischen Tradition hält Qutb für unfehlbar. Daher ist er ein Vertreter der dogmatischen Vernunft.

Aus dem Koran übernimmt er Überzeugungen, die wenige akzeptieren werden, die nicht ebenso fest in die Tradition des Islam oder des Christen- oder Judentums eingebunden sind: den Glauben an Engel,[61] an grausame Höllenstrafen für die, die nicht allein auf Gott gebaut haben,[62] an die Richtigkeit barbarischer Strafen für Ehebruch und Diebstahl, die unter dem Namen der Schariah laufen.[63] In seiner Kritik dessen, was er für den Kern der Ideenwelt des Westens hält, spielen diese Überzeugungen jedoch eine geringe Rolle. In dieser Kritik gebraucht er Begriffe, Argumente und Richtigkeitsstandards, die eine Verständigung mit Anhängern der liberalen kritischen Einstellung möglich und auch ihn selbst kritisierbar machen.

Der erste Adressat von Qutbs Schriften ist jedoch die Welt des Islam. Sein allgemeines Ziel läßt sich relativ wertneutral als das Erschließen von Wissensressourcen beschreiben, die der Islam der Welt und zuerst den eigenen Angehörigen anzubieten hat:

> our summons is to return to our own stored-up resources, to become familiar with their ideas, and to test their validity and permanent worth, before we have recourse to an untimely and baseless servility which will deprive us of the

---

[58] S. Damir-Geilsdorf a.a.O. 55.
[59] S. Damir-Geilsdorf a.a.O. 57.
[60] Qutb, Social Justice a.a.O. 292.
[61] Seyyid Qutb, Milestones a.a.O. 77, 152, 154; Social Justice a.a.O. 29.
[62] Qutb, Social Justice in Islam (Anm.1) 87.
[63] ebd. 91f.

historical background of our life, and through which our individuality will be lost to the point that we will become merely the hangers-on to the progress of mankind.[64]

Es dient dem Wissenszuwachs, die Erkenntnisquellen aller Kulturen zu erschließen. Sie können freilich nur erschlossen werden, wenn man auch bereit ist, als unfehlbar geltende Wahrheiten fallen zu lassen, wenn sie mit den Erkenntnissen aus andern Kulturen unvereinbar und diese überzeugend sind. Qutb erkennt diese Regel offenbar an. Denn er ist bereit »to test their validity and permanent worth«. Natürlich macht er dabei Gebrauch von der Möglichkeit, die jedem Anhänger der dogmatischen Vernunft offensteht: zu erklären, jede seiner Annahmen habe die strengste Prüfung überstanden.

Es geht Qutb nicht nur um das Erschließen unausgeschöpfter Wissensressourcen. Sein erstes Ziel ist vielmehr das Zurechtrücken der begrifflichen Voraussetzungen, unter denen Wert und Nutzen einer Ideenwelt und der ihr angehörigen Regeln der Lebensführung beurteilt werden. Er stellt fest, was heute, ein halbes Jahrhundert nach Qutbs Wirken, vielleicht weniger gilt als seinerzeit, daß diese Beurteilung auch in der Welt des Islam von der westlichen Ideenwelt beherrscht wird, und betont daher, was leicht als bloße Großmäuligkeit abgetan werden kann, nämlich daß »Islam altogether presents to mankind an example of a complete political system, the like of which has never been found in any of the other systems known to the world either before or after coming of Islam«,[65] und daß »Islam [...] proposes independent solutions to human problems; these solutions it derives from its [...] fundamental beliefs, and from its distinctive methods [...] Islam is a comprehensive philosophy and a homogeneous unity«.[66]

Vermutlich übernahm Qutb die These, der Islam sei eine umfassende Ordnung, von Hasan al-Banna, dem Gründer der ägyptischen Muslimbrüderschaft, dessen Nachfolger er wurde. Al-Banna setzte die Formel vom Islam als umfassendem System im Katalog der »Zwanzig Prinzipien« der Muslimbrüderschaft an die erste Stelle; heute ist sie zu einem oft gebrauchten Topos unter den Islamisten geworden und dient zur Kritik der Säkularisierung des Staats und der Gesellschaft.[67] Ist sie mehr als Ausdruck

---
[64] ebd. 35.
[65] Sayyid Qutb, Social Justice in Islam, Islamic Publications (Oneonta, N.Y.) 2000 (zuerst 1949-50), 114.
[66] ebd. 117.
[67] vgl. dazu ausführlich Rotraud Wielandt, Spielräume ethischer Entscheidungsfindung in der Sicht zeitgenössischer Islamisten, in F.-J. Bormann und Chr. Schröer, Hg., Abwägende Vernunft. Praktische Rationalität in historischer, systematischer und religionsphilosophischer Perspektive, Berlin (de Gruyter) 2004, 715-37, 715.

einer politischen Bewegung, die ihre tiefe Verunsicherung durch laute Worte überschreit?

Bemerken wir zuerst, daß Qutb etwas feststellt, was in kulturwissenschaftlichen Kontexten akzeptiert ist: daß eine Kultur ihre eignen Wege hat, die Welt zu erschließen, sowohl im Erkennen wie im Handeln. Diese Feststellung wird oft als kulturrelativistische Leugnung kulturübergreifender allgemeinverbindlicher Wege der Unterscheidung von richtig und falsch verstanden. Wie die meisten heutigen analytischen Philosophen verwirft Qutb einen solchen Kulturrelativismus. Daß Kulturen verschiedene *Weltzugänge* entwickeln, zeigt nicht, daß es keine allgemeinverbindlichen Geltungsansprüche geben kann; es zeigt nur, daß verschiedene Wege zu allgemeinverbindlichen Ansprüchen gesucht werden. Statt alle für gleich gut zu halten, müssen wir sie vergleichen und prüfen. Das setzt voraus, daß verschiedene Kulturen in letzten Richtigkeitskriterien übereinstimmen.

Aber es geht Qutb nicht nur um eine Klärung der Eigenart des Weltzugangs des Islam. Es geht ihm um den Nachweis, daß der Westen Schwächen hat, vor denen der Islam gefeit ist.

1. Qutbs Kriterium für die Richtigkeit eines Weltzugangs: Kohärenz

Qutb gebraucht nicht den Terminus *Weltzugang* als den Oberbegriff zu den Arten, wie auf der einen Seite der Islam, auf der andern der liberale Westen und andere nicht-islamische Kulturen die Welt und die menschlichen Handlungsmöglichkeiten erschließen. Der Sache nach aber hat er einen klaren Begriff von dem, was ich vorläufig als Weltzugang beschreibe. Das Wort, das er meist dafür gebraucht, ist (in der englischen Übersetzung) *theory* (oder auch: *scheme*) *of life*.[68] Die Kontexte machen klar, daß Qutb unter *theory of life* weniger eine Theorie als eine *Praxis* oder Lebensform versteht, durch die ausgewählt wird, was aus der Welt an Erkenntnis- und Handlungsmöglichkeiten gewonnen werden kann. Qutb erkennt an, daß Europas Weltzugang heute überlegen *scheint*, aber gibt Gründe, warum der Weltzugang des Islam überlegen *ist*. Voraussetzung dieser Argumentation ist der Gebrauch eines Kriteriums des richtigen Weltzugangs, den Islam und Europa gleichermaßen anerkennen. Sie ist eine Grundlage für eine rationale Konfliktschlichtung ohne Gewalt und List. Trotz seiner Bereitschaft, den Islam mit Gewalt auszubreiten, bietet Qutb daher auch einen rationalen Weg der Verständigung. Was aber sind Qutbs Kriterien der Richtigkeit eines Weltzugangs?

---

[68] Social Justice 37, 284.

Qutb begründet seine These der Überlegenheit der islamischen »theory of life« so:

> »Islam has one universal and integrated theory which covers the universe and life and humanity, a theory in which are integrated all the different questions; in this Islam sums up all its beliefs, its laws and statutes, and its modes of worship and of work.« Eine solche Theorie habe den Vorzug, daß sie »both coherent and comprehensive and not departmentalized« ist.[69]

Qutb mißt einen Weltzugang demnach daran, ob es ihm gelingt, seine Voraussetzungen und Ergebnisse und alle Handlungen und Annahmen zu einer »coherent and comprehensive« Einheit zusammenzufügen. Die Elemente des Weltzugangs müssen »integrated« sein: sie dürfen nicht in Bereiche auseinanderfallen, die miteinander nichts zu tun haben. Wenn wir nach einem positiven Begriff fragen, der beschreibt, was die von »departmentalization« bedrohten Teilbereiche integriert, ist die Antwort der Begriff der *Kohärenz*: die Elemente des Weltzugangs müssen »coherent« sein.

Die Kohärenz der im Weltzugang verbundenen Elemente ist demnach Qutbs Kriterium der Richtigkeit eines Weltzugangs. Es ist ein Kriterium, das auch Max Weber implizit gebraucht, wenn er die Epochen des »Einen, was not tut« den Epochen der Vielgötterei und der eigengesetzlichen Lebensordnungen vorzieht, die die Menschen in die Departmentalisierung zwingen, von der Qutb den Westen bedroht sieht.

Die Kohärenz der im Weltzugang verbundenen Elemente ist aber auch das Kriterium, das die analytische Philosophie als Kriterium der Richtigkeit empirischer und normativer Theorien gebraucht. Das Kohärenzkriterium verknüpft das formale Kriterium der logischen *Widerspruchsfreiheit* der Daten, die zu einer Theorie verbunden werden, mit dem inhaltlichen Kriterium eines *Sinns*, der sich aus der Verbindung der Daten ergibt. Zu der von der heutigen Wissenschaftstheorie geforderten Kohärenz einer empirischen Theorie gehört vorrangig die Widerspruchsfreiheit zwischen *empirischen* Daten und Gesetzen. Aber diese logische Bedingung reicht auch nach ihr nicht aus. Hinzukommen muß ein über Widerspruchsfreiheit hinausgehender Zusammenhang. In heutigen physikalischen Theorien wird ein solcher Zusammenhang, wie wir noch sehen werden, vor allem an der Beziehung zwischen mathematischen Formeln erkannt, die Gesetze verschiedner Bereiche der Physik beschreiben.

Auch Qutbs Kohärenzkriterium der Richtigkeit eines Weltzugangs verlangt nicht nur logische Widerspruchsfreiheit zwischen den mit einem Weltzugang verbundenen Voraussetzungen und Ergebnissen und sonstigen

---

[69] ebd. 37.

seiner Elemente, sondern auch einen inhaltlichen Zusammenhang oder Sinn, den sie in ihrer Verbindung ergeben. Wenn wir uns näher ansehen, was er am liberalen Westen kritisiert und was er als Vorzüge des Islam hervorhebt, werden wir bestätigt finden, daß er sowohl die logische Widersprüchlichkeit der Verbindung der Elemente kritisiert, die im westlichen Weltzugang vereint sind, als auch den Inhalt oder Sinn, zu dem sie sich, wenn auch nur widersprüchlich, zusammenfügen.

Wenn ich Qutb ein Kriterium der Richtigkeit eines Weltzugangs zuschreibe und es sowohl Webers (uneingestandenem) Kriterium der Vorzugswürdigkeit monotheistischer Religionen als auch dem Wahrheitskriterium der heutigen Wissenschaftstheorie gleichstelle, unterstelle ich ihm da nicht zuviel Rationalität? Denn wenn er versichert: »we have a scheme of life greater than any possessed by the followers of any religion or school or civilization that has yet been born, because it is the product of God, the creator of life«,[70] erweist er sich da nicht einfach als ein Demagoge, der auf die primitive Neigung baut, die eigne Tradition für die beste zu halten, weil sie die eigne ist? Bedient er sich westlicher Argumentationsformen nicht nur, um die Aufmerksamkeit eines an westlichen Begriffen interessierten Publikums zu gewinnen? Verdient er überhaupt ein philosophisches Interesse?

Dieser Einwand verkennt den doppelten Argumentationsdruck, unter dem Qutb steht. Er beansprucht erstens, die Überlegenheit des islamischen Weltzugangs vor jedem andern Weltzugang, insbesondere dem des Westens, nachzuweisen. Diesen Anspruch kann er nur unter stillschweigender Voraussetzung von Richtigkeitskriterien erfüllen, die Angehörigen der westlichen Welt ebenso einleuchten wie denen der islamischen Welt. Wir können zwar nicht von vornherein ausschließen, daß Qutb keinen Begriff von einem rationalen Nachweis hat und ihn nicht von demagogischer Propaganda für den eignen Glauben unterscheiden kann. Das wird jedoch dann unwahrscheinlich, wenn wir seinen zweiten Anspruch erkennen.

Seine These von der Überlegenheit des Islam über die westliche Ideenwelt impliziert eine Deutung des Islam, die unter islamischen Gelehrten keineswegs allgemeine Zustimmung findet. Er beansprucht nicht nur, die Überlegenheit des Islam über den Westen, sondern auch, die Überlegenheit seines Islamverständnisses über konkurrierende Zugänge nachzuweisen. In diesem Nachweis kann er sich nicht auf unfehlbare Quellen des Islam berufen, denn das können seine Konkurrenten ebensogut. Er muß vielmehr zeigen, daß er unfehlbaren Quellen besser gerecht wird. Dazu muß er an Einsichten appellieren, von denen er annimmt, sie werden unabhängig von

---

[70] ebd. 284

vorherrschenden Traditionen anerkannt. Er muß unterscheiden zwischen Auffassungen, die nur wegen der Vorherrschaft einer Tradition anerkannt sind, und solchen, die nur durch ihre Vernünftigkeit und die Vernunft des Lesers anerkannt werden.

Daher wäre es ein Vorurteil, Qutb zu unterstellen, er könne nicht zwischen Propaganda und Argument unterscheiden. Wie die europäische Tradition unterscheidet auch Qutb zwischen dem natürlichen Licht der Vernunft und dem übernatürlichen Licht der Offenbarung und setzt die Auseinandersetzung sowohl mit seinen Glaubensbrüdern wie mit den Ungläubigen dem natürlichen Licht aus. Was freilich noch nicht garantiert, daß seine Argumente gut sind.

Qutb entwickelt die Gründe seiner These von der Überlegenheit des Islam in seiner Auseinandersetzung mit den zwei Errungenschaften der westlichen Welt, die auf die islamischen ebenso wie auf alle andern nichteuropäischen Gesellschaften den größten Einfluß ausüben, erstens der *Wissenschaft*, insbesondere den Natur- und technischen Wissenschaften, zweitens der *politischen Moral*, die Freiheit und Gleichheit zu ihren Idealen erhebt. In dieser Auseinandersetzung werden Mängel seiner Position sichtbar. Erstens zeigt sich der schon benannte Widerspruch aller fundamentalistischen Theorien, zugleich Autonomie berufen und verwerfen zu müssen; zweitens macht er Annahmen über die westliche Gesellschaft, die eher von Vorurteilen als von Erfahrung bestimmt scheinen. Dennoch führt er bemerkenswerte Gründe für die Überlegenheit des islamischen Weltzugangs an.

2. Qutbs Kritik der europäischen Wissenschaft

Qutb unterteilt die westlichen *Wissenschaften* in die »reinen« *Natur*wissenschaften, die mehr oder weniger ideologiefrei, und die *Geistes*wissenschaften, die wie Literatur und Jurisprudenz eine Deutung des Lebens und der Welt seien. Während heutige Islamisten alle westliche Wissenschaft verwerfen, können nach Qutb auch Muslime die Ergebnisse der Naturwissenschaften im Alltag uneingeschränkt und bedingungslos anwenden,[71] wenn sie nur beachten, daß diese gewöhnlich in einer philosophischen oder ideologischen Deutung auftreten, von der sie ablösbar sind. Die Geistes-

---

[71] ebd. 287: »our use of them should be unhampered, and unconditional, unhesitating and unimpeded«. Heute verwirft alle Wissenschaft Shukri Mustafa, Führer der *Takfir wa Hidschra*. Vgl. Sadik Al-Azm, Unbehagen in der Moderne, Frankfurt 1993, 101ff., der weitere arabischsprachige Quellen angibt.

wissenschaften und andern Weltdeutungen dürfen sie dagegen nicht übernehmen, wenn sie nicht ihre eigne Weltdeutung verlieren wollen.[72]

Daß Geisteswissenschaften und Philosophie ideologieanfälliger und weniger wertfrei sind als die Naturwissenschaften, ist auch unter analytischen Philosophen allgemein anerkannt. Das heißt freilich nicht, daß die Ausübung einer Naturwissenschaft und die Anerkennung ihrer Ergebnisse für Weltzugang, Lebensführung und Philosophie folgenlos bleiben. Auch Qutb erkennt das an:

> [...] science can never remain in isolation from philosophy, nor can it be content to be influenced by philosophy without in turn influencing it. For philosophy benefits from the experimental results of science and is influenced by it in aim and method. Therefore, the adoption of pure science involves the adoption of the philosophy that is influenced by that science, and which in turn exerts an influence on it. All this is over and above the fact that the applied results of science must influence all material life, methods of gaining a living, and the division of wealth. All this will in due time produce new forms of society based on a new philosophy, or at least based on a theory of life that must be influenced by these developments in the course of life.[73]

Qutb begrüßt »new forms of society based on a new philosophy«. Er verwirft »a position of isolationism in regard to thought, education, and science«. Ideen, Erziehung und Wissenschaft seien »a common heritage of all the peoples of the world«; »mutual influence among all the nations of the earth is a permanent reality«.[74] »Our universal philosophy of life and conduct«, der Islam, sei gleichwohl allein wahr. Er stelle alles, was die westliche Wissenschaft und andere nicht-islamische Beiträge zum Menschheitserbe bieten, »in its proper place«,[75] und überstehe, wie wir weiter annehmen können, unbeschadet die »new forms of society based on a new philosophy«. Die auf eine neue Philosophie gestellten neuen Gesellschaftsformen seien nur Konkretisierungen des Weltzugangs des Islam. Dieser enthält nach Qutb genug Spielraum für Anpassungen an neue Verhältnisse und unerwartete Ergebnisse von Wissenschaften. »Islam [...] is always liable to growth by development or by adaptation«; unzugänglich sei er nur »to modification or adulteration«.[76]

Offensichtlich ist es oft schwierig, zwischen erlaubter »adaptation« und verbotener »modification« zu unterscheiden. Der Islam steht hier vor dem Problem aller Unfehlbarkeitslehren. Ihre unfehlbaren Wahrheiten sind nur

---

[72] ebd. 287f.
[73] ebd. 287f. Ähnlich urteilt Qutb Milestones 109ff.
[74] ebd. 286.
[75] ebd. 288.
[76] ebd. 284.

als allgemeine glaubwürdig und verlangen *Anpassungen* an die immer besonderen Gegebenheiten. Wer aber unterscheidet eine *adaptation* von einer *adulteration*? Da der Islam jede Vermittlung zwischen Gott und Mensch als Unglauben verwirft, kann dafür nicht wie in der katholischen Kirche ein Lehramt zuständig sein.[77] Wie in der Wissenschaft entscheidet der Konsens der Sachverständigen, die im Islam wie in andern Buchreligionen die Schriftgelehrten sind, und ihr Konsens darf nur auf dem Argument beruhen. Was aber, wenn das Argument zu keinem Konsens führt und trotzdem entschieden werden muß? Wir werden auf dies Problem zurückkommen.

In den Ergebnissen der Naturwissenschaft erkennt Qutb die Überlegenheit des Westens über den Islam an. Diese sei jedoch nicht auf eine Erkenntnisfeindschaft im Islam zurückzuführen. Er betont, der Islam schätze anders als das Christentum Erkenntnis ohne jede Ambivalenz (vermutlich denkt Qutb an die ambivalente Bewertung der Erkenntnis im biblischen Sündenfallmythos): »›The seeking of knowledge is a duty for every Muslim‹. ›Seek learning even if it be found as far as China.‹«[78] Zudem gründe der Islam seinen Wahrheitsanspruch nicht wie die meisten andern Religionen auf Wunder, sondern »on the examination and scrutiny of the evidence of life itself and its facts«.[79] Der Islam ist nach Qutb nichts anderes als das System des gut geprüften Wissens und der Regeln seiner Anwendung. Auch das ist ein Grund, warum er ihn »a comprehensive philosophy and a homogeneous unity« nennt.[80]

Diese Versicherungen ändern freilich nichts daran, daß Qutbs Anerkennung der Autonomie und des Geists des Experiments ebenso bedingt ist wie die entsprechende Anerkennung des Papstes. Beider Anerkennung steht unter der Bedingung, daß die Autonomie im Rahmen der eigenen Dogmen bleibt. Aber worin schränkt dieser Rahmen die Autonomie der Wissenschaft ein? Was islamverträglich ist, scheint nach der Lehre, daß »there can be no priesthood and no mediator« im Islam,[81] das Individuum selbst zu bestimmen.

Jedoch besteht die Autonomie des Individuums nur in der Theorie. Es gehört nach Qutb zu den obersten Pflichten der Gläubigen, ihren Glauben

---

[77] ebd. 30: »in Islam, there is no priesthood and no intermediary between the creature and the Creator; but every Muslim from the ends of the earth or in the paths of the sea has the ability of himself to approach his Lord without priest or minister«.
[78] ebd. 30. Die beiden Zitate in meinem Zitat beziehen sich vermutlich auf den Koran, 2:159, wo ich sie nicht finde; die Quellenangabe im Text ist allerdings nicht eindeutig.
[79] ebd. 31.
[80] ebd. 117.
[81] ebd. 57.

zu einer sozialen Wirklichkeit zu machen, »to organize a movement for freeing man«.[82] Das heißt, daß bei Dissens eine Institution oder Bewegung entscheidet, was islamverträglich ist. So hat es auch in der jüngsten Geschichte des Islam oft genug keine Autonomie der Individuen in der Frage gegeben, ob Frauen in der Öffentlichkeit unverschleiert sein dürfen. Qutb sieht auch keinen Widerspruch zum Dogma der Unmittelbarkeit des Gläubigen zu Gott, wenn er angibt, was Schüler und Studenten in einer islamischen Gesellschaft in welcher Reihenfolge lernen müssen.[83] Entgegen Qutbs Versicherung genügt der Islam hier nicht seinem eignen Kohärenzkriterium.

Wenn Qutb die westliche Naturwissenschaft als der islamischen überlegen anerkennt, warum hält er dennoch den westlichen Weltzugang für unterlegen? Weil er den westlichen Gebrauch der Naturwissenschaft für materialistisch und zu wenig »spiritualistisch« hält:

> the European mentality is rooted in material foundations, and the influence of intellectual and spiritual interests is very weak; such has been the case from the time of Roman civilization to the present day [...] Europe was never at any time truly Christian because by its very nature its peoples had to fight over their meagre territories. Thus the tolerant principles of Christianity could gain no footing in such a stubborn ground.[84]

Qutb erläutert nicht, was er unter *Spiritualismus* versteht. Eine Worterklärung von *Spiritualismus* ist, er sei die Lehre, die Welt oder ihre Substanz sei letzten Endes nicht Materie, sondern Geist. Man kann Qutb jedoch nicht auf diesen engen Sinn des Worts festlegen. Er gebraucht vielmehr *spiritualistisch* als gegensätzlichen Begriff zu *materialistisch* in dem vagen Sinn, in dem man jemand materialistisch nennt, der nur ökonomischen, sexuellen und andern als egoistisch oder niedrig geltenden Interessen folgt. Spiritualistisch ist dagegen, wer inspirierende hochfliegende Ambitionen hegt. Wenn er dem Westen mangelnden Spiritualismus vorwirft, spricht er ihm solche inspirierenden Ambitionen ab.

Obgleich er einen Zusammenhang zwischen Methoden und Ergebnissen einerseits und Gebrauch der Naturwissenschaft anderseits anerkennt, hält er den Islam für eine Einstellung, die den Gebrauch kontrollieren, ihn aus einem materialistischen in einen spiritualistischen verwandeln kann. *Kann* eine Religion eine solche Kontrolle leisten? *Sollte* sie es tun?

Was uns die Naturwissenschaft über die Welt zu erkennen gibt, hat bei den Menschen ein zwiespältiges Echo gefunden. Manche Beobachter, wie

---

[82] Qutb, Milestones a.a.O. 75; vgl. Social Justice 32f. Dazu, daß Religion in »freeing man« besteht, vgl. unten.
[83] Social Justice a.a.O. 291.
[84] ebd. 279f.

Newton und Kant, haben die von der modernen Naturwissenschaft aufgedeckte Natur in Ehrfurcht bewundert; andere, wie Hume und Schopenhauer, haben in ihrer Betrachtung Grauen empfunden. Heute gehen die Reaktionen, wie wir (im 5. Kapitel) sehen werden, ebenso scharf auseinander. Was die Erkenntnisse der Naturwissenschaft bedeuten, ob sie zu Ehrfurcht, Grauen oder einer anderen Einstellung berechtigen, das sind Fragen, die vernunftbegabte Wesen stellen müssen. Tatsächlich haben sie auch im liberalen Westen eine rationale Diskussion erhalten, auf die ich noch eingehen werde. Es sind auch Fragen, die die Lehren von Islam und Christentum nicht kalt lassen können. Aber darf eine Religion deshalb vorschreiben, wie man die Ergebnisse der Naturwissenschaft zu verstehen hat?

Natürlich nicht. Die nackten Fakten der Natur sind zwiespältig. Sie bestehen ebenso in der grandiosen Ordnung von Planeten- und Atomsystemen und der ehrfurchtheischenden Evolution komplexer Lebensformen aus einfachsten Elementen wie in der Grausamkeit, daß die großen Fische die kleinen fressen und die Evolution sich über das Leid der Unterliegenden und Unglücklichen durchsetzt. Eine Religion, die nur einen spiritualistischen Gebrauch der Naturwissenschaften gelten lassen will, kann die grauenerregende Seite der Natur nicht anerkennen und muß die Beobachter verketzern, die mutig genug sind, an ihr nicht vorbeizusehen. Das ist nur auf Kosten individueller Autonomie möglich.

Qutbs Einstellung zur Naturwissenschaft ist fraglos Ausdruck religiösen Eiferns. Der Westen hat jedoch wenig Grund, sich über solchen Eifer erhaben zu fühlen. Qutb erstrebt eine gesellschaftliche Steuerung der Wissenschaft, die an technischer Verwertung, nicht an der metaphysischen Deutung ihrer Ergebnisse interessiert ist. Eine solche Beschneidung der Wissenschaft auf ihre technische Verwertbarkeit ist auch im Westen wohlbekannt. Private Geldgeber schreiben Forschungsgegenstände vor. Politiker wollen nur profitable Wissenschaften finanzieren. Moralisten kritisieren den »entfesselten Prometheus, dem die Wissenschaft nie gekannte Kräfte [...] gibt« und rufen (wie Hans Jonas) »nach einer Ethik, die durch freiwillige Zügel seine Macht davor zurückhält, dem Menschen zum Unheil zu werden«.[85]

Allerdings folgt die Steuerung im Westen überwiegend ökonomischen Zielen. Daß diese jedoch weniger schädlich sind als die religiösen, die Qutb anstrebt, ist nicht ohne weiteres ersichtlich. Es ist kein Zufall, daß die (im 5. Kapitel dargestellte) Diskussion der Bedeutung der Erkenntnisse der modernen Naturwissenschaften im Westen nicht in der Philosophie, sondern

---

[85] Hans Jonas im Klappentext zu *Das Prinzip Verantwortung*, Frankfurt (Fischer) 1979, vgl. oben.

den Wissenschaften selbst stattgefunden hat. Die Philosophie hat sich hier als den vorherrschenden gesellschaftlichen Interessen gefügiger erwiesen als die Physik.

3. Qutbs Kritik des europäischen Geistes

Qutb unterscheidet, wie wir sahen, zwischen dem europäischen Geist und dem Christentum. Dies ist spiritualistisch, jener materialistisch. Das Christentum hatte das Ziel »to devote its power to moral and spiritual purification; and its concern was to correct the stereotyped ritual and empty sham of ceremonial Judaism, and to restore spirit and life to the Israelite conscience.«[86] Aber die christliche Spiritualität war jenseitsorientiert. Sie blieb den europäischen Barbaren, als diese das Erbe Roms antraten, unzugänglich. »Such peoples early saw that religion was of no profit to life, and they concluded that ›Religion concerns only a man and his God‹ […] religion was left in pious isolation, to deal only with heart and conscience in the holy sanctuary and in the confessional.«[87]

Ob die europäischen Völker der christlichen Spiritualität unzugänglich blieben, weil sie »had to fight over their meagre territories«, mag dahingestellt bleiben. Daß die europäischen Kreuzzüge der christlichen Spiritualität sowenig wie die spätere europäische Praxis entsprachen, wird man dagegen kaum leugnen können. Qutb fand seine Auffassung bekräftigt, wenn nicht zuerst formuliert, von Muhammad Asad,[88] den er ausführlich zitiert:

> Western civilization does not irrevocably disown God, but it can see no place and significance for Him in its present intellectual system. It has made a virtue

---

[86] Qutb, Social Justice a.a.O. 21.
[87] ebd. 23. Qutbs Beschreibung des Christentums trifft eher dessen orthodoxen als westlichen Zweig.
[88] Zu Muhammad Asad vgl. die knappe Bemerkung von Hamid Enayat, Modern Islamic Thought a.a.O. 110: »Another distinguished Pakistani thinker, Muhammad Asad, had his own plan of the Islamic state which deserves equal attention« wie die Ideen des bekannteren und außerhalb Pakistans einflußreicheren Pakistani Abul Ala Maududi. – Asad wurde als Leopold Weiss 1900 im damals österreichisch-ungarischen Lemberg in eine jüdische Familie geboren, war Nahost-Korrespondent der Frankfurter Zeitung, konvertierte 1926, wurde enger Vertrauter des Gründers des Königreiches Saudi-Arabien, pakistanischer Diplomat und Gesandter bei der UN in New York. Vgl. Günther Windhager, Leopold Weiss alias Muhammad Asad. Von Galizien nach Arabien 1900-1927, Wien (Böhlau) 2002. Die Schrift, die Qutb von Asad/Weiss zitiert, erschien nach Damir-Geilsdorf a.a.O. zuerst englisch als *Islam at the Crossroads* und wurde 1941 ins Arabische übersetzt.

out of a philosophical inability on the part of man, that is to say, out of his
inability to take a comprehensive view of the whole field of life. Hence it is that
modern Europe tends to attach the greatest practical importance to the values
deriving from the experimental sciences, or at least from those sciences from
which may be expected some perceptible influence on[89] human social relati-
onships. And because the question of the existence of God does not fall into
either of these categories, the European mind tends to drop the concept of God
out of the sphere of practical considerations[...] The true philosophical basis of
the Western system is to be sought in the ancient Roman view of life as a matter
of advantage, quite independent of absolute values. It is a view which can be
summarized thus: Because we have no specific knowledge, either in the way of
practical experience, or in that of proof, about the origins of human life, or about
its destiny after physical death; therefore it is best for us to confine our powers
to those material and intellectual fields which are accessible to us, rather than let
ourselves be tied down to metaphysical and moral questions arising from claims
which can have no scientific proofs.[90]

Diese Deutung des europäischen Geistes weicht nicht weit ab von der, die
wir bei Max Weber finden. Weber findet den europäischen Geist, der »Kul-
turerscheinungen« hervorbrachte, die nur in Europa auftraten,[91] vorgeprägt
vom antiken Judentum. Dies kennzeichnet dieselbe Spekulationsfeindlichkeit, die Asad in Rom findet:

Die Entwicklung einer Spekulation über den ›Sinn‹ der Welt nach indischer Art
war auf dem Boden dieser Voraussetzung« – der israelitischen Gottesidee –
»vollständig ausgeschlossen. Aus untereinander verschiedenen Gründen ist sie
auch bei den Ägyptern und Babyloniern nicht über gewisse sehr enge Grenzen
hinausgegangen. Im alten Israel war für sie schlechthin kein Boden.[92]

Dieselbe Spekulationsfeindlichkeit hält Weber auch für den Puritaner
und andere Vertreter des Europas für typisch, das seine spezifischen Kul-
turerscheinungen hervorbrachte:

Wie etwa für Bismarck die Ausscheidung alles metaphysischen Grübelns und
statt dessen der Psalter auf seinem Nachttisch eine der Vorbedingungen seines
durch Philosopheme ungebrochenen Handelns war, so wirkte für die Juden und
die von ihnen beeinflußten religiösen Gemeinschaften diese niemals wieder ganz
niedergebrochene Barrikade gegen das Grübeln über den Sinn des Kosmos.
Handeln nach Gottes Gebot, nicht Erkenntnis des Sinns der Welt frommte dem
Menschen.[93]

---

[89] Der Text schreibt *of* statt *on*.
[90] Justice in Islam 281f. Ähnlich Qutb Milestones 115f.
[91] Max Weber, Gesammelte Aufsätze zur Religionssoziologie, Tübingen (Mohr) 1920, I 1.
[92] ebd. III 240.
[93] ebd. III 332.

Webers Deutung des europäischen Geistes weicht von der Asads allerdings nicht nur in der Bewertung der Spekulationsfeindlichkeit ab. Diese gründet nach Weber in einem *Glauben*; nach Asad in einem Glaubens*desinteresse*. Dieser Unterschied ist für die Beschreibung des *heutigen* Europas jedoch unerheblich. Auch nach Weber ist das nachpuritanische Europa nicht an Glauben interessiert: die Glaubensmotive, die die Europäer zu ihren spezifischen Errungenschaften antrieben, der »Geist« der Askese, der auch der des ursprünglichen Kapitalismus war, ist aus dem zurückgelassenen »Gehäuse« des Kapitalismus »entwichen«.[94] Daher hätte Weber vielleicht sogar der folgenden Beschreibung Asads zustimmen können:

> The average European, whether he is a democrat or a fascist, a capitalist or a Bolshevik, a worker or an intellectual, knows only one necessary religion – the worship of material progress; the only belief he holds is that there is but one goal in life – the making of that life easier and easier. It is […] ›an escape from the tyranny of nature‹. The shrines of such a culture are huge factories and cinemas, chemical laboratories and dance-halls and power stations. The priests of such a worship are bankers and engineers, cinema stars and industrialists and aviators.[95]

Dem heutigen Europäer müssen jedoch zwei Dinge an Asads Aussagen zweifelhaft sein. Erstens ihre negative Bewertung. Was ist falsch an der Flucht vor der Tyrannei der Natur? Was ist falsch daran, das Leben immer leichter zu machen oder, weniger mißgünstig ausgedrückt, es immer mehr den Interessen und Fähigkeiten der Menschen statt diese den vorgefundenen Naturbedingungen anzupassen? Welches Recht hat die vorgefundene Natur oder Tradition, vom Menschen zu fordern, daß er bei ihr bleibt? Wir finden hier Asad und Qutb wieder in derselben Partei der Prometheusfeinde wie den Papst. Die mythische Figur des Prometheus steht für genau das, was Asad, Qutb und der Papst verwerfen: für den Aufstand gegen die Tyrannei des Vorgefundenen, sei es der Natur oder der Tradition.

Zweitens können Asads Aussagen bestenfalls die Beschreibung einer *vorherrschenden* Einstellung sein und nicht beanspruchen, alles zu beschreiben, was es in Europa an Einstellungen gibt. Auch als Beschreibung einer *vorherrschenden* Einstellung können sie nur anerkannt werden, wenn unbestimmt bleibt, was unter den Begriffen genauer zu verstehen ist, mit denen Asad die europäische Einstellung beschreibt. Faschisten und Demokraten schätzen vielleicht beide *material progress* und wollen das Leben *leichter* machen. Aber für den Faschisten kann das leichte Leben in einem totalen Krieg und der materielle Fortschritt in der Vernichtung nicht-arischer Rassen bestehen; für den Demokraten ist beides barbarisch. Asads

---
[94] ebd. I 204 (Die protestantische Ethik und der Geist des Kapitalismus).
[95] zitiert nach Qutb, Social Justice a.a.O. 282.

2. Kapitel: Sayyid Qutb 51

Beschreibung verdeckt die Unterschiede, die zwischen verschiedenen Fortschrittsideen in Europa bestehen. Nur so kann er annehmen, daß die beschriebene Einstellung die einzig wichtige in Europa war und bei Demokraten und Faschisten auch inhaltlich übereinstimmte:

> The inevitable result of this state of affairs is that man strives to gain power and pleasure; this brings into being quarrelsome societies, all armed to the teeth and intent on mutual destruction whenever their conflicting interests come into active opposition. On the cultural side the upshot has been the evolution of a humanism with a moral philosophy confined to purely pragmatic questions, in which the highest criterion of good or evil is whether or not any given thing represents material progress.[96]

Warum folgt aus dem Streben danach, der Tyrannei der Natur und Tradition zu entkommen oder das Leben immer leichter zu machen, unvermeidlich die Bereitschaft, einander bei jedem Interessenkonflikt zu vernichten? Es ist eine traurige Tatsache, auf die Asad und Qutb zu recht verweisen, daß Europa in wenigen Jahrzehnten zwei vernichtende Weltkriege geführt hat. Aber daß sie eine Folge der liberalen Einstellung waren, die Welt sich statt sich der Welt anzupassen, das wäre nur richtig, wenn die liberale Einstellung die europäischen Verhältnisse allein bestimmt und mit der faschistischen übereingestimmt hätte.

Asads und Qutbs Beschreibung des europäischen Geistes zeigt einen bemerkenswerten Unterschied zu Webers Beschreibung. Weber sieht den europäischen Geist zerfasert und eingesperrt in ein Gehäuse der Hörigkeit, das die Individuen unfähig zu eigner Tätigkeit macht. Asad und Qutb dagegen erkennen in ihm eine spezifische Tätigkeit, die zu materiellem Fortschritt, zur Befreiung von der Tyrannei der Natur und der Tradition führt. Sie erkennen seine prometheische Einstellung. Weber war offenbar blind für sie. Asad und Qutb verurteilen sie, wie es von Fundamentalisten zu erwarten ist, aber anders als Weber erkennen sie sie.

Aus seiner Beschreibung des europäischen Geistes wird klar, aus welchem Grund Qutb den europäischen Weltzugang für dem Islam unterlegen hält. Er ist *materialistisch*, weil er an materiellem Fortschritt orientiert ist. Seine Beschreibung können wir gelten lassen; seine Bewertung nicht. Der Islam ist dagegen *spiritualistisch*. Das heißt soweit, daß er anders als der materialistische Westen nicht aggressiv ist. Qutb hat aber mehr über Spiritualität zu sagen.

---

[96] ebd. 282.

4. Was es heißt, spirituell zu sein

Der Vorwurf mangelnder Spiritualität, den Qutb gegen den Westen erhebt, ist unter heutigen Islamisten und andern Kritikern des Westens verbreitet. Wir sollten zuerst klären, was Qutb unter Spiritualität versteht, bevor wir über die Berechtigung des Vorwurfs urteilen. Es kann uns dabei nicht nur darauf ankommen, was Qutb unter Spiritualität verstand; wir müssen vielmehr klären, ob das, was am westlichen Leben Anlaß zum Vorwurf gibt, in mangelnder Spiritualität bestehen könnte.

Spiritualität kann es in verschiedener Form geben. Das Christentum, so Qutb, entwickelte einen Spiritualismus anderer Art als der Islam. Es versuchte nicht, seiner Gesellschaft Gesetze zu geben, obgleich es eine eigene Moral lehrte. Denn seine Gesellschaft war die des römischen Reichs, mit dessen Rechtsdurchsetzung es nicht hoffen konnte zu konkurrieren. Außerdem reagierte es nach Qutb auf »the stereotyped ritual and empty sham of ceremonial Judaism«, dem es wieder »spirit and life« einhauchen wollte.[97]

> Accordingly, the Christian faith pushed to the uttermost limit its teachings of spiritual purity, material asceticism, and unworldly forebearance. It fulfilled its task in this spiritual sphere of human life, because it is the function of a religion to elevate man by spiritual means so far as it can, to proclaim piety, to cleanse the heart and the conscience, to humble man's nature, and to make him ignore worldly needs and strive only for holy objectives in a world of shades and vanities. But it left society to the State, to be governed by its earthly laws,

den Gesetzen Roms.[98]

Kümmern wir uns nicht darum, ob Qutb Juden- und Christentum angemessen beschreibt. Es geht um seinen Begriff von Spiritualität. Der Islam pflegt nach Qutb anders als das Christentum das Spirituelle als Element in der Bewältigung des *Alltags*. »Heaven and earth are one, because in the world there is a unity of things seen and things unseen, and because in religion there is a unity of this world and that to come, between daily life and worship.«[99] Um zu belegen, daß der Islam mit jenseitsorientierter Weltflucht unvereinbar ist, zitiert Qutb den Koran: »Work for this world as if you were going to live forever, but work for the future world as if you were going to die tomorrow.«[100] Der Islam selbst, so Qutb, »is at once worship

---

[97] ebd. 21.
[98] ebd. 22f.
[99] ebd. 43.
[100] ebd. 29. Qutb gibt den Koran 22:41 als Quelle an; ich finde sein Zitat dort nicht.

and work«.¹⁰¹ Es gibt demnach eine weltzugewandte aktive und eine weltflüchtige passive Form der Spiritualität.

Diese beiden Formen entsprechen der *Askese* und *Mystik*, in die Max Weber die Formen der *Weltablehnung* unterschieden hat, genauer »die aktive Askese: ein gottgewolltes *Handeln* als Werkzeug Gottes einerseits, anderseits: der kontemplative Heils*besitz* der Mystik, der ein ›Haben‹, nicht ein Handeln bedeuten will, und bei welchem der Einzelne nicht Werkzeug, sondern ›Gefäß‹ des Göttlichen ist, das Handeln mithin als Gefährdung der durchaus irrationalen und außerweltlichen Heilszuständlichkeiten erscheinen muß.«¹⁰²

Die Spiritualität des Islam ist ein Beispiel der aktiven innerweltlichen Askese, in der sich der Gläubige als Werkzeug Gottes versteht. Daß Spiritualität im Islam die des Werkzeugs Gottes ist, bestätigt Qutb, wenn er sagt:

> Die islamische Konzeption […] ist ein Entschluß, um eine erforderte Realität zu errichten. Solange es diese Realität nicht gibt, hat dieser Entschluß an sich nur Wert, wenn er als nicht ruhende Antriebsfeder zu seiner eigenen Verwirklichung betrachtet wird. Das bewirkt die islamische Konzeption in den Gefühlen des Muslim. Dann findet er in seinem Innersten stets den eindringlichen Ruf, diese Konzeption in der Welt der Realität zu verwirklichen. Dieser Ruf läßt ihn nicht schlafen, ehe er sich an die Arbeit macht und seine ganze Glaubensenergie dieser konstruktiven, aktiven Arbeit und dem Errichten einer Realität widmet, in der sich diese Glaubenslehre im Leben der Menschheit manifestiert.¹⁰³

Spiritualität derselben Art ist die Verbindung von Weltablehnung und innerweltlichem Handeln, die Weber im antiken Judentum und im Puritanismus entwickelt fand. Die Frage ist nun, ob wir Spiritualität als eine Einstellung verstehen müssen, die *notwendig* religiös ist. Müßte Spiritualität religiös sein, dann wöge Qutbs Vorwurf an den Westen leichter; wir könnten seine Kritik als die eines Religiösen an der Säkularisierung abtun. Ist Spiritualität unabhängig von Religion, so müßten auch Säkularisierungsverteidiger Qutbs Vorwurf ernst nehmen.

Mir scheint nun gerade Max Weber zu zeigen, daß sich aus religiöser innerweltlicher Askese eine nichtreligiöse Spiritualität entwickeln kann. Die von ihm hochgeschätzte aktive Askese der Puritaner (und anderer reformierter Christen) ging nicht direkt in das von ihm (unglücks)prophetisch beklagte Gehäuse der Hörigkeit über. Vielmehr liegt dazwischen, in England und andern reformierten Gesellschaften, eine Epoche aufblühender Kunst und Wissenschaft. War sie nicht getragen von etwas, was man Spiri-

---
¹⁰¹ ebd. 27.
¹⁰² Weber, Gesammelte religionssoziologische Schriften a.a.O. I 538f.
¹⁰³ Qutb, zit. nach S. Damir-Geilsdorf a.a.O. 96f.

tualität nennen muß, auch wenn sie nicht mehr religiös oder doch nicht institutionell gebunden war?

Es ist vielleicht auch kein Zufall, daß gerade in dieser Epoche der Prometheusmythos wieder lebendig wurde. Denn er stellt in Prometheus eine Form der Spiritualität dar, die nicht nur religionslos ist, sondern bewußt die Autorität der in Zeus verkörperten Religion verletzt. Nehmen wir aber an, es könne auch religionsfreie Spiritualität geben, was macht dann eine Einstellung oder eine Lebensform spirituell?

Halten wir uns weiter an das Beispiel des Prometheus, so können wir antworten: ein spirituelles Leben führt, wer sein Leben unter einen Auftrag oder eine Sendung stellt. Der innerweltliche Asket oder religiös Spirituelle versteht den Auftrag, unter den er sein Leben stellt, als gottgesandt, der nichtreligiöse Spirituelle versteht den Auftrag als etwas, was er selbst gewählt hat, als etwas, was der Welt, den Talenten und den Bedürfnissen, in die und mit denen er geboren wurde, am besten entspricht. Ein nicht-spirituelles Leben, ein Leben, wie Qutb es seinerzeit im Westen fand, führt, wer in den Tag lebt, ohne sich dabei wie der Mystiker als Gefäß Gottes oder einer andern übernatürlichen Macht zu fühlen. Ein nicht-spirituelles Leben ist ein Leben ohne selbstgewählten oder gottgewollten Auftrag, dem auch die nichtasketische Form der Spiritualität, die Mystik, fehlt. Auch für diese läßt sich eine nicht-religiöse Form annehmen: wer sich als Mikrokosmos, als Gefäß nicht Gottes, sondern der Natur oder anderer Kräfte fühlt, lebt in einer nicht-religiösen Spiritualität.

Selbst wenn Qutb Spiritualität nicht in dem so definierten Sinn verstanden hätte, sollten wir ihn doch so verstehen. Denn nur dann entgehen wir der Gefahr, seinen Vorwurf als das Jammern eines Säkularisierungsfeinds abzutun. Das dürfen wir schon deshalb nicht, weil wir ähnliche Vorwürfe wie den Qutbs auch bei nichtreligiösen Autoren wie Max Weber finden. Dessen Klage über das Gehäuse der Hörigkeit entpuppt sich bei näherem Hinsehen auch als Klage über mangelnde Spiritualität. Das Gehäuse der Hörigkeit schließt sich in dem Maß, wie seine Insassen unfähig sind, ihr zerfaserndes Leben durch einen Sinn zusammenzuhalten, der ihnen Autonomie gibt. Deutlich wird diese Befürchtung Webers in seiner Beschreibung des antiken Konfuzianers, den er als Gegenmodell zu seinem Muster der Einheit der Lebensführung, dem Puritaner, stilisiert:

> Eine echte Prophetie schafft eine systematische Orientierung der Lebensführung an *einem* Wertmaßstab von innen heraus, der gegenüber die ›Welt‹ als das nach der Norm ethisch zu formende Material gilt. Der Konfuzianismus war umgekehrt Anpassung nach außen hin, an die Bedingungen der ›Welt‹. Ein optimal angepaßter, *nur* im Maße der Anpassungsbedürftigkeit in seiner Lebensführung rationalisierter Mensch ist aber keine systematische Einheit, sondern eine Kom-

bination nützlicher Einzelqualitäten. Das Fortbestehen der animistischen Vorstellungen von der Mehrheit der Seelen des Einzelnen in der chinesischen Volksreligion könnte fast als ein Symbol dieses Tatbestandes gelten. Wo alles Hinausgreifen über die Welt fehlte, mußte auch das Eigengewicht ihr gegenüber mangeln. Domestikation der Massen und gute Haltung des Gentleman konnten dabei entstehen. Aber der Stil, welchen sie der Lebensführung verliehen, mußte durch wesentlich negative Elemente charakterisiert bleiben und konnte jenes Streben zur Einheit von innen heraus, das wir mit dem Begriff ›Persönlichkeit‹ verbinden, nicht entstehen lassen. Das Leben blieb eine Serie von Vorgängen, kein methodisch unter ein transzendentes Ziel gestelltes Ganzes.[104]

Ein optimal angepaßter, *nur* im Maße der Anpassungsbedürftigkeit in seiner Lebensführung rationalisierter Mensch ist nach Weber auch der moderne Mensch, der seinem Gehäuse nicht entkommt, weil sein Leben zerfasert. Ihm fehlt, was Weber auch beim Konfuzianer vermißt: »eine systematische Orientierung der Lebensführung an *einem* Wertmaßstab von innen heraus, der gegenüber die ›Welt‹ als das nach der Norm ethisch zu formende Material gilt«. Eine Orientierung an einem Wertmaßstab, nach dem die Welt, das eigene Leben eingeschlossen, zu formen ist, kann nach Weber nur durch »ein transzendentes Ziel«, durch »Hinausgreifen über die Welt« gefunden werden. Das scheint nach Weber nur durch eine Erlösungsreligion, durch »echte Prophetie« möglich, die China fehlte und deren Wiederkehr im Westen Weber ausschließt. Daher vergleicht er die Unentrinnbarkeit des Gehäuses der Hörigkeit mit der Unentrinnbarkeit einer »zur völligen Alleinherrschaft gelangten« Bürokratie, wie sie in China und Ägypten bestanden habe,[105] und nennt eine »Erstarrung des Geisteslebens« »chinesisch«.[106]

Es ist jedoch äußerst zweifelhaft, daß ein Wertmaßstab, der das Leben orientieren und ihm Einheit und Sinn geben kann, religiös oder gar durch eine Erlösungsreligion gegeben sein muß. Für diese Annahme hatte Weber zwei Gründe. Erstens schließt er Allgemeinverbindlichkeit für »die Geltung ethischer Normen« aus.[107] Vor Auschwitz war eine solche Auffassung vielleicht noch vertretbar; danach nicht: daß das Verbot der willkürlichen Tötung von Menschengruppen nur abhängig von der Anerkennung einer Religion allgemeinverbindlich sei, läßt sich heute nicht mehr ernsthaft vertreten, und aus diesem Verbot lassen sich viele weitere Normen ableiten.

---

[104] Weber, Gesammelte religionssoziologische Schriften a.a.O. I 521.
[105] Max Weber, Parlament und Regierung im neugeordneten Deutschland, in Gesammelte politische Schriften, Tübingen ²1958, 318f.
[106] Weber, Die Objektivität sozialwissenschaftlicher ... Erkenntnis, in: Soziologie, universalgeschichtliche Analysen, Politik, hg. J. Winckelmann, Stuttgart (Kröner) 1973, 227.
[107] ebd. 194f.

Zweitens gibt es für ihn lebensorientierende Normen offenbar nur in Form der letzten Wertaxiome der Wertsphären oder Lebensordnungen, in die er das Leben in post-monotheistischen Gesellschaften zerfallen sieht, der Sphären von Religion, Familie, Ökonomie, Politik, Wissenschaft, Kunst und Erotik.[108] Moralische Normen will Weber offenbar den Sphären der Familie und der Religion zuordnen. Für nichtreligiöse universalistische moralische Normen, wie sie heute in den Menschenrechten weitgehend anerkannt sind, bleibt bei ihm kein Platz. Er kann sie nur als Normen verstehen, die von universalistischen Erlösungsreligionen verbreitet wurden. Diese Auffassung steht im krassen Widerspruch zur heute vorherrschenden Moralphilosophie, deren Gründe ich im zweiten Teil darlegen werde. Ihr widersprechen auch viele heutige Religionswissenschaftler, die auf die unterschiedlichen Wurzeln von Religion und Moral verweisen.[109]

Da beide Gründe nicht zu halten sind, haben wir guten Grund zu vermuten, eine sinnstiftende Orientierung sei auch ohne Religion möglich. Wenn so, dann ist auch eine spirituelle Lebensführung nicht auf Religion angewiesen. Dann können wir auch den Epochen der europäischen Geschichte, in denen Künste und Wissenschaften blühten, die religiöse Lebensführung von Puritanern, Pietisten, Calvinisten und andern religiösen Paradigmen der Einheit der Lebensführung unter den Künstlern und Wissenschaftlern aber keine Kraft mehr hatte, eine nichtreligiöse Spiritualität zuschreiben. Dann können wir auch Qutbs Vorwurf an den Westen seiner Zeit, ihm fehle es an Spiritualität, nicht als bloße Säkularisierungsklage abtun. Wir müssen bereit sein anzuerkennen, daß dem Westen eine sinnstiftende Orientierung fehlt. Und wenn wir Webers Klage über das Gehäuse der Hörigkeit nicht als Idiosynkrasie abtun, müssen wir ernsthaft fragen, ob dem Westen tatsächlich eine solche Orientierung fehlt, und vielleicht sogar, wo er eine solche Orientierung finden könnte.

Wer ein spirituelles Leben führt, so sagte ich schon, sieht sein Leben unter einen – gottgewollten oder selbstgewählten – Auftrag gestellt (oder sich als Gefäß Gottes oder anderer Kräfte). Selbst wenn man seinen Auftrag als gottgewollt versteht, muß man unterscheiden zwischen einem Sendungs-

---

[108] vgl. Weber, Zwischenbetrachtung, in Gesammelte religionssoziologische Schriften a.a.O. I, 536ff.
[109] so Jan Assmann, Die Mosaische Unterscheidung a.a.O. 73. Assmann verweist zur Bekräftigung auf seine ägyptologischen Kollegen Miriam Lichtheim, Moral Values in Ancient Egypt, OBO 155, Fribourg 1977, 89-99, und E. Otto, Wesen und Wandel der ägyptischen Kultur, Heidelberg, /New York 1969, 60, aber auch auf Henri Bergson, Les deux sources de la morale et de la religion, Paris ^{9}1932, und Pierre Bayles These, es könne auch eine Ethik ohne Religion geben, in seinen Pensées diverses à l'occasion de la comète (1682), Oeuvres diverses III, Den Haag 1727, 9ff.

bewußtsein, das den als göttlich erlebten Auftrag auf seine Bedingungen und Folgen untersucht, und einem, das sich Kritik versagt oder sie einschränkt. Man muß autonomes, kritisches, reflektiertes und heteronomes, autoritätsgebundenes, naives Sendungsbewußtsein unterscheiden.

Qutb erkennt offenbar nur solche Einstellungen als spirituell an, die mit einer (monotheistischen) Religion verbunden sind. Andernfalls hätte er dem Westen nicht so pauschal Spiritualität absprechen und sich der überlegenen Spiritualität des Islam so sicher sein können. Er hätte nämlich erkennen können, daß es auch seinerzeit in Europa ein kritisches, meist religionsfreies Sendungsbewußtsein bei einer nicht allzu kleinen Zahl Intellektueller gegeben hat; daß das Sendungsbewußtsein auch den Auftrag zum Inhalt haben kann, die *materiellen* Lebensbedingungen immer besser zu machen und sich von den Zwängen der Natur und der Tradition zu befreien; daß destruktive politische Bewegungen wie die faschistischen und kommunistischen des 20. Jahrhunderts vom Sendungsbewußtsein ihrer Führer getragen wurden, und schließlich daß das islamische Sendungsbewußtsein, das er selbst predigte, mangels kritischer Instanzen im destruktiven Potential dem faschistischen und kommunistischen Sendungsbewußtsein gleich kommen kann.

Wir dürfen auch nicht übersehen, wie wichtig Sendungsbewußtsein ist. Es ist gefährlich, wenn es dogmatisch ist, aber selbst dann behält es ein autonomieförderndes Potential und stillt ein Stück weit das Verlangen nach Autonomie. Was sind die Attraktionen des Sendungsbewußtseins, auch des autoritären? An einem Auftrag orientiert fühlt sich ein Mensch zu Handlungen aufgerufen, die er sonst nicht täte. Erst der Auftrag weckt ihn zur Betätigung vorher unbekannter Vermögen. Es bringt ihn in den Genuß der Betätigung seiner spezifischen Begabungen, denn die Betätigung spezifischer Begabungen ist, wie Aristoteles lehrte,[110] immer ein Genuß. Es befreit ihn vom Zwang aller Pflichten, Bindungen und Erwartungen, die nicht seiner Sendung dienen. Es gibt ihm die Souveränität zu entscheiden, wie er seiner Sendung am besten entspricht. Es weist ihm eine Rolle im historischen Drama der Umformung der Welt zu. Es gibt ihm Würde und Bedeutung. Es stillt sein Bedürfnis nach Sinn. Kurz, es verwandelt ihn aus einem Objekt und Spielball seiner Umwelt und seiner Triebe in einen Herrn, der nur seiner Sendung dient. Als Knecht Gottes wird er zum Herrn der Welt.[111]

---

[110] Aristoteles, Nikomachische Ethik X, 1175b1ff.
[111] Vgl. Thomas Mann, Joseph in Ägypten, Frankfurt (Fischer) 1991, 258f.: »Man muß nur auf den Gedanken kommen, daß Gott es besonders mit einem vorhat und daß man ihm helfen muß: dann spannt sich die Seele, und der Verstand ermannt sich, die Dinge unter sich zu bringen und sich zum Herrn aufzuwerfen über sie, wären sie selbst so vielfältig wie Petepre's Segenshausstand es war zu Wêse in Oberägypten.«

Wer von dieser Spiritualität erfüllt ist, wird sich allerdings auch leicht als Herr über Leben und Tod verstehen, sowohl über das eigne Leben wie das anderer. Sie kann in Terrorismus umschlagen. Aber man würde sie nicht verstehen, wenn man sie nur danach beurteilte. Vielmehr ist sie eine Eigenschaft, die nicht nur Qutb im Westen vermißt. Halten wir fest, daß Qutbs Vorwurf der mangelnden Spiritualität an den Westen ebenso ernst zu nehmen ist wie Webers Klage über das Gehäuse der Hörigkeit.

5. Qutbs Freiheit

Es kann nach Qutbs Vorwurf mangelnder Spiritualität überraschen, daß er an die Spitze der Moral zwei Forderungen stellt, die auch der Westen an die Spitze seiner politischen Moral stellt: »the complete equality of all men« und »absolute freedom of conscience«.[112] Er stellt sie gewiß auch deshalb an die Spitze des Islam, um dem Westen klar zu machen, daß dessen große Ideale der Freiheit und Gleichheit im Islam schon viel früher verkündet und erkämpft wurden als in Europa: »more than fourteen centuries« vor der Französischen Revolution.[113] Aber er könnte es nicht tun, wäre er nicht vom Rang dieser Ideale überzeugt. Sein islamisches Freiheitsideal weicht jedoch in zwei wichtigen zusammenhängenden Punkten vom westlichen ab. Da er sich darüber im klaren ist, braucht er nicht zu fürchten, in seiner Heraushebung der Ideale der Gleichheit und Freiheit als Nachahmer des Westens zu gelten.

Erstens ist Qutbs Freiheitsideal das der *Gewissens*freiheit. Zum westlichen Freiheitsideal gehört zwar auch die Gewissensfreiheit, aber ebenso die Freiheit des Handelns im Rahmen des Rechts. Zweitens ist es das Ideal einer Freiheit nicht für alle Handlungen, sondern nur für solche, die den »highest desires« folgen und die »loftiest abilities« betätigen.[114] Nach dem neuzeitlichen westlichen Freiheitsverständnis ist die islamische Freiheit in doppelter Hinsicht eingeschränkt. Ihre beiden Einschränkungen folgen aus demselben Grund, aus dem Qutb überhaupt erst den Menschen Freiheit zuspricht. Ganz ähnlich wie die neuzeitlichen westlichen Philosophen spricht er sie ihnen zu, weil sie alle *gleich* sind, nicht in ihren körperlichen, wohl aber in ihren intellektuellen Eigenschaften und Fähigkeiten.[115]

---

[112] Social Justice a.a.O. 52.
[113] ebd. 69. Die Französischen Revolution folgte zwölf einhalb Jahrhunderte nach dem frühen Islam.
[114] ebd. 67.
[115] ebd. 67ff. Vgl. John Locke, Two Treatises of Government II §4: »[...] there being nothing more evident, than that Creatures of the same species and rank promis-

2. Kapitel: Sayyid Qutb

Es gibt für Qutb sowenig wie für Hobbes und Locke einen Grund für Lebewesen, die einander in den intellektuellen Fähigkeiten gleich sind, sich einander unterzuordnen. Im Gegenteil ist jedes verpflichtet, weil es ebensogut Verstand und Vernunft gebrauchen kann wie jedes andere, dem eignen Urteil oder Gewissen zu folgen – das Gewissen können wir mit Qutb und Kant als die praktische Vernunft in Aktion verstehen.[116]

Daher ist Qutbs Freiheit immer eine Freiheit zu eignem *Urteil* oder Gewissensfreiheit. Daher auch ist »freeing the human conscience from servitude to anyone except Allah and from submission to any save Him« das eine und einzige Ziel des Islam.[117] Als Freiheit der Vernunft kann die Freiheit des Islam jedoch nur eine Freiheit für solche Handlungen begründen, die die Vernunft betätigen. Daher beschränkt sich die islamische Freiheit auf eine Freiheit zur Betätigung der »loftiest abilities«.[118]

Diese Begründung einer Freiheit nur für Betätigungen vernünftiger Fähigkeiten ist durchaus konsequent. Sie entspricht Aristoteles' Idee der Freiheit, die er nur denen zubilligt, die zu eigener Vernunftbetätigung fähig sind, und deshalb denen abspricht, die er solcher Betätigung für unfähig und für natürliche Sklaven hält.[119] Anders als Aristoteles und mit den neuzeitlichen westlichen Philosophen übereinstimmend spricht Qutb Vernunft allen Menschen zu, daher auch Freiheit, aber konsequenterweise nur Freiheit zur Betätigung der höheren Vermögen.

Müssen wir daher nicht die westliche Freiheit für alle Arten von Betätigungen für inkonsequent halten, soweit sie jedenfalls auch auf die Gleichheit der Menschen in ihren Vernunftfähigkeiten gegründet wurde? Das

---

cuously born to all the same advantages of Nature, and the use of the same faculties, should also be equal one amongst another without Subordination or Subjection...«. Ebd. §6 macht Locke klar, daß die »inferior ranks of Creatures«, mit denen wir animalische, aber nicht die intellektuellen Fähigkeiten teilen, nicht die Freiheit der Menschen haben. Zu Hobbes vgl. Leviathan chapter 14, ed. Macpherson, Penguin 1968, 190.

[116] Kant, Metaphysik der Sitten, Tugendlehre Einleitung XII b, ed. Vorländer, Hamburg (Meiner) 1954, 243, nennt das Gewissen »die dem Menschen in jedem Fall eines Gesetzes seine Pflicht zum Lossprechen oder Verurteilen vorhaltende praktische Vernunft«. Ich werde diese Bestimmung des Gewissens unten bestätigen können.

[117] Social Justice 55.

[118] vgl. Milestones 99, wo Qutb die »higher values« von »animal desires« unterscheidet. Er beschreibt die höheren Vermögen jedoch eher als die, die den Menschen vom *Insekt* unterscheiden: »weaklings who [...] lose their personality like insects« (Social Justice 156); höhere Tiere werden als Wesen beschrieben, die menschliche Fürsorge verdienen, vgl. Social Justice 99f.

[119] Aristoteles, Politik I, 1254b20-23.

taten so wichtige Philosophen wie Hobbes[120] und Locke[121], und Kant erklärte sogar schlicht, »der Grund« der Moral »ist: die *vernünftige Natur existiert als Zweck an sich selbst.*«[122] Nach Kant lassen sich alle Rechte und Pflichten, damit auch alle Freiheitsrechte, nur daraus ableiten, daß wir eine vernünftige Natur haben, die wir als Selbstzweck zu achten haben. Wie kann da der Westen eine Freiheit für *alle* Tätigkeiten, soweit sie nicht jemandes Rechte verletzen, fordern?

Wir brauchen nicht die Folgerichtigkeit von Qutbs eingeschränkter Freiheit zu leugnen, um die uneingeschränkte westliche Freiheit vorzuziehen. Denn in der *Praxis* ist es nahezu unmöglich, eine menschliche Tätigkeit zu finden, die nicht das vernünftige Urteilen voraussetzt und daher auch eine Betätigung der »loftiest abilities« ist. Praktisch wird der Ausschluß bestimmter Tätigkeiten aus dem Bereich der Freiheit den politischen Gewalten Gelegenheit geben, ihnen mißliebige Tätigkeiten als nicht hoch oder vernünftig genug zu unterdrücken. Um den politischen Gewalten eine mißbrauchbare Gelegenheit zu Willkür zu nehmen, ist es klug, die gleiche Freiheit nicht mit Qutb auf die gleiche Freiheit für die Betätigung der höheren Fähigkeiten zu beschränken. Daher sollten wir die Forderung der gleichen Freiheit, die tatsächlich allein aus der Achtung vor der Vernunft ableitbar ist, in der Politik als Forderung der gleichen Freiheit für die Betätigung *aller* Fähigkeiten verstehen.

Qutb könnte jedoch gegen dies pragmatische Argument einwenden, es entziehe dem Verbot solcher Tätigkeiten die Rechtfertigung, die zwar nicht ohne Verstand möglich sind, aber andere Menschen im Gebrauch ihrer Urteilsfähigkeiten behindern, etwa dem Verbot des Verkaufs von Drogen an Süchtige oder von brutalen Videos an Kinder. Aber solche Handlungen lassen sich auch bei Festhalten am unbeschnittenen Freiheitsideal verbieten, da sie Rechte verletzen: das Recht von Kindern und Erwachsenen, nicht schädlichen Reizen ausgesetzt zu werden, denen sie nicht widerstehen können. Allerdings müssen sich solche Verbote auf den Vorrang bestimmter Rechte vor andern berufen, etwa des Rechts, nicht schädlichen Reizen ausgesetzt zu werden, vor dem Recht der Verkaufsfreiheit. Wenn Gesetzgeber und Richter über konfligierende Rechte nur nach einer Wertordnung ent-

---

[120] Thomas Hobbes, Leviathan, chapter 13, ed. Macpherson (Pelican) 1968, 183, gründet die Gleichheit der Menschen vor allem auf die Gleichheit ihrer »faculties of the mind«.
[121] John Locke, Two Treatises of Government II §4, ed. Laslett (Cambridge UP) 1964, 269 und 271, gründet die Gleichheit auf die Gleichheit solcher Fähigkeiten, die die Menschen nicht mit den Tieren teilen.
[122] Kant, Grundlegung zur Metaphysik der Sitten, ed. Vorländer (Meiner) 1962, 51.

2. Kapitel: Sayyid Qutb

scheiden können, könnten sie der Wertordnung folgen, die Qutb proklamiert. Sie könnten Betätigungen der höheren Vermögen höher bewerten als die niederer, oder, da diese nicht eindeutig sind, einer Auslegung von ihnen.[123]

Dennoch bleiben die genannten politischen Gründe, das westliche Freiheitsideal dem islamischen vorzuziehen und die Einschränkung der Freiheiten auf die Betätigung höherer Vermögen zu vermeiden. Das sollte uns jedoch nicht die Attraktivität des islamischen Freiheitsideals übersehen lassen. Ihr entspricht Kant, wenn er in der Vernunft ein Vermögen sieht, zu dessen Betätigung jeder nicht nur berechtigt, sondern auch *verpflichtet* ist und auf dessen Besitz man mit Stolz oder, wie Kant zu sagen vorzieht, mit Achtung blicken muß. Qutb betrachtet es ebenso. In seiner Ausübung erfährt der Mensch auch nach Qutb sich nicht mehr als Bündel von Empfindungen, sondern als etwas, das selbst entscheiden kann, ob es gut oder schlecht ist, den spontanen Reaktionen auf seine Empfindungen zu folgen. Diese Erfahrung ist die eines autonomen Selbst.[124] Wer an der Entwicklung von Autonomie interessiert ist, muß auch das islamische Freiheitsideal hoch schätzen.

Die höheren Vermögen sind in der philosophischen Tradition oft als Vernunftfähigkeiten zusammengefaßt worden. Das ist eine angemessene Beschreibung, wenn man nur daran denkt, daß als Vernunft sehr viele Vermögen zusammengefaßt werden können: alle solche, die dazu befähigen, unsere spontanen Impulse bewußt zu machen, zurückzuhalten, sie darauf zu prüfen, ob ihre Befolgung nützt oder schadet oder in anderer Weise gut oder schlecht ist, Alternativen zu spontanen Impulsen zu entwickeln, Gründe für und gegen die Befolgung möglicher Handlungsweisen und Institutionen zu suchen und abzuwägen und schließlich nach den besten Gründen eine Handlung zu beschließen und durchzuführen. Wir müssen ferner bedenken, daß die Tätigkeiten, die solche vernünftigen Entscheidungsprozesse ausmachen oder zu ihnen beitragen, nicht nur intellektuell sind, sondern auch praktisch, politisch, künstlerisch oder in anderer Weise reflektierend. Politiker, Dramatiker, Romanautor, Filmemacher, Kompo-

---

[123] vgl. dazu John Gray, Rival Freedoms, in Two Faces of Liberalism, London (Polity) 2000, 69-104.

[124] Hielt David Hume, Treatise of Human Nature Bk 1, pt 4, sec 6, ed. Nidditch, Oxford UP 1978, 252 (»For my part, when I enter most intimately into what I call *myself*, I always stumble on some particular perception or other, of heat or cold, light or shade, love or hatred, pain or pleasure. I never can catch *myself*«) ein Selbst für unmöglich? Nicht unbedingt, denn nicht an unsern Empfindungen, sondern an unsern Handlungen können wir unser Selbst erkennen.

nist, Bildhauer und Architekt, jeder kann zur Reflektion über die Richtigkeit möglicher Handlungsweisen beitragen. Daher zählt Aristoteles zu den Vernunfttätigkeiten nicht nur die des Philosophen und des Wissenschaftlers, sondern auch die des Politikers und der Künstler[125], und nennt die Bildhauer Phidias und Polyklet als Muster des Vermögens der *sophia*, die wir gewöhnlich als Weisheit übersetzen.[126]

Qutb knüpft mit seinem Freiheitsideal an die aristotelische Tradition an. Seine »erhabensten Fähigkeiten« sind Vernunftfähigkeiten im beschriebenen weiten Sinn. Seine Spiritualität ist allerdings mehr als die Betätigung der Vernunftvermögen; sie ist Sendungsbewußtsein, das wir in der griechischen Antike bei Sokrates und Platon und in der mythischen Figur des Prometheus finden, ihr aber im übrigen fremd war.

Qutb weicht zwar ab vom höchsten politischen Ideal des Westens, der Freiheit der Individuen, alle ihre Fähigkeiten zu betätigen, soweit dadurch nicht jemand in seinem gleichen Recht verletzt wird, seine Fähigkeiten zu betätigen, und stuft es herab zur Gewissensfreiheit oder der Freiheit, Vernunftfähigkeiten zu betätigen. Aber er stimmt mit der vorherrschenden politischen Philosophie des Westens darin überein, daß die Sicherung der Freiheit aller das wichtigste, wenn nicht einzige Ziel der Politik ist. Diese Übereinstimmung ist jedoch nur formal; denn es ist Gewissensfreiheit oder die Freiheit zur Betätigung der höchsten Fähigkeiten, die die Politik sichern soll, nicht die westlich verstandene Freiheit, und die Gewissensfreiheit ist spirituell, mit Sendungsbewußtsein zu betätigen. Während der Politik und ihrer ausführenden Instanz, dem Staat, im Westen gemäß seinem grundsätzlich negativen Freiheitsideal vor allem die negative Aufgabe zugesprochen wird, Hindernisse der Freiheit der Individuen zu verhindern (auch wenn sich die Politik im Westen nie nur auf diese negative Funktion beschränkte), sieht Qutb kein Problem darin, der Politik positive Aufgaben zuzusprechen. Denn das entspricht seinem positiven Ideal einer Freiheit nur zu vernünftigen Tätigkeiten. Ist das nicht ein Gegensatz, der von vornherein jede Verständigung und jede Anerkennung einer auch nur möglichen Berechtigung der islamischen Perspektive ausschließt?

In der westlichen Öffentlichkeit herrscht heute Unsicherheit vor, was politische Ziele und was überhaupt Politik ist. Greifen wir dagegen zurück auf die griechische Antike, der wir den Begriff des Politischen verdanken und die die politische Philosophie von Mittelalter und Neuzeit bestimmte, so können wir eine klare Definition des Politischen angeben. Ohne solche Vorverständigung werden wir nicht entscheiden können, ob Qutb berech-

---
[125] Aristoteles, Nikomachische Ethik VI, 1139b15-45a12.
[126] ebd. 1141a10.

tigt ist, seine Gewissensfreiheit zu einem Ziel der Politik zu erheben. Blicken wir daher auf die Antike zurück.

6. Politik, Jihad und natürliche Rechte

Platon und Aristoteles verstehen Politik als Kunst des Handelns für die *polis*, den griechischen Stadtstaat. Die *polis* ist die soziale Verbindung, die die Familie (oder das Hauswesen) und das Dorf (oder die Ansammlung von Familien oder Hausgemeinschaften) umfaßt.[127] An ihre Stelle trat mit dem Untergang der Polis das Großreich (Alexanders, dann Roms) und in der Neuzeit der moderne Staat. Die Polis und ihr Nachfolger, der Staat, unterscheiden sich von anderen Vergesellschaftungen durch zwei Funktionen: sie sprechen *Recht* und entscheiden über *öffentliche* Angelegenheiten, solche, die alle Mitglieder der Polis betreffen und eine gemeinsame Lösung verlangen, die deshalb auch mit Zwang durchsetzbar sein muß. Bürger ist daher nach Aristoteles nur, wer an Gerichts- und Herrschaftsentscheidungen teilnimmt.[128]

Dies Verständnis läßt zwar unbestimmt, was Recht ist, was zum Öffentlichen gehört und worüber Herrschaft entscheiden darf. Die Herrschenden werden dazu meist mehr rechnen als die von Herrschaft Betroffenen. Aber die Definition liefert ein klares *formales* Kriterium des Politischen: politisch ist, was mit Rechtsprechung und dem Öffentlichen zu tun hat und *legitim erzwingbaren Gehorsam* verlangt. Daher können wir den Bereich des Politischen mit dem von Entscheidungen gleichsetzen, die ihrem Anspruch nach legitim erzwingbar sind: Politik ist der Bereich *legitimen Zwangs*. Auch das Recht, dessen Durchsetzung eine der zwei Funktionen des Politischen ist, ist eine Instanz, die die Polis mit Zwang durchsetzen darf.

Dies Verständnis des Politischen hat sich von der griechischen Antike bis zur Gegenwart durchgehalten. Auch Max Weber, dessen Politikbegriff die politische Wissenschaft der Gegenwart wesentlich bestimmt, definiert:

> *Politischer* Verband soll ein Herrschaftsverband dann und insoweit heißen, als sein Bestand und die Geltung seiner Ordnungen innerhalb eines angebbaren geographischen *Gebiets* kontinuierlich durch Anwendung und Androhung *physischen* Zwangs seitens des Verwaltungsstabes garantiert werden.[129]

In dieser Definition fehlt der Hinweis auf den *Anspruch der Legitimität* des angedrohten Zwangs, ohne den kein Verband als politisch zählen kann.

---
[127] vgl. dazu Aristoteles, Politik I 1252a1 – 55b40.
[128] Aristoteles, Politik III 1275a23.
[129] Max Weber, Wirtschaft und Gesellschaft, Tübingen (Mohr) ⁵1980, 29.

Daß aber auch Weber einen solchen Anspruch unterstellt, macht seine Definition des bekanntesten politischen Verbands, des Staats, deutlich:

> *Staat* soll ein politischer *Anstaltsbetrieb* heißen, wenn und insoweit sein Verwaltungsstab erfolgreich das *Monopol legitimen* physischen Zwanges für die Durchführung der Ordnungen in Anspruch nimmt.[130]

Folgt auch Qutb dem Begriff von Politik, nach dem diese der Bereich legitimer Gewalt ist? Qutb erklärt: »Political theory in Islam rests on the basis of justice on the part of the rulers, obedience on the part of the ruled, and consultation between ruler and ruled. These are the great fundamental features from which all the other features take their rise.«[131]

In dieser Erklärung finden wir dieselben Elemente des Politischen wieder, die in der politischen Theorie Europas seit Aristoteles anerkannt sind: die Herrschenden dürfen Gehorsam von den Beherrschten verlangen, wenn das, was sie durchsetzen wollen, gerecht oder legitim ist. Wir finden zusätzlich ein Element, das die europäische politische Theorie nicht insgesamt durchzieht, wohl aber ihren liberalen Zweig, nämlich daß die Beherrschten zu »consultation« mit den Herrschenden berechtigt sind, zu politischer Mitbestimmung. Daher ist anzuerkennen, daß Qutb demselben Politikbegriff folgt, der auch im Westen anerkannt ist.

Wie die liberale Tradition erklärt er Freiheit und Gleichheit zu höchsten Zielen der Politik.[132] Da seine Freiheit aber eine Freiheit zur Betätigung nur der vernünftigen Fähigkeiten ist, spricht er der Politik eine bestimmtere Aufgabe zu. Auch der liberale Westen hält Gewalt zur Durchsetzung seines Freiheitsideals für legitim, aber sein Freiheitsideal ist nur das einer Handlungsfreiheit, die an keine erhabenen Motive gebunden ist. Muß die nach Qutb konzipierte Politik nicht zu Gesinnungsterror führen? Sie kann es in der Tat, wie wir (im 9. Abschnitt über Qutbs Gottesbegriff) sehen werden. Aber der Grund liegt nicht schon darin, daß er der Politik bestimmtere Aufgaben zuspricht, sondern in der Schwäche seiner Auffassung, wie man die Anwendung abstrakter Normen auf die Gegenwart mit den konkreten Handlungsanweisungen des Koran vereinbar machen kann. Neben dieser Schwäche dürfen wir jedoch die Gemeinsamkeiten zwischen Qutb und westlichen Lehren nicht übersehen.

Erinnern wir zuerst, daß auch Aristoteles Politik als ein legitimes Mittel betrachtet, eine bestimmte Motivation der Bürger herzustellen. Zur Aufgabe der Politik rechnet er die Sorge für das menschliche Gute;[133] zu diesem zählt er

---

[130] ebd.
[131] Qutb, Social Justice a.a.O. 119f.
[132] ebd. 52.
[133] Aristoteles, Nikomachische Ethik I 1094b7.

nicht nur gerechte Verhältnisse, sondern auch Tugenden, die eine bestimmte Motivation verlangen.[134] Aristoteles meint nicht, man könne Menschen direkt zu einer Gesinnung zwingen, wohl aber, man könne sie durch Erziehung und Gewöhnung und andere indirekte Mittel zu den Gesinnungen bringen, die für Tugenden notwendig sind. Moderne Staaten, auch liberale, versuchen der Annahme zum Trotz, der moderne Staat sorge nur für gerechte Verhältnisse und nicht für die Tugend der Bürger, ebenfalls durch steuerliche und ähnliche Anreize bei ihren Bürgern bestimmte Motivationen zu fördern, etwa solche, die zu Familiengründung, Spenden oder Altersvorsorge führen.

Einen ähnlichen Gebrauch der Politik finden wir von Qutb befürwortet. Auch Qutb will den Zwangsapparat der Politik und des Rechts nur indirekt zur Herbeiführung der spezifischen Motivation einsetzen, die den Islam ausmacht. Der Islam »uses the methods of preaching and persuasion for reforming ideas and beliefs«; er »does not use compulsion for changing the ideas of people«.[135] Aber zusätzlich schreibt Qutb der Politik eine Aufgabe zu, an die antike Philosophen nicht im Traum dachten, nämlich alle Unterdrückten zu befreien.

Der Islam, so Qutb, gerät notwendig in Konflikt mit der restlichen Welt, die er *Jahiliyyah* und das *jahili* System nennt. Die *Jahiliyyah* ist dadurch definiert, daß sie nicht das Ziel der Gewissensfreiheit und Gerechtigkeit für alle verfolgt. Gegen die *Jahiliyyah* fordert Qutb den Gebrauch von Gewalt, den Jihad: Der Islam

> uses physical power and *Jihaad* for abolishing the organizations and authorities of the *Jahili* system which prevents people from reforming their ideas and beliefs but forces them to obey their erroneous ways and make them serve human lords instead of the Almighty Lord [...] Its purpose is to free those people who wish to be freed from enslavement to men so that they may serve God alone.[136]

Der Kampf gegen *alle* illegitimen Sozialordnungen ist nach Qutb die erste Aufgabe des Islam. »[...] it is the duty of Islam to annihilate all such systems, as they are obstacles in the way of universal freedom. Only in this manner can the way of life be wholly dedicated to God, so that neither any human authority nor the question of servitude remains, as is the case in all other systems which are based on man's servitude to man.«[137] Kurz: »Jihaad in Islam is simply a name for striving to make the system of life dominant in the world.«[138]

Damit nicht genug. Qutb erklärt auch, dieser Kampf sei »not a temporary phase but an eternal state – an eternal state, as truth and falsehood can-

---

[134] ebd. 1098a17.
[135] Qutb, Milestones a.a.O. 55.
[136] ebd. 55f.
[137] Milestones 75.
[138] Milestones 76.

not co-exist on this earth.«[139] Er unterstellt offenbar, daß »falsehood« unausrottbar und der Kampf für Gerechtigkeit ohne Ende ist. Ob er nun meint, der militärische Kampf gegen Unrecht werde ewig dauern, oder nur, man müsse sich immer gegen Falschheit wappnen, seine Sicht unterscheidet sich scharf von der räumlich und zeitlich begrenzten Legitimierung militärischer Gewalt gegen Regierungen, die wir bei Locke und den andern europäischen politischen Philosophen finden.

Die eingeschränkte Legitimierung militärischer Gewalt, wenn diese gegen andere Regierungen geübt wird, entsprang jedoch der Staatsräson des 17. Jahrhunderts, nicht den Gerechtigkeitsbegriffen, die damals und auch heute im Westen vorherrschen. Denn es gehört zur Gerechtigkeitsidee des Christentums nicht weniger als des Islam, daß Gerechtigkeit unter allen Bedingungen und überall durchzusetzen ist. Jan Assmann hat in Übereinstimmung mit Rolf Rendtorff festgestellt, daß es zu den wesentlichen Neuerungen der monotheistischen Religionen gehört, »Gerechtigkeit, Gesetz und Freiheit zu Zentralthemen der Religion, d.h. zur alleinigen Sache Gottes« zu erklären. »Die falsche Religion gibt sich politisch zu erkennen, durch Unterdrückung, Willkür, Gesetzlosigkeit und Rechtlosigkeit.«[140] Die Staatsräson des 17. Jahrhunderts gibt sich zwar nicht durch Unterdrückung, wohl aber durch Hinnahme von Unterdrückung zu erkennen, wenn diese unter fremden Staaten geschieht. Deren Souveränität hat Vorrang vor dem göttlichen Gebot der Gerechtigkeit, das keine Staatsgrenzen anerkennt. Qutb erkennt eine solche Souveränität nicht an und folgt darin einer respektablen Tradition.

Er steht aber auch der liberalen Tradition nahe. Die heutigen politischen Philosophen, die Interventionen zur Verhinderung von Menschenrechtsverletzungen befürworten, verteidigen dieselbe Art von Gewalt, die Qutb verteidigt, und können sich doch auf die liberale Rechtsidee berufen. Denn während die (polytheistische) Antike nicht festlegte, worüber Herrschende herrschen dürfen, tut dies der Liberalismus: sie dürfen ihre Gewalt nur zur Verhinderung von Hindernissen der Freiheit gebrauchen. Kant faßt diese Überzeugung so zusammen:

> Das Recht ist [...] der Inbegriff der Bedingungen, unter denen die Willkür des einen mit der Willkür des anderen nach einem allgemeinen Gesetze der Freiheit zusammen vereinigt werden kann.[141]

---
[139] Milestones 65.
[140] Jan Assmann, Die Mosaische Unterscheidung, München 2003, 66. Vgl R. Rendtorff, Ägypten und die »Mosaische Unterscheidung«, in Assmann ebd. 193-207, 197f.
[141] Immanuel Kant, Metaphysik der Sitten, Einleitung in die Rechtslehre § B, a.a.O., S.34f.

2. Kapitel: Sayyid Qutb

Das Recht schützt nach diesem Verständnis jeden Menschen darin, seine »Willkür« zu betätigen, solange er nur jedem andern dieselbe Betätigung seiner Willkür läßt. Es verbietet jedem alle und nur solche Handlungen, die andere in ihrer Freiheit einschränken. Gegen die Behinderung der Freiheit jeder Person ist Gewalt deshalb und nur deshalb legitim, weil sie eine Freiheitsbehinderung verhindert. Wie Kant sagt: »Das Recht ist mit der Befugnis zu zwingen verbunden.«[142] Als Freiheitsbehinderung gilt die Behinderung des Gebrauchs *jeder*, nicht nur der höheren Fähigkeiten. Zwang ist zur Verhinderung jeder Freiheitsbehinderung legitim, wenn auch nur im Rahmen der Proportionalität: der Freiheitsbehinderung verhindernde Zwang darf nicht mehr Opfer kosten als der Zwang der Freiheitsbehinderung.

Anders als die neuzeitlichen westlichen Philosophen findet Qutb die Institution zur Durchsetzung von Gerechtigkeit nicht in einem nationalen Staat, der Gerechtigkeit nur auf seinem Territorium durchsetzt und anderen Staaten die Durchsetzung von Gerechtigkeit auf ihren Territorien überläßt. Weil der Islam verlangt, dieselbe Gerechtigkeit überall auf der Welt durchzusetzen, hat er keinen Platz für Nationalstaaten. Er konzipiert die Institution zur Durchsetzung von Gerechtigkeit als weltumspannende Institution.

Damit schafft er neue Probleme, aber entgeht einem Problem der liberalen Tradition. Diese ist vom Ansatz her ebenso global wie Qutbs islamisches Verständnis. Sie versteht die Aufgabe des Staats als Durchsetzung eines Rechts, das überall auf der Welt dasselbe ist, das nicht ein anderes ist für Europäer als für Afrikaner. Aber sie mußte ihre globale Konzeption den vorgefundenen nationalen Grenzen anpassen. Das fällt dem Deutschen Kant, dem die stolze Staatstradition der Engländer und Franzosen fehlt, besonders schwer und läßt ihn darauf bestehen, daß die Probleme der nationalen Staaten ohne das »Problem eines gesetzmäßigen *äußeren Staatenverhältnisses* [...] nicht aufgelöset werden« können.[143]

Die ursprüngliche Unverträglichkeit der liberalen Rechts- und Staatskonzeption mit nationalen Grenzen ist heute in der Diskussion über das Recht zu »humanitärer Intervention« aufgebrochen. Diese macht freilich auch die Schwere der Probleme deutlich, die sich auch Qutb mit seinem spezifisch monotheistischen Gerechtigkeitsbegriff einhandelt. Dessen auffälligste Konsequenz ist die Aufforderung zum Jihad, zum Kampf gegen Ungerechtigkeit überall auf der Welt. Da Qutb seinerzeit die offiziell islamischen Staaten nicht als islamisch anerkannte[144] und nur islamische Staa-

---
[142] ebd. § D, S.36.
[143] Kant, Idee zu einer allgemeinen Geschichte in weltbürgerlicher Absicht, 7. Satz.
[144] Qutb, Milestones a.a.O. 93.

ten als gerecht anerkennt, ruft er zum Kampf gegen alle Regierungen auf, von heute vielleicht als islamisch anzuerkennenden Staaten abgesehen. Kann das nach irgendwelchen Kriterien akzeptabel sein?

Bemerken wir zuerst, daß der Jihad auch nach Qutb nicht immer militärisch sein muß.[145] Er unterscheidet *erstens* zwischen Unterdrückten und Unterdrückern,[146] *zweitens* zwischen (1) wahren Gläubigen, (2) Heuchlern, die sich Muslime nennen, aber nicht wie Muslime handeln, (3) Buchgläubigen, zu denen die Christen und Juden gehören, und (4) »Polytheisten«.[147] Die erste Unterscheidung verbietet Gewalt gegen Unterdrückte; die zweite verlangt unterschiedliche Härte im Versuch, Nicht-Muslime zu Mitkämpfern für die Gerechtigkeit zu gewinnen. Bei diesem Versuch darf zuerst nur Überredung gebraucht werden. Bei Widerstand darf bei »Polytheisten« am schnellsten zu Gewalt gegriffen werden.

Qutbs Ausführungen sind jedoch in vielen Punkten dunkel. Er läßt vor allem unklar, wer heute als Polytheist gelten soll und wie die Koranbestimmungen zur Sondersteuer für Juden und Christen unter islamischer Herrschaft heute anzuwenden sind. Immerhin aber scheint er eine wichtige Klasse von Aktionen für illegitim zu halten, zu denen manche heutige Islamisten auffordern, nämlich Handlungen, die Unterdrückte verletzen – dazu gehören vor allem Terrorakte. Man muß ihm vorhalten, zu unbestimmt zu bleiben; seine Unbestimmtheit rechtfertigt aber nicht, ihn als Rechtfertiger des Terrorismus zu verurteilen.

Wie verwandt der liberale und Qutbs islamischer Gerechtigkeitsbegriff sind, zeigt sich darin, daß beide *natürliche Rechte* und ein Gebot der Vernunft implizieren, für die Einhaltung der natürlichen Rechte zu *kämpfen*, notfalls auch mit den Mitteln der Gewalt.

Das liberale Rechtsverständnis entwickelt die Idee natürlicher Rechte aus seinen Ideen von Freiheit und Gleichheit. Diese sind näher besehen nur *eine* Idee: die der gleichen Freiheit. Denn Gleichheit ist im Liberalismus die Idee, daß *jeder* seine Willkür frei gebrauchen kann, wenn sie nur, wie Kant sagte, »mit der Willkür des anderen nach einem allgemeinen Gesetze der Freiheit vereinigt werden kann«,[148] das heißt so, daß nicht etwa alle gleich unfrei, sondern alle so frei wie möglich sind.

---

[145] Qutb ebd. 55 spricht von »Jihaad ... by argument and persuasion«, scheint aber auch »physical power« als notwendig zum Jihad gehörig zu betrachten. Wichtig ist in jedem Fall nur, daß nach ihm Jihad militärisch sein kann.
[146] ebd. 55f.
[147] ebd. 54f.
[148] Immanuel Kant, Metaphysik der Sitten, Einleitung in die Rechtslehre § B, a.a.O., S.35.

Daß jeder ein gleiches Recht auf Betätigung seiner Fähigkeiten hat, kann kein Recht sein, das Gesellschaften ihren Mitgliedern oder diese einander verleihen. Denn ohne dies Recht stünde es Gesellschaften und Individuen frei, ihren Mitgliedern und einander das Recht auf gleiche Freiheit zu geben und zu nehmen. Ein Rechtszustand würde nicht aufhören rechtlich zu sein, wenn nicht alle das gleiche Recht auf Betätigung ihrer Fähigkeiten hätten. Genau das aber schließt die Idee der gleichen Freiheit aus. Sie disqualifiziert jede Gesellschaft als unrechtlich, in der nicht jedes vernunftfähige Lebewesen in seinem Recht auf gleiche Betätigung seiner Fähigkeiten anerkannt ist. Als *Menschenrechte* im Unterschied zu *natürlichen* Rechten gelten heute nur solche natürlichen Rechte, deren Verletzung als besonders verwerflich empfunden wird. Sie werden meist nicht mehr durch eine Achtung vor der Vernunft begründet, sondern utilitaristisch oder durch die Wichtigkeit unbehinderter Diskussion.[149]

Können Philosophen noch natürliche Rechte annehmen, wenn sie die dogmatische durch die kritische Vernunft ersetzt haben? Das wäre nur dann unmöglich, wenn man für ihre Annahme Unfehlbarkeit beanspruchen würde. Aber das ist nicht nötig. Natürliche Rechte hören nicht auf, gesellschaftsunabhängig zu sein, wenn man ihre Annahme für revidierbar hält. Daß ihre *Annahme* fehlbar ist, heißt nicht, daß sie *selbst* menschengemacht sind oder ihre Gültigkeit menschlichen Setzungen verdanken. Wir geraten hier leicht in Verwirrung, weil wir oft Gesetze und ihre Annahme oder unsere Theorien über sie nicht unterscheiden. Unsere kritische Vernunft hindert uns auch nicht, einen unfehlbaren (und nicht menschengemachten) Gott anzunehmen. Sie hindert uns nur anzunehmen, die Annahme eines solchen Gottes sei unfehlbar.

Auch Qutb vertritt die Idee natürlicher Rechte. Das ist nicht verwunderlich, da die Annahme natürlicher Rechte nicht an die Annahme der kritischen Vernunft und deren Prinzip der Fehlbarkeit aller normativen und empirischen Urteile gebunden ist. Qutb folgt zwar nicht der Idee der gleichen Freiheit zur Betätigung *aller* Vermögen. Aber auch er fordert eine gleiche Freiheit, die zur Betätigung der höheren Vermögen. Diese Freiheit wird nicht nur vom *menschlichen* Interesse an Betätigung der eignen Fähigkeiten gestützt. Sie ist gottgewollt; Gott fordert von jedem die Betätigung der

---

[149] vgl. Amartya Sen, Elements of a Theory of Human Rights, in Philosophy and Public Affairs 32, 2004, 315-56. Sen nennt ebd. 329 die »Schwellenbedingungen« der Wichtigkeit und sozialen Beeinflußbarkeit, die Freiheiten haben müssen, um als Menschenrechte zu gelten. Er begründet sie ebd. 320 durch die »idea of survivability« von Meinungen »in unobstructed discussion«. Die Achtung vor freier Diskussion ist jedoch leicht als Nachfahr der Achtung vor der Vernunft erkennbar.

erhabensten Fähigkeiten und die Zurücksetzung der niederen. In der Betätigung der höchsten Vermögen, und nur in ihr, erweist der Mensch, daß er Gott dient und keinem andern Herrn, und dies ist alles, was der Islam vom Menschen verlangt.

Daher geben Qutbs natürliche Rechte wie die der liberalen Tradition »zu aller positiven Gesetzgebung die unwandelbaren Prinzipien her« (um mit Kant zu sprechen)[150]. Qutb nennt sie nicht nur »natural rights«, sondern gemäß ihrer Richtschnurfunktion auch »basic principles of social justice«, und, um klar zu machen daß sie trotz ihrer religiösen Grundlage Rechte auf eine Sozialordnung dieser Welt sind, »earthly rights«. Es sind Rechte, die dem Menschen wie die natürlichen Rechte der liberalen Tradition allein aufgrund ihrer Angehörigkeit zur menschlichen Spezies zukommen; daher könnte sie Qutb auch *Menschen*rechte nennen. Für sie zu kämpfen hat jeder Mensch ebenso ein Recht wie nach der liberalen Tradition.

Qutbs natürliche Rechte haben zwar eine stärkere revolutionäre Potenz als die der liberalen Tradition, weil der Islam, wie wir sahen, für Nationalstaaten noch weniger Raum hat als die liberale Tradition. Das unterscheidet jedoch nicht die Konzeption natürlicher Rechte. Bei den westlichen Philosophen, die wie Locke gegen den Staat ähnliche Vorbehalte haben wie die islamische Tradition, haben auch die natürlichen Rechte eine ähnlich revolutionäre Potenz, wie Lockes Einfluß auf die amerikanischen und französischen Revolutionäre zeigt.

7. Qutbs Gleichheit und Solidarität

In seiner Beschreibung des politischen Ideals der *Freiheit* im Islam kehrt Qutb dessen Unterschied zur liberalen Tradition heraus. Dagegen betont er für das islamische *Gleichheits*ideal die Übereinstimmung. Dies fordert in der Tat wie die liberale Tradition keine Gleichheit der Güter, sondern des Rechts.[151] Die »absolute equality« von Einkommen und Vermögen, die er vom Kommunismus verfochten findet, lehnt er ab.[152] Das entspricht der Betonung der Autonomie der Individuen, auf der, wie wir oft genug gesehen haben, die Attraktivität des Fundamentalismus beruht. Er geht auch auf den wichtigsten Grund für den Zweifel des Westens an der Vereinbarkeit von Islam und Rechtsgleichheit ein. Denn er behauptet, der Islam ga-

---

[150] Kant, Metaphysik der Sitten, Einleitung in die Rechtslehre § A, a.a.O., S. 33.
[151] Qutb, Social Justice a.a.O. 68.
[152] ebd. 54.

rantiere die Rechtsgleichheit auch der *Frau*, ja diese Garantie sei »the strongest point in Islam«.[153]

Man muß Qutb zugestehen, daß »Islam declared war on the idea that a girl child was a disaster and that she was better put away while she was still an infant; it was implacably opposed to the custom of burying daughters alive, which was current in the life of some Arabian tribes.«[154] Aber dieser Hinweis auf den Fortschritt gegenüber barbarischeren Traditionen, die auch heute noch wirksam sind, reicht zum Nachweis der Rechtsgleichheit der Frau im Islam nicht aus. Qutb erwähnt in seiner Verteidigung der Rechtsgleichheit von Mann und Frau im Islam nicht einmal die Rechtsungleichheit, daß Männer mehrere Frauen, diese aber nur einen Mann haben dürfen. Nur beiläufig und erst *nach* Verteidigung seiner These bemerkt er: »It has been noted that a woman who is shared by a number of men becomes barren after a certain time or produces unhealthy children.«[155]

Selbst wenn diese (ohne Quelle gestützte) Versicherung richtig wäre, dürfte ein Anhänger der Rechtsgleichheit von Mann und Frau nur die Konsequenz ziehen, daß Männer ebensowenig mehrere Frauen heiraten dürfen wie Frauen mehrere Männer. Qutb hätte freilich versuchen können, die rechtliche Benachteiligung der Frau zu rechtfertigen. Dazu hätte er (wie Aristoteles) versuchen müssen zu zeigen, daß Frauen rechtlich nicht gleichgestellt sein dürfen, weil sie ihre und anderer Interessen nicht so gut einschätzen und ihnen gemäß handeln können wie Männer. Das aber versucht er nicht, vermutlich weil auch er es für unmöglich hält.

Qutbs Stellungnahme zur Rechtsgleichheit der Frau ist natürlich keine spezifisch fundamentalistische Position. Sie ist eine Eigenart von Traditionen, die die Betätigung von Frauen auf die Familie einschränken. Diese Traditionen fanden auch unter westlichen Philosophen Anhänger – Hegel war einer unter ihnen.[156] Daß auch Qutb ihnen folgt, ist nicht selbstverständlich. Denn das Gebären von Kindern darf in seinen Augen nicht viel zählen. Es betätigt Vermögen, die er nicht zu den erhabenen zählt. Er zitiert sogar den Koran (64:15), um hervorzuheben, daß das Streben nach Kindern wie das Streben nach Reichtum zu den größten Versuchungen des Menschen gehört.[157] Wenn er trotzdem die Benachteiligung der Frau als vereinbar mit der strengen Forderung nach ihrer Rechtsgleichheit nachweisen will, beweist er zugleich Inkonsequenz und ein Unvermögen, zwischen Islamideal

---

[153] ebd. 75.
[154] ebd. 75.
[155] ebd. 82.
[156] Vgl. G.W.F. Hegel, Grundlinien der Philosophie des Rechts, bes. §§ 164-8.
[157] Qutb, Social Justice a.a.O. 66.

und realem Islam zu unterscheiden, der Traditionen übernommen hat, die dem Ideal fremd sind. Zugleich aber entspricht er der zweiten Tendenz des Fundamentalismus, die diesen ebenso attraktiv macht wie dessen Betonung der Autonomie, obgleich sie mit ihr unvereinbar ist: Traditionen als unerschütterlich darzustellen. Daß er aber die Ungleichheit der Frau als Dogma akzeptiert, ist für seinen Fundamentalismus durchaus nicht notwendig. Als unfehlbar muß nur der Koran gelten.

Für das Verständnis seines Fundamentalismus und seiner Attraktion aufschlußreicher sind Qutbs Aussagen zur *Solidarität*. Zu dieser rechnet Qutb erstens die nicht erzwingbaren Pflichten des Wohlwollens. Zu ihnen gehört vor allem das Almosengeben;[158] zweitens die erzwingbare Pflicht der Nothilfe, die Reiche gegen Arme ausüben müssen. Auch wenn der Reiche die Not des Armen nicht verschuldet hat, darf er ihn nicht allein lassen, wenn der Arme sein Unglück nicht selbst verschuldet hat. Unverschuldete Not ist Grund genug, von Glücklicheren *zumutbare* Hilfe zu erzwingen. Qutb deutet durch Gleichnisse aus dem Koran an, was er für einen Grund dieser Erzwingbarkeit hält: die Erfolgreichen können zwar durch eigne Anstrengung ihren Reichtum *verdienen*, können aber in ihrem Erfolg ähnlich wie die Erfolglosen von Zufällen und Naturbedingungen abhängen.[159] Die Grenzen der erzwingbaren zumutbaren Hilfe läßt Qutb offen. Wir werden sehen, daß die westlichen politischen Philosophen heute in diesem Punkt mit Qutb übereinstimmen.

Qutb stützt seine Solidaritätsforderungen auf einen weiteren Grund, der auch in der zeitgenössischen liberalen Philosophie eine Rolle spielt. Die Menschen sind auf das Wohlwollen voneinander angewiesen. Er gibt dafür ein Bild, das Neuraths Hochseebild ergänzen kann:

> Life is like a ship at sea whose crew are all concerned for her safety; none of them may make a hole even in his own part of her in the name of his individual freedom.[160]

Der Reiche, der sich um das Elend des Armen nicht kümmert, ist wie ein Mann in einem Schiff, der den Platz, an dem er steht, gemietet hat und daraus das Recht ableitet, ein Loch zu bohren, das das ganze Schiff untergehen läßt. Der unsolidarische Reiche läßt die Fluten der Verbitterung und der Zwietracht in das Schiff der Gesellschaft eindringen. Diese Auffassung ist unvereinbar mit der Annahme, Eigentum sei ein natürliches Recht. In der Tat hält Qutb Eigentum nur für ein Recht, das von der Gesellschaft verliehen wird. Er argumentiert, in für ihn ungewohnter Gewundenheit:

---
[158] ebd. 106ff.
[159] Qutb, Social Justice a.a.O. 61ff.
[160] ebd. 86.

2. Kapitel: Sayyid Qutb

the right of ownership [...] represents the handing over by the law, acting for the community, to an individual of some particular thing to which the individual has no right except by virtue of this legal act. For the principle is that everything belongs to the community, and therefore, all permission for personal ownership must come from the law, virtually or actually.[161]

Qutb will anders als der Autor (Muhammad Abu Zahra)[162], auf den er sich hier bezieht, nicht behaupten, daß es keine natürlichen Rechte gibt. Das Recht auf Eigentum hat nach Qutb nicht den Status der Rechte auf eine gerechte Gesellschaftsordnung, die Qutb als natürliche anerkennt. Vielmehr *kann* eine gerechte Gesellschaftsordnung Individuen die Verfügungsrechte über Güter verleihen, die sie zu Privateigentümern machen. Sie kann ihnen aber auch solche Rechte verweigern und zurücknehmen. Sie kann ihnen auch eingeschränkte Verfügungsrechte über Güter verleihen, und die Art der Einschränkung kann mannigfaltig sein.

Auch diese Auffassung von der Nichtnatürlichkeit von Eigentumsrechten vor einem Hintergrund natürlicher Rechte findet, wie wir sehen werden, in der heutigen westlichen Philosophie eine Entsprechung. Insgesamt gilt für Qutbs Theorie der Gleichheit und Solidarität, sieht man ab von seinen Aussagen über die Gleichstellung der Frau, daß sie der heutigen politischen Philosophie weitgehend entspricht. Dagegen entsprach sie nicht der vorherrschenden politischen Philosophie des Westens in der Zeit nach dem ersten Weltkrieg, in der Qutb sein Buch über die soziale Gerechtigkeit im Islam schrieb. Damals herrschten die Auffassungen des traditionellen Liberalismus vor, nach dem Eigentum ein natürliches Recht und Hilfe nur legitim erzwingbar ist, wenn der Reiche das Unglück des Armen verschuldet hat.

Qutb hatte daher guten Grund zu glauben, daß seine politische Philosophie unvereinbar sei mit der des Westens. Und nach den Maßstäben der heute im Westen vorherrschenden politischen Philosophie hatte er recht, sich solchen Vertretern des Westens moralisch überlegen zu fühlen, die an der traditionellen liberalen politischen Philosophie festhielten.

Qutbs Gerechtigkeitsvorstellungen sind in ihrer *Kritik* am liberalen Westen entschieden stärker als in ihrer *positiven* Ausführung. In seinen Ausführungen zur Wirtschaft ist die Kritik an Kapitalmonopolen und dem Zinsnehmen wortreich, aber die Hinweise, wie man sie trotz Beibehaltung von Markt und Privateigentum vermeiden kann, sind karg.[163] Diese Karg-

---
[161] ebd. 138.
[162] Hamid Enayat a.a.O. 189 erwähnt Muhammad Abu Zahrah in seiner Erörterung des schiitischen Modernismus zusammen mit Muhammad Ghazzali und Abd ar-Rahim Fudah als einen von »such well-known advocates of a fundamentalist or socially committed outlook of Islam«.
[163] ebd. 148-151 und 309ff. Vgl. Milestones 139.

heit teilt Qutb allerdings mit den meisten westlichen Kritikern des westlichen Wirtschaftssystems.

Von allergrößter Wichtigkeit ist jedoch die bloße Tatsache, daß Qutb den Kapitalismus für unvereinbar mit dem Islam erklärt. Sie hat dazu beigetragen, daß heute, Jahrzehnte nach Qutbs Kritik, der islamische Fundamentalismus in seiner grundsätzlichen Verwerfung des Kapitalismus paradoxerweise die Rolle desselben Kommunismus übernommen hat, den Qutb zu seiner Zeit, der Zeit der größten Ausdehnung der Macht der kommunistischen Staaten, ebenso grundsätzlich verworfen hat wie den Kapitalismus. Der politische Islam ist zu der wichtigsten politischen Macht geworden, die heute den Kapitalismus verwirft. Dies Faktum ist einer der wichtigsten Gründe seiner Attraktion. Umgekehrt ist es, neben dem Terror, den einige Islamisten ausüben, einer der wichtigsten Gründe für die Feindseligkeit, mit der westliche Wirtschaftsliberale dem politischen Islam begegnen.

Die islamische Alternative zum Kapitalismus, die Qutb andeutet, ist jedoch nicht nur karg beschrieben. Was Qutb über sie sagt, berechtigt zu Zweifeln an ihrer Realisierbarkeit. Außer dem Zinsverbot hebt Qutb die Notwendigkeit hervor, die Schariah zu befolgen.[164] Um ihre Regeln auf moderne Verhältnisse anwendbar zu machen, müssen sie ausgelegt werden. Darüber, wie das geschehen soll, erklärt Qutb nur, »guidance from God is needed, just as it is needed in legal matters«.[165] Aber wie sichert Qutb Gottes Führung? Die Erfahrung mit der Anwendung der Schariah in Afghanistan und im Sudan bestätigen die schlimmsten Befürchtungen. Sie zeigen die Unvereinbarkeit der islamischen Alternative sogar mit den von Qutb selbst verfochtenen Idealen der Gewissensfreiheit und der Rechtsgleichheit.

Man kann dennoch nicht ausschließen, daß der Islam Formen der ökonomischen Kooperation findet, die zwar marktorientiert sind, aber Monopole und die krassen Einkommensunterschiede des Westens vermeiden können. Nach Marx führt zwar jede Marktwirtschaft über kurz oder lang zu einem Kapitalismus, in dem immer weniger Monopole immer mehr Abhängige ausbeuten. Aber diese Voraussage ist oft angefochten worden.[166]

---

[164] Social Justice a.a.O. 34, 306.
[165] Milestones 107f.
[166] Geoffrey Hodgson hat (in der Tradition Karl Polanyis) darauf verwiesen, daß sowohl radikale Sozialisten wie Marx als auch radikale Anhänger des Markts wie Hayek keine aus Markt und Planung gemischten Wirtschaften anerkennen wollten und dagegen gehalten: »In practice, all economies are mixed economies« (Economics and Utopia, a.a.O. 91). Schon John Ruskin wollte »the beast«, den Markt, zähmen und nicht erschießen (nach Hodgson, Economics and Utopia, London (Routledge) 1999, 23). Zu Ruskins ökonomischen Auffassungen vgl. Unto this last, in Unto this Last and Other Writings, Penguin 1985, 159-228.

Auch im Westen ist es Individuen und Gruppen gelungen, Marktunternehmen zu organisieren, die nach Prinzipien der Arbeiterkontrolle geführt werden.[167] Zu einer nicht-monopolistischen Entwicklung könnte es kommen, wenn mehr Menschen als bisher Zugang zu den Produktionsmitteln erhalten; Voraussetzung dafür ist eine allgemeine Schulbildung, die auch die technischen Fähigkeiten fördert, aber auch die Einrichtung von (»grameen«) Banken und Sparkassenkooperativen für Kleinkredite. Wie weit das Zinsverbot nützlich sein könnte, ist schwer einschätzbar. Heute umgehen islamische und auch westliche Staaten und Firmen für islamische Geldgeber das Zinsverbot durch Papiere, in denen der Kapitalgeber zum stillen Teilhaber wird, der das Risiko mitträgt und statt Zinsen Miete oder Leasinggebühren erhält.[168] Noch schwerer einschätzbar ist, wie weit aus der Summe relativ leicht realisierbarer und auch im Westen möglicher Reformen des Kapitalismus eine qualitativ neue Wirtschaftsform erwachsen kann. Das Urteil a priori, es sei unmöglich, ist jedenfalls nicht angebracht.

8. Qutb über europäischen Kommunismus und Pragmatismus

Betrachten wir noch einen Aspekt von Qutbs Urteil über den Westen, in dem man bewiesen finden könnte, daß Qutb den Westen nicht verstand. Er beschreibt ihn als Lebensform, die keine anderen Ziele kennt als materiellen Wohlstand und die Befriedigung niederer Triebe. Er werde den Vernunftfähigkeiten ebensowenig wie der Kommunismus gerecht. Anders als viele westliche Intellektuelle sieht Qutb diesen auch in seiner ursprünglichen Fassung nicht etwa als eine Verwirklichung des Ideals der Brüderlichkeit; vielmehr: »Communism looks at man only from the standpoint of his material needs«.[169]

Qutb sieht Kommunismus und Kapitalismus einig im Materialismus. Der Kommunismus ist für ihn nur eine rationalere Form des Materialismus.

---

[167] Ein Beispiel ist die *Mondragon Corporacion Cooperativa*, ein Verband von 147 Kooperativen mit 60 000 Beschäftigten, der 2002 rund 3000 neue Arbeitsplätze schuf. Das Verhältnis von niedrigstem zu höchstem Lohn ist dort erheblich weniger kraß als in den meisten andern Unternehmen (1:6); vgl. dazu *Fortune*, 7.1.2003; Henk T. Thomas und Christopher Logan, Mondragon: An Economic Analysis, London (Allen&Unwin) 1982, und Geoffrey M. Hodgson, Economics and Utopia, London (Routledge) 1999, 37.

[168] vgl. Johannes Bruski, Verbotene Zinsfrüchte, Frankfurter Allgemeine Zeitung, 21.9.2004, Beilage Finanzmärkte, über die ›Islamic Bonds‹ Sachsen-Anhalts, die mit einem Volumen von € 100 Millionen den »islamischen Kapitalmarkt« erschließen sollen.

[169] ebd. 45.

Aus diesen Prämissen leitet er ab, daß der Westen kommunistisch wird, sobald sich die ökonomische Lage des Durchschnittsbürgers im Westen verschlechtert, was nach Qutb über kurz oder lang unvermeidlich ist:

> There is but one thing beyond the materialistic philosophy that the West holds, which makes morals a matter of advantage and advocates grabbing markets and benefits. There is only one thing beyond this philosophy, which banishes the spiritual element from life, which denies the existence of faith independent of the laboratory and experiment, which despises the loftiest abstract objectives, and which rejects the existence of any reality in things, save only their usefulness – even to the point where it can conceive a philosophy such as pragmatism. There can be only one thing beyond such a philosophy, and that is communism, which will come about in the West when economic circumstances change.[170]

Ist das nicht ein völliges Fehlurteil? Ebenso falsch wie sein Urteil, der Kommunismus garantiere den Frauen zwar »equality of work and pay«, der Grund dafür aber sei (und dasselbe nimmt er für den Westen an), daß »men refused to support women and hence women were compelled to work like men and in masculine circles in order to live«?[171] Qutbs Urteil über die Gründe der westlichen Rechtsgleichheit der Frauen ist mit den historischen Tatsachen unverträglich. Die Frauenemanzipation vollzog sich gegen den Widerstand der meisten Männer. Qutbs Vermutung ist das Ergebnis seiner Unfähigkeit zu verstehen, daß Frauen ein Interesse an Unabhängigkeit von männlicher Bevormundung haben. Aber ist diese Unfähigkeit auf das Verständnis von Frauen beschränkt, oder betrifft sie sein gesamtes Verständnis des Westens?

Qutb findet in der Philosophie des Pragmatismus einen Beleg für die Tiefe des westlichen Materialismus. Es ist der Pragmatismus von Peirce, William James und Dewey, der »rejects the existence of any reality in things, save only their usefulness«. Das ist eine grobe, aber nicht falsche Wiedergabe der These des Pragmatismus, nach der alle Fragen der Wahrheit und moralischen Richtigkeit mit dem Kriterium der Nützlichkeit der Antworten zu beantworten sind. Ist es aber angemessen, gerade diese unter den vielen im Westen verfochtenen Philosophien für typisch, für den spezifischen Ausdruck der westlichen Lebensweise zu halten? Qutb hält den Pragmatismus für so repräsentativ, daß er behauptet:

> Policies in this world cannot be divorced from such (pragmatist, U. St.) philosophies. Thus perhaps we are not far from the truth when we say that the policy of the United States on the Palestine question and its stand in the United Nations on the question of Egypt[172] were merely the results of its intellectual

---
[170] Social Justice a.a.O. 315.
[171] ebd. 77.
[172] vermutlich bezieht sich Qutb auf Ägyptens 1951 erklärte Forderung, den Suezkanalvertrag zu revidieren.

2. Kapitel: Sayyid Qutb

background of pragmatism – in conjunction, of course, with other factors. The idea of right and justice has little effective place in materialistic American life; and hence it has little chance of permanent acknowledgment in international policies.[173]

Qutb scheint der Philosophie eine übermäßige Bedeutung zu geben. Gegen seine Annahme, der Pragmatismus repräsentiere die Philosophie des Westens, spricht, daß der Pragmatismus von Anfang an auf heftigen Widerstand westlicher Philosophen stieß. Bertrand Russell etwa, gewiß kein untypischer westlicher Philosoph, schrieb 1909 gegen den Pragmatismus:

> Gibt es kein anderes Wahrheitskriterium als den Erfolg, dann ist es nur einleuchtend, daß die vertrauten Methoden des Kampfes ums Dasein für die Klärung schwieriger Fragen verwendet werden und Panzerschiffe und Maschinengewehre die letzten Schiedsrichter über metaphysische Wahrheit sein müssen.[174]

Qutb kann aber gerade Russell zum Kronzeugen seines Urteils über die repräsentative Stellung des Pragmatismus machen. Denn Russell erklärt, der Pragmatismus spreche

> eine Geistesverfassung an, die ihr ganzes Vorstellungsmaterial auf der Oberfläche dieses Planeten findet, die auf den Fortschritt vertraut und nicht-menschliche Schranken menschlicher Fähigkeiten nicht kennt [...], die nach der Religion verlangt, wie sie nach Eisenbahnen und elektrischem Licht verlangt, weil sie ein Trost und eine Hilfe in den Angelegenheiten dieser Welt ist, nicht weil sie etwas Nicht-Menschliches spendet, das den Hunger nach etwas bedingungslos zu Verehrendem stillt.[175]

Die so beschriebene Geistesverfassung ist zumindest nicht ganz untypisch für den Westen. Die Geistesverfassung jedenfalls, die Russell dem Pragmatismus entgegensetzt, kann auch nach Russell nicht als repräsentativ für den Westen gelten:

> Denen aber, die empfinden, daß das Leben auf diesem Planeten ein Leben in einem Gefängnis wäre, gäbe es nicht ein Fenster in eine größere Welt jenseits; denen ein Glaube an die Allmacht des Menschen anmaßend scheint, die lieber nach der Freiheit der Stoiker verlangen, die von der Beherrschung der Leidenschaften kommt, als nach der Napoleonischen Herrschaft, die das Königreich dieser Welt zu ihren Füßen sieht – mit einem Wort, Menschen, die im Menschen keinen angemessenen Gegenstand ihrer Verehrung sehen, wird die Welt des Pragmatisten eng und klein scheinen, da sie dem Leben selbst alles raubt, was

---

[173] Social Justice 292f.
[174] Bertrand Russell, Der Pragmatismus, in B. Russell, Philosophische und politische Aufsätze, ed. Ulrich Steinvorth, Stuttgart (Reclam) 1971, 60-98, 96. Zuerst in Edinburgh Review 209, April 1909, 363-88.
[175] ebd. 98.

ihm Wert gibt, und den Menschen selbst dadurch kleiner macht, daß sie dem Universum, das er betrachtet, alle seine Pracht nimmt.[176]

Russell würde Qutb daher darin zustimmen, daß der Geist des Pragmatismus den Westen eher repräsentiert als der, den Russell, auch hier in Übereinstimmung mit Qutb, vorzieht. Soweit kann Qutbs Beschreibung des Geists des Westens nicht völlig falsch liegen. Wie steht es aber mit Qutbs Urteil, dem Westen stehe eine kommunistische Zukunft bevor? Ist dies Urteil nicht mittlerweile gründlich widerlegt worden? Hören wir Qutbs Argumente:

> What keeps the ordinary American from becoming a communist is not a philosophy of life that rejects any materialistic explanation of the universe, of life, and of history; rather it is the fact that he now has the opportunity of becoming rich and the fact that a worker's wages are high. But when American capitalism reaches the end of its tether, when the restraints of monopolies are tightened, when the ordinary man sees that he has no longer the opportunity of himself becoming a capitalist, when wages drop because of the tightening of monopoly control or for any other reason, then the American worker is going to turn right over to communism. For, he will not have the support of any stronger philosophy of life than the materialistic, nor will he have the support of any spiritual faith or moral objective.[177]

Qutb übersah zwar die fundamentalistischen Tendenzen in der amerikanischen Gesellschaft, aber daß die Mehrheit der Amerikaner wie der Europäer einen eigenen, nichtsowjetischen Kommunismus einer kapitalistischen Ökonomie vorziehen würde, wenn es ihr in einer kommunistischen Gesellschaft ökonomisch besser ginge als in einer kapitalistischen, wird man kaum bezweifeln können. Worin Qutb sich vermutlich irrt, ist nicht sein Urteil über die Amerikaner und Europäer, sondern seine Annahme, Muslime würden in dieser Hinsicht anders reagieren als Amerikaner und Europäer.

> The nature of European and American philosophy does not differ essentially from that of Russian; both depend on the supremacy of a materialistic doctrine of life. But while Russia has already become Communist, Europe and America are as yet merely going the same way and will ultimately arrive at the same position, barring the occurrence of any unforeseen happenings.[178]

Kürzer: »Communism is the natural and logical outcome of the spirit of the materialistic West«.[179]

---

[176] ebd. 98.
[177] Social Justice a.a.O. 316.
[178] ebd. 315.
[179] ebd. 77.

In jedem Fall ist es verfrüht zu sagen, Qutbs Urteil sei durch die Geschichte widerlegt worden. Daß der Kommunismus russischer Prägung zusammengebrochen ist, war eine notwendige Bedingung für die Entwicklung eines eigenständigen westlichen Kommunismus. Wie weit ein solcher Kommunismus entstehen und die Zustimmung der Mehrheit erhalten könnte, läßt sich heute nicht abschätzen. Man kann jedenfalls in Qutbs Urteil über die kommunistische Zukunft des Westens keinen Beweis seiner Unfähigkeit finden, den Westen zu verstehen.

Die wichtige Frage, vor die Qutb den Westen und seine Philosophen stellt, ist nicht, ob er den Westen richtig *beschreibt*, sondern ob er ihn richtig *bewertet*. Im großen und ganzen gibt es wenig Grund, Qutbs Beschreibung für falsch zu halten. Wenig spricht dagegen, Qutb zuzugeben: Ja, der Westen ist vor allem an der Befriedigung materieller Bedürfnisse interessiert; er glaubt nur an das, was sich wissenschaftlich beweisen läßt; er mißtraut allen Verweisen und Vertröstungen auf ein Jenseits; er will, um ein früheres Zitat zu wiederholen, das Leben immer leichter machen; er stimmt in diesen Zielsetzungen mit denen des Kommunismus überein; sein entscheidendes Richtigkeitskriterium und sein wichtigster Zugang zur Welt und Wirklichkeit ist die langfristige Nützlichkeit empirischer Theorien und normativer Prinzipien nicht für einzelne Menschen, sondern die ganze Gattung. Aber ist das schlecht? Ist das verwerflich? Ist das irreligiös? Kann eine Religion nicht darin bestehen, das Leben immer leichter und allen Bedürfnissen der Menschen angemessener zu machen, nicht nur den erhabensten ihrer Fähigkeiten?

Man könnte fürchten, ein immer leichteres Leben werde auch immer flacher. Solange es jedoch so viel Elend auf der Welt gibt wie heute, scheint mir diese Furcht abwegig. Das Leben immer leichter machen heißt nicht, es von den Mühen des Kampfes gegen Unglück und Unrecht zu befreien. Im Gegenteil, es setzt solche Mühen voraus. Zur Vermeidung von Mißverständnissen könnte man »immer leichter« durch »immer reicher«, »immer vielseitiger und tiefer« oder »immer tätiger« ersetzen. Ein solches Ziel ist genau das, das Prometheus unterstellt wird. Er bringt den Menschen das Feuer, um ihnen ihr Leben leichter zu machen, aber zugleich soll es dadurch reicher und tätiger werden.

Wird es dadurch auch spiritueller? Das läßt sich jedenfalls nicht ausschließen. Daß die Orientierung an der materiellen Lebensbesserung »the spiritual element from life« verbannt, wie Qutb meint, ist allerdings plausibel, wenn sie zu Aggression und anderem Unrecht führt. Muß aber eine Nutzenorientierung in der Lebensführung zu Unrecht führen?

Das scheint mir, wie ausgeführt, nicht plausibel. Aber Qutb findet in seiner Annahme Rückendeckung bei Russell, der von der Nutzenorientierung des Pragmatismus auf eine Neigung zu Imperialismus und Gewaltanwendung schloß. Er findet auch Unterstützung in der jüngsten Geschichte. Nicht nur die antiliberalen Kräfte im Westen brachten Krieg und Vernichtung; auch die liberalen Kräfte waren und sind aggressiv in »grabbing markets and benefits«. Besteht also doch ein notwendiger Zusammenhang zwischen dem Ziel der Lebensverbesserung und einer Aggressivität, die jedes spirituelle Element aus dem Leben verbannt?

Vermutlich wird Aggressivität nicht einfach von diesem Ziel impliziert, sondern von ihm in der historischen Verbindung mit einem expansiven Kapitalismus, der allgemeine Lebensverbesserung zwar proklamiert, aber nicht realisiert. In seinen Ausführungen zum Kommunismus unterstellt Qutb zwar, der Kapitalismus werde sein Versprechen allgemeinen Wohlstands nicht einlösen können, untersucht aber nicht, ob er nicht durch diese Unfähigkeit Gesellschaften zu Aggressivität drängt. Obgleich er die Herrschenden der westlichen Gesellschaften für fähig hielt, die Welt des Islam zu betrügen, scheint er nicht erwogen zu haben, daß sie auch ihre eignen Gesellschaften betrügen könnten.

9. Qutbs Gottesbegriff

Wir sahen schon, daß es nach Qutb zur Spiritualität des Islam gehört, anders als die weltflüchtigen Religionen des (orthodoxen) Christentums, Hinduismus und Buddhismus die Gläubigen nicht auf ein Jenseits, sondern auf diese Welt und dies Leben zu richten. Diese weltzugewandte Spiritualität ist einer der wichtigsten Gründe der Faszination, die der politische Islam auf Zeitgenossen ausübt. Er ermöglicht nicht nur ein Sendungsbewußtsein; er nimmt auch die moralische Empörung über die Ungerechtigkeiten in den islamischen (und nichtislamischen) Gesellschaften auf und vertröstet sie nicht mit einem jenseitigen Lohn, sondern fordert ihre Umwandlung in den militanten Kampf für die natürlichen oder, wie Qutb bezeichnenderweise auch sagt, für die »irdischen (*earthly*)« Rechte auf eine gerechte Gesellschaft.[180]

Die Spiritualität des Islam, die zugleich seine Religiosität ist, verlangt ebenso konsequent wie das antike Judentum und der neuzeitliche Puritanismus, die Max Weber wegen dieser Konsequenz so hoch schätzt, die radikale Ersetzung jenseitigen Heilsinteresses durch den Kampf für das diesseitige Heil: »the essential spirit of this religion is found in this – that practical work is religious work, for religion is inextricably bound up with

---
[180] ebd. 33.

life and can never exist in the isolation of idealism in some world of the conscience alone.«[181]

Die Weltzugewandtheit des Islam bestimmt auch Qutbs Gottesbegriff. Er stellt eine weitere Form des Widerspruchs des Fundamentalismus dar, mit einer besonders attraktiven Seite.

Qutbs Gewissensfreiheit ist die Freiheit von niederen Trieben und Vermögen oder, wie er auch sagt, »from servitude to anyone except Allah and from submission to any save Him.«[182] Die europäische Tradition, wie es durch das Russell-Zitat im vorangehenden Abschnitt deutlich werden kann, sieht die Freiheit von niederen Trieben vor allem als Freiheit von der Tyrannei der Leidenschaften und anderer seelischer Regungen. Qutb versteht sie vor allem als Freiheit von der Tyrannei anderer Menschen, denen der potentiell Freie sich unterwerfen möchte. (Aber auch Russell beschreibt die Freiheit von niederen Trieben als eine von »Menschen, die im Menschen keinen angemessenen Gegenstand ihrer Verehrung sehen«.) Qutbs extrovertierte Fassung der Freiheit für die höchsten Fähigkeiten entspricht seinem Verständnis von Unglauben. Unglaube oder Heidentum, *Jahiliyyah*, ist »one man's lordship over another«.[183] Der Unglaube besteht darin, nicht dem einen Gott zu dienen, den der Mensch als einzigen Herrn über sich anerkennen darf. Der Unglaube ist dieselbe Verfehlung, von der die Gewissensfreiheit befallen werden kann: nicht dem zu dienen, dem man allein dienen darf.

Der Kampf für die Gewissensfreiheit ist daher ein Kampf gegen die Unterdrückung von Menschen durch Menschen. Qutb wird nicht müde, dies Ziel als Sinn und Zweck des Islam zu beschreiben und darin seine Überlegenheit über den Westen hervorzuheben:

> Islam stood up with the universal declaration that God's Lordship should be established over the entire earth and that men should become free from servitude to other men. Der Islam ist »the movement for freeing mankind and demolishing the obstacles which prevented mankind from attaining this freedom.«[184] Islam is a universal declaration of the freedom of man on the earth from every authority except God's authority.[185]

---

[181] ebd. 29. Vgl. Milestones 91: »This world and the next world are not two separate entities, but are stages complementary to each other ... when harmony between human life and the universe ensues, its results are not postponed for the next world but are operative even in this world. However, they will reach perfection in the Hereafter.«
[182] Social Justice 55, vgl. Milestones 130.
[183] Qutb, Milestones a.a.O. 46.
[184] Milestones 65.
[185] Milestones 69.

Nicht nur die Unterdrücker, auch die Unterdrückten folgen einem andern Herrn als Gott. Qutbs Gewissensfreiheit ist ebenso eine Freiheit von niederen Trieben für die eigenen höchsten Vermögen wie eine Freiheit von menschlichen Herren für den einen Gott. Daß man nur Gott und keinem fremden Herrn dienen soll, heißt, daß man nur seine höchsten Vermögen und nicht die niederen betätigen soll. Gott ist eine immanente Macht, die den Menschen über sich hinaus bringt. Er ist keine fremde übernatürliche Instanz, sondern etwas, dem man durch bestimmte Tätigkeiten, und nur durch sie, näher kommt, durch Tätigkeiten, die zugleich in der Umformung des Selbst zu einem vernünftigeren Wesen und der Umformung der Welt zu einer gerechten Sozialordnung bestehen.

Zwar tritt Gott bei Qutb nicht nur in der Rolle des Herrn auf, dem allein man dienen kann, ohne seine Freiheit zu verlieren. Er ist auch der Schöpfer und Gesetzgeber der Welt und der Richter eines jenseitigen Gerichts. Wenn es aber um die Handlungen und Entscheidungen des Menschen geht, stellt Qutb zwei oberste Gebote auf: erstens frei zu sein für die Betätigung der höchsten Vermögen, zweitens keinem andern Herrn zu dienen als Gott. Dienst an Gott und Betätigung der höchsten Vermögen sind identisch.

Dieser Gottesbegriff hat einen prometheischen Zug. Es ist zwar Gottes Wille, daß die Welt eine gerechte Sozialordnung hat, aber es sind die Menschen, die diese Ordnung schaffen müssen. Die Menschen sollen und können Gott nicht durch Gebet und Opfer geneigt machen, in die Welt einzugreifen und Gerechtigkeit zu schaffen. Die Menschen zeigen das, was sie vorislamisch durch Gebet und Opfer Gott zeigen wollten, nur durch eigne Tat. Nicht Gott, sondern die Menschen sind dazu da, die Welt zu verbessern. Wie Prometheus den Menschen zeigte, daß nicht die Götter ihnen helfen, sondern nur der Gebrauch von Fähigkeiten, die die Menschen schon haben, so fordert nach Qutb Gott vom Menschen den Gebrauch derselben Vermögen, die auch Prometheus betätigt. Qutbs Gott ist ein Gott, der dem Menschen sagen könnte: ›Hilf dir selbst, dann brauchst du mich nicht mehr.‹

Freiheit des Gewissens ist eine Freiheit, die nur der einzelne selbst betätigen kann. Nur er selbst kann entscheiden, wann und wie er seine höchsten Vermögen betätigt, sogar, was seine höchsten Vermögen sind. Zugleich kann er nur in ihrer Betätigung Gott dienen und Gottes Auftrag erfüllen, die Welt umzuformen. Der Gewissensfreiheit des einzelnen fällt selbst eine göttliche Macht zu. Es wäre zuviel gesagt, daß sie vergöttlicht wird. Aber sie ist es, die den Menschen das Gesetz ihres Handelns vorschreibt. Sie macht ihn autonom. Soweit Qutb Gewissensfreiheit proklamiert, proklamiert er auch Autonomie. Autonomie aber ist, wie wir beim Papst sahen, unvereinbar mit dem Fundamentalismus. Hat Qutb einen Weg gefunden, Fundamentalismus und Autonomie zu vereinen?

Auch er kann seinem Fundamentalismus nur treu bleiben, wenn er den unfehlbaren Wahrheiten, auf die er sich stützt, eine soziale Verankerung gibt. Uneingeschränkte Gewissensfreiheit würde zu widerstreitenden Meinungen unter den Gläubigen und zu politischer Ohnmacht führen. Das will Qutb verhindern. Daher muß er auf Gesetze zurückgreifen, die nur solche des Islam sein können. Diese Gesetze sind die der Schariah:

> In the sight of Islam, the real servitude is following laws devised by someone, and this is that servitude which in Islam is reserved for God alone. Anyone who serves someone other than God in this sense is outside God's religion. The Prophet – peace be on him – clearly stated that, according to the Shari'ah, ›to obey‹ is ›to worship‹.[186]

Wenn man aber die Gesetze des Islam nicht mechanisch auf neue soziale Verhältnisse anwenden will, muß man sie auslegen; dafür braucht man Fachleute, Schriftgelehrte oder Priester. Folgt man ihnen, könnten sie Mittler zwischen dem Gläubigen und Gott werden. Es gehört jedoch zum Stolz des Islam, keine Mittler zwischen Gott und dem Gläubigen anzuerkennen. Qutb zitiert daher den Propheten, der über die Juden und Christen sagte: »They [...] have taken their rabbis and priests as lords other than God [...] Whatever their priests and rabbis call permissible, they accept as permissible; whatever they declare as forbidden, they consider as forbidden, and thus they worship them.«[187]

Aus diesem Dilemma gibt es nur zwei Auswege: die tradierten Gesetze mechanisch auch auf Verhältnisse anzuwenden, die mit denen, in denen sie zuerst galten, wenig zu tun haben, und anzuerkennen, daß es für die neuen Entscheidungssituationen keine überlieferten Gesetze gibt, und die Gläubigen auf ihr Gewissen zu verweisen. Der erste Weg sorgt für die Konservierung barbarischer Gesetze (des Gliederabhackens und der Steinigung); der zweite für Anarchie im Kampf für eine gerechte Gesellschaftsordnung. Er öffnet das Tor zum Einsatz terroristischer Gewalt, da das Gewissen erfahrungsgemäß ein bestechlicher Richter ist. Qutb neigt dem ersten Weg zu.[188] Wie andere politische Islamisten sieht er am Islam darin einen Vorzug,

> mit seinen Moralvorschriften insgesamt eine Regelungsdichte herzustellen, die keinerlei wesentliche Zweifelsfälle hinsichtlich der vorzuziehenden Handlungs-

---

[186] Milestones 60.
[187] Milestones 60, vgl. 85.
[188] In Milestones 104 behauptet Qutb, die Prinzipien und Werte der Shariah seien ewig und unveränderlich, aber der Islam »possesses sufficient flexibility to enter into any system and mold that system according to its purposes«.

optionen mehr offen läßt: Die ›umfassende‹ islamische Lebensordnung ist, so glauben sie, ›vollkommen‹ im Doppelsinn von ›unüberbietbar vortrefflich‹ und ›vollständig‹. Diese Vorstellung vom islamischen ›System‹ kennt dann folgerichtig für eigenständige ethische Entscheidungsfindung des Menschen so gut wie keine Spielräume mehr.[189]

Dennoch können auch diese Islamisten nicht auf den zweiten Weg verzichten. Auch sie sehen sich vor präzedenzlose Entscheidungen gestellt und fällen sie im Geist ihres Sendungsbewußtseins und ihrer Gottunmittelbarkeit unter bewußtem Verzicht auf den Versuch der Konsensfindung und des rationalen Arguments. »Das macht sie«, so Rotraud Wielandt, »für politischen Totalitarismus anfällig und zum Teil sogar gewaltbereit. Sie treten dann gegenüber Andersdenkenden diktatorisch und repressiv auf, ja fühlen sich mitunter sogar berechtigt, diese zur Durchsetzung ihrer Sicht der Erfordernisse der Rechtgläubigkeit zu töten«.[190]

Schließt dieser Weg den Vielparteienstaat aus; läßt er nur Raum für die »›Partei Gottes‹, zu der alle wahren Muslime zählen«, wie Rotraud Wielandt[191] meint? Das ist nicht eindeutig, da Qutb auch vom islamischen Prinzip der Beratung, der *schura*, Gebrauch macht und überlegt, wie diese stattfindet, ob etwa durch Volksabstimmung, durch Vertreter der islamischen Gemeinden, durch Vertreter von Gewerkschaften, Universitäten und andern Gruppierungen, durch Minister. Jedoch legt er sich nicht fest außer durch die Regel, die Beratenden sollten »bewährt sein sowie Ansehen und ein gutes Urteilsvermögen haben«.[192]

Die Anwendungsprobleme der Schariah sind jedoch nur die dunkle Seite der Medaille, deren glänzende die Spiritualität des Sendungsbewußtseins

---

[189] Rotraud Wielandt, Spielräume ethischer Entscheidungsfindung, in Bormann und Schröer, Hg., Abwägende Vernunft, Berlin 2004, 715-37, 718. Wielandt verweist ebd. 721 auf Sayyid Qutbs postum erschienenes Buch *Die konstitutiven Merkmale der islamischen Konzeption* von 1966, das die Überlegenheit des Islam darin sieht, »den Menschen bei der Feststellung dessen, was geboten ist, von so risikobehaftetem Verfahren wie etwa dem Gebrauch der eigenen Vernunft oder dem Bemühen um Herstellung eines gesellschaftlichen Konsenses – Verfahren, die, wie er meint, niemals eine allgemeine Verbindlichkeit begründen könnten – gänzlich unabhängig (zu machen).« Sie verweist aber auch ebd. 722 darauf, daß die extremen Islamisten »dennoch Wert darauf (legen), die islamische Religion nicht als ein starres Korsett erscheinen zu lassen, das ein Entwicklungshindernis bilden könnte.« Ich würde hinzufügen, daß sie dazu auch aus fundamentalismusimmanenten Gründen genötigt sind. Der Fundamentalist muß immer auch an die Vernunft des Gläubigen appellieren, sich der säkularen oder liberalen Lebensform zu verschließen. – Vgl. hierzu auch S. Damir-Geilsdorf a.a.O. 111 und 154f.
[190] Wielandt ebd. 726f.
[191] ebd. 723.
[192] nach S. Damir-Geilsdorf a.a.O. 154f.

ist, die dieselbe Gottunmittelbarkeit dem Gläubigen spendet. Sie macht ihn zwar zu einem Werkzeug Gottes, aber zu keinem willenlosen. Sie entledigt ihn der Passivität; sie verlangt sein Urteil und seine Initiative, seine Vernunft, Autonomie und Willensstärke. Qutbs Gottesbegriff weist Merkmale auf, die nicht nur in der islamischen Welt anziehen. Es ist ein Gott, der zur Tätigkeit in dieser Welt aufruft; der ihr Unrecht auszurotten verlangt und einen Lohn für die Anstrengungen schon in dieser Welt verspricht. Das Jenseits liefert nur, wie ich Qutb schon zitiert habe, die Vervollkommnung dessen, was schon hier erreicht wird.[193] Es ist ein Gott des Gewissens, dem man folgt und nur folgt, wenn man seine eignen höchsten Vermögen betätigt. Es ist ein Gott, der erhebt, indem er einen Auftrag gibt, den der Mensch in seinem Gewissen erkennt. Es ist ein Gott, der unfehlbare Wahrheiten gibt und zugleich Autonomie verlangt. Aber es ist auch ein Gott, der das vom Islam so ausdrücklich denunzierte Verlangen nach Unterwerfung stillt, weil er selbst Unterwerfung verlangt. Und ein Gott, dem man nur dienen kann, wenn man sich einem ewigen Kampf einreiht, einem Jihad, der für Vernunft wenig Platz läßt.

Es ist auch ein Gott, der um so konventionellere Züge annimmt, je länger man in seinem Dienst kämpft. Seine faszinierenden Züge machen ihn zu einer immanenten Macht, die den Menschen über sich hinaus treibt; die von ihm prometheisch den Gebrauch seiner eignen Fähigkeiten fordert; die ihn nicht auf einen Ausgleich im Jenseits hoffen läßt; die sich sogar überflüssig macht. Je länger jedoch der Kampf dauert, desto wichtiger wird der himmlische Trost. Das Jenseits ist zwar nur die Vervollkommnung dessen, was schon hier erreicht wird. Aber in seinen Ermunterungen an die Elite der Gläubigen, die zum konsequenten Jihad bereit ist, verweist Qutb auf himmlischen Lohn und Transzendenz:

> The scope of this struggle is not limited to this earth or to this life. The observers of this struggle are not merely a generation of men. The angels are also participants in the happenings on earth [...]. And then there is the Hereafter. That will be the real sphere which is adjacent to the earthly sphere [...].[194]
> Then they receive the greater and the last part of their reward in the Hereafter: easy accounting and great favors.[195]
> This matter does not finish here, nor is the decision made in this world. This life and all its pleasures and pains, achievements and frustrations, do not weigh much in the scale.[196]

---

[193] Milestones 91.
[194] Milestones 152.
[195] Milestones 156.
[196] Milestones 154.

In *Social Justice* hatte Qutb dem Christentum vorgehalten, für die geringe Achtung der Religion verantwortlich zu sein. Die barbarischen Völker Europas brauchten das weltabgewandte Christentum im besten Fall für Sonntagsreden; daher waren die christlichen Priester, vom Volk nicht gebraucht, auf das Wohlwollen der weltlichen Herrscher angewiesen und halfen ihnen, das Volk durch Vertröstung auf ein Jenseits auszubeuten: »It was under these circumstances, and because of despots and religious tyrants, that the saying arose that: ›Religion is the opiate of the masses.‹ For it was thus that it happened in Europe.«[197]

Der Islam dagegen beweise, daß Religion kein Opium für die Massen, sondern das Mittel zu ihrer Befreiung in dieser Welt sei, ein opiumfreies zudem, da es nicht die Vertröstung auf ein Jenseits brauche. Ganz ohne Opium kommt auch Qutb nicht aus. Dennoch: es ist bemerkenswert wenig.

10. Der Islam und die Einheit der Lebensführung

Fassen wir zusammen. Der radikale Islam antwortet wie andere fundamentalistische Bewegungen auf das Verlangen nach Einheit der Lebensführung und nach Rettung vor der Zerfaserung des Lebens. Warum aber findet er so viel Gehör? Qutb beansprucht für den Islam einen dem Westen überlegenen Weltzugang. Der Islam verfüge über ein »scheme of life greater than any possessed by the followers of any religion or school or civilization that has yet been born«,[198] eine »coherent and comprehensive« Einheit, deren Elemente »integrated« und nicht »departmentalized«[199] seien. In der Tat unterwirft der politische Islam die Lebensführung dem einen Gebot, keinem andern Prinzip zu dienen als dem, die Vernunftanlagen zu betätigen und ihre Betätigung nicht nur für sich selbst, sondern für alle Menschen zu erkämpfen. Dadurch bringt er den Menschen dazu, sein Leben als eine Einheit zu verstehen und die »departmentalization« zu vermeiden, die Max Weber für unvermeidlich gehalten hat.

Die Zerfaserung des Lebens dringt im Zuge der Industrialisierung in die Welt des Islam ebenso wie in die übrigen nichtwestlichen Kulturen ein und wird als existentielle Bedrohung erfahren. Unter dieser Bedrohung wird Einheit im Leben zum existentiellen Interesse gerade der von Weber genannten »jungen Generation«. Es gibt heute genug Theoretiker, die aus der

---

[197] Social Justice a.a.O. 24ff.
[198] ebd. 284.
[199] ebd. 37.

Tendenz zur Departmentalisierung den Schluß gezogen haben, das Individuum könne überhaupt nichts anderes sein als das Produkt oder Ensemble seiner Verhältnisse. Der politische Islam bietet eine Erlösung von einem Übel, das auch im Westen erkannt, aber nicht in religiösen Begriffen beschrieben wird. Tatsächlich ist auch der wichtigste Begriff, mit dem Qutb das Übel beschreibt, der der Spiritualität, nicht unbedingt religiös. Das Übel ist existentiell und wird zugleich elementar und alltäglich von allen Menschen der modernen Welt erfahren werden, von den ungebildeten und arbeitslosen nicht weniger als den gebildeten und berufsgestreßten, von den hungernden ebenso wie von den im Überfluß lebenden.

Tradierte Religionen können dem Verlangen nach Einheit der Lebensführung nur entsprechen, wenn sie die Mannigfaltigkeit ihrer Riten, Kulte und Lehren zu einigen wenigen kohärenten Prinzipien kondensieren. Der Islam ist dazu von vornherein ideal geeignet, weil seine Lehre einfach, universalistisch und weltzugewandt ist und auf eine Tradition von Erneuerungsbewegungen zurückgreifen kann, die ihn immer wieder von der Vorherrschaft lokaler Kulte befreite. Eine dieser Bewegungen, der Wahhabismus Saudi-Arabiens, ist zudem bis heute aktiv und hat auf die gegenwärtige Renaissance des Islam einen bleibenden Einfluß.[200] Qutbs Islam aber kommt dem Verlangen nach Einheit der Lebensführung vor allem durch seine Diesseitigkeit und die Art der Brechung der Diesseitigkeit entgegen.

Qutbs Gott ist, wie wir sahen, ein Gott, der sich selbst aufzuheben scheint, weil man von ihm sagen kann *Hilf dir selbst, so hilft dir Gott*. Auch das eine Gebot des Islam, keinem andern Gott zu dienen als dem einen Gott, scheint Gott überflüssig zu machen. Denn was dies Gebot fordert, ist nicht, Gott Huldigungen zu erweisen in Form von Opfern, Gebeten oder Ritualen. Alle islamischen Gebets-, Fasten- und Wallfahrtsgebote dienen nach Qutb nicht Gott, sondern den Menschen: sie sollen die Menschen besser befähigen, für eine gerechte Sozialordnung in der Welt zu kämpfen. Daher kann das eine Gebot des Islam, wie ich es schon tat, als Forderung beschrieben werden, keinem andern *Prinzip* zu dienen als dem, die höheren Fähigkeiten zu betätigen. Diese radikale Diesseitigkeit spricht Menschen an, die in ihrer erzwungenen Arbeitslosigkeit und Untätigkeit danach drängen, selbst etwas gegen ihr Elend zu tun und an göttliche Hilfe ohne ihre eigne Tätigkeit nicht glauben können.

---

[200] vgl. Hamid Enayat, Modern Islamic Political Thought a.a.o.; John Esposito, Unholy War a.a.O. bes. S. 105-16. Auf die Eignung des Islam, den Herausforderungen der Moderne zu begegnen, hat schon früh Ernest Gellner in seinen zahlreichen Arbeiten zum Islam hingewiesen.

Es wäre aber völlig falsch zu meinen, die Annahme Gottes sei in Qutbs Islam wirklich überflüssig und nur eine Anpassung an die Tradition. Qutbs Darlegungen könnte man zwar entnehmen, er brauche die Annahme Gottes nur, um mit dem jüngsten Gericht drohen und dem Paradies locken zu können. Aber das liegt daran, daß der wichtigste Grund für seine Annahme zu selbstverständlich ist, als daß er ihn explizit hätte. Der Grund kommt in der Wiederholung von Formeln von Gott als dem Schöpfer und Erhalter der Welt zum Ausdruck. Gott ist für Qutb (wie für jeden andern Moslem, Christen und Juden) die Macht, von der letzten Endes alles in der Welt abhängt. Sie fordert zwar vom Menschen, selbst für Gerechtigkeit zu sorgen, sie aber entscheidet schließlich, ob der Kampf der Menschen Erfolg hat. Der Glaube an eine solche Macht gibt den Menschen unerschöpflichen Trost nach Mißerfolgen und hindert sie an Übermut und Arroganz nach Erfolgen. Denn sie müssen sich immer sagen, daß letzten Endes nicht sie den Erfolg herbeigeführt haben, sondern Gott.

Diese Einstellung ist zugleich von sozialem Nutzen und entspricht der Selbsterfahrung und rationalen Erwägungen. Wer in einer leistungsorientierten Gesellschaft Grund findet zu glauben, sein Beitrag zum Reichtum seiner Gesellschaft sei sein persönliches Verdienst, daher schulde die Gesellschaft ihm ein Äquivalent für seinen Beitrag, dem entzieht der Glaube an eine Macht, von deren Gnade letzten Endes alles in der Welt abhängt, die Berechtigung. Eine Gesellschaft, die an eine Macht glaubt, von der letzten Endes alles abhängt, kann den Erfolgreichen zwar besondere Gewinnchancen anbieten, um sie zu Aktivität und Beiträgen zum Wohlergehen ihrer Gesellschaft anzureizen. Aber sie läßt keinen Raum für Ansprüche, die Gesellschaft *schulde* ihm ein Äquivalent, das der Nützlichkeit seines Beitrags entspricht. Sie läßt keinen Spielraum für naturrechtliche Eigentumsansprüche. Demgemäß verwirft Qutb natürliche Eigentumsrechte und betont, jedes gesetzliche Eigentum sei dem Inhaber nur als eine Treuhand gegeben.[201]

Zudem erfährt jeder, der in welcher Sache auch immer erfolgreich ist, daß sein Erfolg von vielen Zufällen und Glücksumständen abhängt und daher immer nur zu einem allerdings manchmal kleineren, manchmal größeren Teil an ihm selbst liegt. Und selbst wenn man nicht bereit ist, einen Teil seines Erfolges auf die Gnade des Glücks oder Zufalls zurückzuführen, wissen wir alle, daß unsere Fähigkeiten zumindest zum Teil vom Zufall unserer genetischen Anlagen und Erziehung abhängen. Was der vernünftige Ungläubige auf Zufälle verschiedener Art zurückführt, führt der vernünftige Gläubige auf Gott zurück. Die vernünftige Konsequenz sollte in beiden

---
[201] Qutb, Social Justice a.a.O. 132, 134, 138.

Fällen dieselbe sein: anzuerkennen, daß jeder nur soweit seines Glückes Schmied ist, wie der Zufall, die Natur oder Gott ihm etwas zu schmieden gegeben hat.[202]

Sich aber von einem persönlichen Gott statt von der Natur oder dem Zufall oder auch der eignen »Schwäche und Unwissenheit«[203] abhängig zu sehen, hat einen Vorteil: man kann hoffen, durch Einhaltung einer alle Menschen respektierenden Gerechtigkeit doch eines Tages Gottes Gnade zu finden. Daher ist es unwahrscheinlich, daß der Glaube an einen Gott, der vom Menschen Selbsthilfe zur Durchsetzung von Gerechtigkeit fordert, aber der Macht des Zufalls die Züge einer Person verleiht und als letzte Instanz die vom Menschen erstrebte Einheit der Lebensführung absichert, in absehbarer Zukunft aussterben wird. Im Gegenteil wird er zumindest in seiner islamischen Form eher aufblühen, weil unter dem Druck der Eigengesetzlichkeit der Subsysteme moderner Gesellschaften das Verlangen nach Einheit der Lebensführung immer stärker werden wird.

Soweit zu den Gründen, warum der radikale Islam Gehör findet mit seinem Versprechen, das Verlangen der Menschen in modernen Gesellschaften nach Einheit der Lebensführung zu erfüllen. Geht es dagegen um die Frage, ob er sein Versprechen auch einlösen kann, werden wir dem Islam weniger gute Zeugnisse ausstellen. Denn seine Vorzüge erkauft er zum Preis eines Fundamentalismus, der mit Autonomie unvereinbar ist.

Es ist unwahrscheinlich, daß moderne Gesellschaften nur dann funktionieren oder überleben können, wenn die Menschen autonom und eigenständig im Urteil sind.[204] Vielmehr ist eine Departmentalisierung des

---

[202] Nach Habermas, Technik und Wissenschaft als ›Ideologie‹ a.a.O. 103, prägte eine solche Konsequenz das Bewußtsein der Studentenbewegung von 1968 und machte sie dadurch zu einer Gefahr für das System. Denn sie fand es unakzeptabel, »die Statuszuweisung ... an den Mechanismus der Bewertung individueller Leistung zu binden. Auf lange Sicht könnte deshalb der Studenten- und Schülerprotest diese brüchig werdende Leistungsideologie dauerhaft zerstören und damit die ohnehin fragile, allein durch Entpolitisierung abgedeckte Legitimationsgrundlage des Spätkapitalismus zum Einsturz bringen.« Daß die Verwerfung der Leistungsideologie im politischen Islam religiös gewandet ist, macht sie nicht weniger systemunverträglich.
[203] Qutb in einer späteren Schrift, zit. nach S. Damir-Geilsdorf a.a.O. 73.
[204] John Gray, Rival Freedoms, in Two Faces of Liberalism, London (Polity) 2000, 97, kritisiert diese Meinung (obgleich mit unklarem Autonomiebegriff) zu recht und unterstellt sie Joseph Raz, The Morality of Freedom, Oxford (Clarendon) 1986, 369f. Doch behauptet Raz nur, »personal autonomy ... is an ideal particularly suited to the conditions of the industrial age and its aftermath with their fast changing technologies and free movement of labour. They call for an ability to cope with changing technological, economic and social conditions, for an ability to adjust, to

menschlichen Lebens denkbar und vermutlich auch schon weitgehend wirklich geworden, in der die Menschen in ihren berufsbezogenen Tätigkeiten zwar die zum Funktionieren moderner Gesellschaften nötige Phantasie und Kreativität entwickeln, in der Führung ihres eignen Lebens dagegen und in den Entscheidungen, die das öffentliche Leben insgesamt betreffen, sich mehr oder wenig willfährig durch Medien und Unterricht (nicht zuletzt durch ihre Universitätsausbildung) manipulieren lassen.

Es ist schwer zu sehen, was der radikale Islam einer solchen Entwicklung, in der die Einheit der Lebensführung bloße Illusion ist, entgegenzusetzen hat. Da sein Fundamentalismus immer wieder mit dem eignen Urteil der Individuen, das er doch fordern muß, zusammenstößt und es schließlich ebenso wie die katholische Kirche unterdrücken muß, ist der radikale Islam eher geeignet, das genaue Gegenteil von dem zu erreichen, was er verspricht: nicht Einheit der Lebensführung, die den Menschen befähigt, zum Herrn seiner Verhältnisse zu werden, sondern Uniformierung des Lebens. In dieser Uniformierung würden auch die wenigen Manipulatoren oder Organisatoren weit davon entfernt sein, höhere Vermögen zu betätigen oder Gerechtigkeit zu verwirklichen, weil sie von jeder Kontrolle durch die Kontrollierten befreit wären.

Der aufgeklärte Liberalismus hat dennoch, wenn er dieser Einschätzung des radikalen Islam folgt, keinen Grund zum Triumph. Der Zulauf, den der radikale Islam hat und weiter haben wird, nicht wegen scheußlicher Terrorakte, sondern wegen des Verlangens der Massen nach Einheit der Lebensführung und wegen der Klarheit und Kohärenz seiner Ideen, macht den Mangel des Liberalismus unübersehbar. Dem Liberalismus fehlt eine Idee, wie heute eine Einheit der Lebensführung zu erreichen ist. Seine Leitideen, Freiheit, Gleichheit und Menschenrechte, sind *negativ*. Sie sagen, was wir *nicht tun dürfen*: nicht die Rechte der andern verletzen. Sie sind notwendige Bedingungen für eine Lebensführung, vergleichbar der logischen Bedingung der Widerspruchsfreiheit, die man jedem *theoretischen* System stellen muß, um es als wahr anzuerkennen. Wie aber eine Theorie auch die zusätzliche Bedingung erfüllen muß, kohärent zu sein, so muß man auch für die Einheit der Lebensführung fordern, daß sie die zusätzliche Bedingung erfüllt, dem Leben Kohärenz zu geben, einen Sinn, der seine Departmentalisierungen aufbricht und seine Zerfaserungen vereint.

Aber folgt der Liberalismus nicht auch der Idee der Autonomie? Enthält sie nicht den gesuchten Sinn? Wohl. Nur steht außer ihrer Erreichbarkeit

---

acquire new skills, to move from one subculture to another, to come to terms with new scientific and moral views«. Er sagt nicht, moderne Gesellschaften könnten nicht ohne Autonomie auskommen.

ihr Inhalt und ihre Verbindlichkeit in Frage, wenn wir Webers Klage über das Gehäuse der Hörigkeit nicht als völlig verfehlt einschätzen wollen. Wir werden daher zunächst zu klären haben, wie überhaupt Verbindlichkeitsansprüche und wie Aussagen über positive Ziele, die dem Leben Sinn geben, möglich sind.

2. TEIL:
VON DEN TUGENDEN
DER DOCKLOSIGKEIT:
WITTGENSTEIN UND POPPER

Wir haben fundamentalistische Ansätze betrachtet, die ihre Attraktivität aus dem Schrecken dessen gewinnen, was ich in Anlehnung an Max Weber die Zerfaserung des Lebens im System der Moderne, dem Gehäuse der Hörigkeit genannt habe. Zum System gehört für die Fundamentalisten der Liberalismus. Liberalismus ist ein weiter Begriff, und wenn man ihn nur entsprechend definiert, ist die fundamentalistische Kritik, wie wir sehen werden, nicht unbegründet. Definieren wir jedoch den Liberalismus in dem in der *Einleitung* erläuterten Sinn, so enthält er Elemente, die mit dem System unvereinbar sind. Ein solches Element ist seine Annahme der Fehlbarkeit aller inhaltlichen Erkenntnis, die ich Docklosigkeit nenne.

Die Konsequenzen der Docklosigkeit haben zwei Philosophen analysiert, von denen der ältere den Wiener Kreis und Neurath beeinflußte, der jüngere sie kritisierte, Ludwig Wittgenstein und Karl Popper. Sie gebrauchen nicht den Begriff der Docklosigkeit und folgen Fragestellungen, die fern ab zu liegen scheinen von Fragen der Docklosigkeit und ihrer Schrecken. Dennoch geben sie auf diese Antworten, die Epoche machen.

Poppers Relevanz ist leichter zu erkennen als die Wittgensteins. Die Rechtfertigung der kritischen und die Kritik der dogmatischen Vernunft bilden das Herzstück der Philosophie Poppers. Seine Leistung ist gezeigt zu haben, daß es nicht etwa *trotz* der Fehlbarkeit aller empirischen Urteile Wahrheit gibt, sondern ihret*wegen*. Der Mangel eines unerschütterlichen Fundaments *verhindert* nicht Wahrheitsansprüche; er *ermöglicht* sie. Poppers Leistung fand relativ schnell Anerkennung, weit über die Grenzen der analytischen Philosophie hinaus. So hat auch Jürgen Habermas Popper Anerkennung gezollt und dabei auf Vorgänger verwiesen:

> [...] the idea of truth implied a clearly non-fallibilistic element of fundamentalism. Yet these notions have been in a process of decomposition – as Marx said – since Hegel. In that sense, I think we are just contemporaries of the Young Hegelians still [...] The decomposition has proceeded. But for some the farewell to philosophical systems was and is still so painful that they have to dramatize

the whole question. This was true of Adorno and it remains true of Derrida. They made a drama of something which should be trivial by now: a fallibilist conception of truth and knowledge. Even I learnt this from Popper![205]

Habermas hat klar gesehen, daß der Abschied vom Glauben, nur auf unfehlbare Wahrheiten könnten Wahrheitsansprüche gegründet werden, keineswegs das Ende der Verbindlichkeit ist. Philosophen, so hebt er hervor, »[...] can develop arguments – within a fallibilistic framework, of course – which are *binding*, not just for us here and now, being members of a particular community, but which claim to be true, simply true.«[206]

Habermas nimmt hier allerdings etwas an, was Popper und seine Nachfolger (bisher) nicht ausdrücklich anerkennen: daß wir nicht nur *Wahrheits*ansprüche allgemeinverbindlich einlösen können, sondern auch den Geltungsanspruch der *normativen Richtigkeit*. Er unterstellt, daß die Art der Einlösung von Ansprüchen auf die Wahrheit *empirischer wissenschaftlicher Theorien* übertragbar ist auf die Einlösung von Ansprüchen der Richtigkeit von Normen und normativen Theorien.[207] Tatsächlich hat Habermas selbst eine solche Übertragung schon früh versucht.[208] Zu verbreiteter Anerkennung ist sie erst durch die Methodologie des reflektiven Gleichgewichts gekommen, auf die sich Rawls berief.[209]

Was uns jedoch zu einer solchen Übertragung berechtigt und warum die empiristische Tradition, der sich Popper und seine Nachfolger noch verpflichtet fühlen, irrt, das haben weder Habermas noch Rawls geklärt. Darauf finden wir Antworten in Untersuchungen von Wittgenstein, die eher ontologisch als sprachphilosophisch sind. Wie Popper den Verlust der Unfehlbarkeit als etwas erweist, das Wahrheit ermöglicht, erweist Wittgenstein den Verlust des unfehlbaren Individuums als etwas, das eine gemeinsame Welt und Geltungsansprüche der normativen Richtigkeit ebenso wie der Wahrheit ermöglicht. Vielleicht sollte ich sagen: dies erweist der Wittgen-

---

[205] Jürgen Habermas, Life-forms, Morality and the Task of the Philosopher, in Peter Dews, ed., Jürgen Habermas, Autonomy and Solidarity, London 1986, 191-216, 203f.
[206] ebd. 205.
[207] *Allgemeinverbindlich* oder kürzer *verbindlich* nenne ich gerechtfertigte *Richtigkeits-* oder *Geltungsansprüche*. Ich gebrauche *Geltungs-* und *Richtigkeitsanspruch* synonym. Ich erörtere im folgenden nur zwei Geltungsansprüche: den auf empirische Wahrheit und den auf normative Richtigkeit.
[208] in J. Habermas, Wahrheitstheorien. In H. Fahrenbach, Hg., Wirklichkeit und Reflexion, Pfullingen 1973, 211-65, und Diskursethik, in Moralbewußtsein und kommunikatives Handeln, Frankfurt (Suhrkamp) 53-125.
[209] John Rawls, A Theory of Justice, Oxford (UP) 1973, 19-21 und 46-53. Vgl. dazu weiter unten.

stein, wie ich ihn verstehe. Denn Wittgenstein ist vieldeutig, und mir kommt es in jedem Fall nicht zuerst auf seine Auslegung an, sondern auf die richtige Lösung der Probleme, mit denen er und wir zu tun haben.

Nun erweist sich unsere unaufhebbare Fehlbarkeit bei näherer Betrachtung als notwendige Bedingung nicht nur der Allgemeinverbindlichkeit von Wahrheiten und Normen. Die Analyse der Docklosigkeit setzt vielmehr auch zwei Hoffnungen ins Recht, die die tradierte dogmatische Philosophie pflegte, aber gerade solche Philosophen, die auf Kritik und Wissenschaftlichkeit pochten, als unrettbare Illusionen verwarfen, die Hoffnungen, den Menschen begründet *Willensfreiheit* und ihrer Existenz einen *objektiven Sinn* zusprechen zu können. Eine solche Behauptung scheint erstens mit dem Begriff der Docklosigkeit unvereinbar; denn wenn wir sie uns zusprechen, müssen wir dann nicht annehmen, daß typisch metaphysische Ideen wie die Willensfreiheit und der objektive Sinn menschlicher Existenz nur als Unsinn zu belächeln sind? Zweitens scheinen gerade Hirnforschung und Evolutionstheorien Willensfreiheit und die Annahme eines objektiven Sinns auszuschließen.

Unsere Docklosigkeit wird sich jedoch als Stabilität eigener Art entpuppen. Sie ist keine unveränderliche Stabilität, da wir unsere Theorien und Normen nicht als unveränderlich betrachten können und unsere Willensfreiheit ein zusätzlicher Faktor der Unvorhersehbarkeit unserer Zukunft ist. Aber sie ist die Stabilität einer Verfassung, die Erwartungen erfüllen kann, die viele Philosophen an die dogmatische Tradition richteten, die tatsächlich aber nur die kritische Vernunft erfüllt: daß wir verbindlich erkennen können, was der Fall ist, was der Fall sein soll und welchen Sinn die Welt und wir selbst überhaupt machen.

3. Kapitel: Probleme des Erkennens

Wir können drei Ansätze unterscheiden, auf Probleme des Erkennens und Handelns zu reagieren. Diese Ansätze liefern drei Arten von Richtigkeitskriterien. Mit ihnen unterscheiden wir drei Formen der Vernunft, drei Arten, Probleme rational zu lösen, oder drei Wege, das Geschäft der Vernunft auszuüben, nämlich zwischen richtig und falsch zu unterscheiden.[210] Sie sind zugleich unterschiedliche Einstellungen zur Welt. Dies sind die kritische Vernunft der liberalen, die dogmatische Vernunft der fundamentalistischen und die skeptische Vernunft der skeptischen Einstellung. Diese drei Formen sind am klarsten in der theoretischen Philosophie zu erkennen, an der Behandlung zweier Erkenntnisprobleme. Das erste Problem ist:

> (PP) Wie ist Erkenntnis möglich, obgleich wir annehmen müssen, daß alle sachhaltige Erkenntnis, sei sie empirisch oder normativ, *fehlbar* ist?

Ich werde dies Problem *Poppers* Problem nennen, weil seine Erörterung und Lösung wesentlich von Karl Popper mitbestimmt wurde. *Erkenntnis* ist hier ebenso wie in allem, was folgt, als *verbindliche* Erkenntnis zu verstehen.

Das zweite Problem nenne ich *Wittgensteins* Problem. Poppers Problem hat es mit Kriterien zu tun, mit denen wir zwischen wahr (oder richtig) und falsch unterscheiden. Ehe wir aber etwas auf seine Wahrheit untersuchen können, müssen wir das kennen, über dessen Wahrheit wir entscheiden wollen. Was wir kennen müssen, wenn wir über Wahrheit entscheiden wollen, sind Gedanken oder Aussagen, die wahr oder falsch sein können. Wie nun beziehen wir uns auf solche Gedanken und Aussagen? Sie müssen etwas sein, worauf sich die, die über ihre Richtigkeit entscheiden wollen,

---

[210] Der wichtigste Beitrag zur Unterscheidung stammt von Karl Popper, Three Views Concerning Knowledge, in Conjectures and Refutations, New York (Harper) 1963, 97-119. Was ich als skeptischen Ansatz beschreibe, tritt bei Popper als instrumentalistische Sicht auf. Die Übertragung der drei Ansätze auf die praktische Philosophie hat Popper zwar angedeutet in Back to the Presocratics, Conjectures and Refutations 136-65, und in Zwei Seiten des Alltagsverstands, in Objektive Erkenntnis, Hamburg (Hoffmann & Campe) 1973, 44-122; in der deutschsprachigen Philosophie ähnlich Hans Albert; vgl. seinen Traktat über kritische Vernunft, Tübingen (Mohr) 1968. In meiner Darstellung der drei Ansätze folge ich jedoch weder Popper noch seinen Schülern, die grundsätzlich an einer empiristischen Erkenntnistheorie festhalten und der Übertragung der Methodologie der Wissenschaftstheorie auf die Ethik mißtrauen.

gemeinsam beziehen. Sie dürfen nicht etwas sein, worunter der eine etwas anderes versteht als der andere. Wittgensteins Problem ist daher die Frage:

> (PW') Wie können wir uns auf Gedanken oder Aussagen beziehen, über deren Richtigkeit wir entscheiden können?

Diese Frage betrifft wie Poppers Problem den Weltzugang oder die Art, wie sich uns eine gemeinsame Welt erschließt. Aber sie betrifft den Weltzugang in grundsätzlicherer Weise. Wenn wir fragen, wie Erkenntnis trotz unserer Fehlbarkeit möglich ist, müssen wir schon voraussetzen, daß uns Erkenntniskandidaten gegeben sind. Solche Kandidaten sind gewöhnlich Gedanken oder Aussagen. Mit ihnen beziehen wir uns auf eine gemeinsame Welt. Wie aber kommen wir zu dieser gemeinsamen Welt? Das ist der Kern von Wittgensteins Problem. Wir können es daher auch als Frage formulieren:

> (PW) Wie kann es eine gemeinsame Welt geben, die uns in den Aussagen gegeben ist, über deren Richtigkeit wir entscheiden können?

Obgleich Wittgensteins Problem das tiefere Problem ist, können wir uns nicht auf seine Erörterung beschränken. Die Lösung von Wittgensteins Problem wird erklären, wie es für uns überhaupt eine gemeinsame Welt geben kann. Wir werden von ihr wichtigere Dinge über den Weltzugang und die gemeinsamen Voraussetzungen des westlichen und des Qutbschen Weltzugangs erfahren als von der Lösung des Popperschen Problems. Sie wird aber nicht entscheiden, was die Kriterien sind, mit denen wir in unserer gemeinsamen Welt richtig und falsch unterscheiden und *fortschreiten* im Zugang zu dem, was der Fall ist, und zu dem, was der Fall sein soll. Poppers Problem ist daher wesentlich die Frage, wie es *Fortschritt* in Wissenschaft und Moral geben kann; Wittgensteins Problem dagegen die Frage, wie es zu einem Erkennen und Handeln kommt, in dem es Fortschritt geben kann.

1. Poppers Problem

Poppers Problem, wie Erkenntnis trotz Fehlbarkeit möglich ist, stellt eine Frage neu, die schon Platon stellte, als er nach einer Definition von Erkenntnis oder Wissen suchte. Platons Lösungsversuch, Wissen sei wahres Glauben mit der richtigen Begründung, *hê meta logou alêthês doxa*,[211] befriedigte ihn selbst nicht, weil er keine Antwort darauf fand, was denn *logos* ist, die richtige Begründung oder Rechtfertigung. Platons Frage erlebte eine

---
[211] Platon, Theätet 201c9.

Renaissance durch Edmund Gettier. Gettier zeigte, daß Platons Definition – Wissen sei *justified true belief* – an Beispielen scheitert, in denen (i) jemand gute Gründe hat, etwas zu glauben, (ii) sein Glaube wahr ist, (iii) wir dennoch nicht von Wissen sprechen wollen.[212]

Ein Beispiel (nicht von Gettier) ist, daß ich aus dem Fenster blickend glaube, daß es regnet, gute Gründe für meinen Glauben habe (ich sehe einen schwarzen Himmel und Regen über die Scheibe fließen, höre das Prasseln der Regentropfen), daß es auch tatsächlich regnet, aber man meinen Glauben deshalb nicht für gerechtfertigt halten möchte, weil der schwarze Himmel und der Regen nur durch eine raffinierte Videoprojektion vorgetäuscht werden.

Gettier bestätigte Platons Zweifel an der Möglichkeit zu definieren, was eine Rechtfertigung ist. Die vielen erfolglosen Versuche, Rechtfertigung so zu definieren, daß sie den Gegenbeispielen Gettiers und seiner Nachfolger standhalten, haben Platons Zweifel erneut bekräftigt.

Obgleich Popper sein Problem und seine Lösung vor Gettier entwickelte, können wir sie als Reaktion auf die Möglichkeit verstehen, daß ein Glauben seiner Wahrheit und guten Rechtfertigungsgründen zum Trotz nicht als Wissen anerkannt wird. Die Möglichkeit besteht, da sich auch die besten Rechtfertigungsgründe als irrig erweisen können. Sie stellt die *Fehlbarkeit* unserer empirischen (und ebenso unserer normativen) Urteile dar. Das Problem, das sich stellt, ist daher: Wie ist Erkenntnis möglich, die doch mit dem Anspruch auf Allgemeinverbindlichkeit auftritt, obgleich alle unsere Urteile fehlbar *scheinen*, wenn nicht *sind*?

Dasselbe Problem können wir auch so stellen. Wir müssen anerkennen, daß Menschen in ihren Annahmen darüber, was der Fall ist, oft genug nicht übereinstimmen. Es gibt Erkenntnis*dissens*. Wie sollten wir auf diese Tatsache vernünftigerweise reagieren? Wir haben hier mit demselben Problem zu tun, weil Dissens eine Folge der Fehlbarkeit ist. Wenn wir statt nach den Bedingungen der Möglichkeit von Erkenntnis trotz anscheinend unvermeidlicher Fehlbarkeit nach den rationalen Arten der Reaktion auf Er-

---

[212] Gettier, Edmund, *Is justified true belief knowledge?* Analysis 23, 1963, S. 121-123. Gettier gibt (neben einem anderen) folgendes Beispiel. Smith hat gute Gründe anzunehmen, daß Jones einen Ford besitzt und Brown in Boston lebt. Wenn Smith nun glaubt: ›Jones besitzt einen Ford oder Brown ist in Boston‹, und es wahr ist, daß Brown in Boston ist, ist sein Glaube wahr und gerechtfertigt. Wenn aber Jones keinen Ford besitzt und er Smith belogen hat, als er ihm sagte, er besitze einen Ford, werden wir Smiths Glauben nicht als Wissen anerkennen wollen. – Eine Übersicht über die Versuche, dem Gettier-Paradox zu entkommen, bietet Michael Hanik, Erkenntnis und Management. Dissertation an der Universität Hamburg 2004, Teil1, Kap. 2.

kenntnisdissens fragen, gewinnen wir einen Vorteil. Wir können die verschiedenen Ansätze in der Philosophiegeschichte zur Lösung des Problems, wie Erkenntnis trotz ihrer Fehlbarkeit möglich ist, vergleichen.

a. Drei rationale Weisen, auf Erkenntnisdissens zu reagieren

Wir können drei und nur drei Ansätze unterscheiden, auf die Tatsache des Erkenntnisdissens zu reagieren, und diese drei Ansätze haben die Geschichte der Erkenntnistheorie geprägt.

Die erste Konsequenz, die wir aus der Tatsache von Dissens (und unserer Fehlbarkeit) ziehen können und Philosophen gezogen haben, ist anzunehmen, es gebe außer unsern alltäglichen fehlbaren Urteilen außeralltägliche unfehlbare Urteile, zu denen nicht unbedingt alle, jedenfalls aber eine ausgewählte Schar begnadeter Menschen fähig ist. Diese Annahme ermöglicht, auf Dissens mit Appell an eine angeblich unfehlbare Erkenntnismethode zu reagieren. Ein solcher Appell ist dogmatisch, da er Zweifel an der berufenen Wahrheit ausschließt. Daher heißt diese erste mögliche Reaktion auf das Dissensfaktum und die Form der Vernunft, die sie darstellt, *dogmatisch*. Die fundamentalistische Einstellung, die heute mit der liberalen Haltung um die Vorherrschaft in der Politik konkurriert, folgt der dogmatischen Vernunft.

Trotz des schlechten Rufs, den er heute unter Intellektuellen hat, ist dieser Ansatz sehr plausibel. Denn er folgt aus folgenden zwei durchaus plausiblen Prämissen:

(P1) Trotz unserer Fehlbarkeit gibt es Wissen (oder Erkenntnis).
(P2) Wissen (oder Erkenntnis) darf nur etwas heißen, was endgültig als wahr erkannt wird.

Bei Anerkennung von P1 und P2 *müssen* wir annehmen, daß es gegen den Anschein Erkenntnisse gibt, die endgültig als wahr erkannt werden. Solche Erkenntnisse müssen unfehlbar und unrevidierbar sein. Also müssen wir schließen, daß es unfehlbare Erkenntnis gibt. Diesem Schluß folgten die meisten der bekannten Philosophen bis zu Kants und Benthams Zeiten. Ihr entspricht die fundamentalistische Einstellung.

Allerdings können Philosophen, die, wie Locke, Kant und Bentham, unfehlbare Wahrheiten annehmen, auch eine kritische Einstellung haben, soweit sie fordern, daß alle Ansprüche auf Richtigkeit zu prüfen sind.[213] Eine solche bedingt kritische Einstellung schließt nicht aus, daß man für man-

---

[213] Vgl. Kant, Kritik der reinen Vernunft A XI Anm. als Beispiel für die kritische Einstellung eines Philosophen, der manche Wahrheiten für unfehlbar hielt: »Unser Zeitalter ist das eigentliche Zeitalter der Kritik, der sich alles unterwerfen muß. *Re-*

che Wahrheiten behauptet, jeder könne sich davon überzeugen, daß sie unbezweifelbar, notwendig und unfehlbar sind. Philosophen, die trotz ihrer kritischen Einstellung der dogmatischen Vernunft folgen, sind inkonsequent, weil sie einerseits die Prüfung aller Richtigkeitsansprüche fordern, anderseits sie für bestimmte Ansprüche zu einem bestimmten Zeitpunkt für abgeschlossen erklären. Wir können jedoch nie absolut sicher sein, nicht doch noch auf Gründe zu stoßen, die eine Urteilsrevision fordern.

Die zweite mögliche Reaktion auf die Tatsache des Erkenntnisdissens ist zu leugnen, daß es überhaupt (verbindliches) Wissen gibt. Dies ist der *skeptische* Ansatz, der seit je intelligente Befürworter hat. Er verneint P1 und unterstellt als Prämisse

(P3) Alle unsere Erkenntnisse sind fehlbar,

nimmt aber wie der dogmatische Ansatz die Prämisse an

(P2) Wissen (oder Erkenntnis) darf nur etwas heißen, was endgültig als wahr erkannt wird.

Auch die skeptische Reaktion ist sehr plausibel. Denn für P3 spricht, daß sich bisher alle unfehlbar scheinenden Erkenntnisse als falsch oder anfechtbar erwiesen haben; für P2 aber Sprachgefühl oder die Erwartung, daß etwas, was nicht endgültig als wahr erkannt ist, nicht als Erkenntnis, sondern nur als Hypothese, Vermutung oder vorläufige Wahrheit gelten kann. Sind aber P3 und P2 richtig, folgt die skeptische These unausweichlich.

Die dritte Reaktion, die ich *kritisch* nennen will, ist, wie voraussehbar, der Schluß, der sich ergibt, wenn man weder zugleich P1 und P2 noch zugleich P2 und P3 für wahr hält, sondern P1 und P3 für wahr hält und P2 verwirft. Es ist die Konsequenz, daß etwas auch dann Erkenntnis oder Wissen heißen darf, wenn es nicht endgültig als wahr erkannt wird.

Diese Reaktion ist auf den ersten Blick am wenigsten plausibel. Es widerspricht unserm Sprachgefühl, den Kandidaten für eine Erkenntnis Wissen zu nennen, wenn er nicht endgültig als wahr ausgewiesen ist. Er ist eben nur Hypothese oder Vermutung, nicht Wissen oder Erkenntnis. Anderseits zeigt die Übersicht über die drei möglichen Arten, auf Dissens zu reagieren, daß wir von den drei möglichen Annahmen P1, P2 und P3, so plausibel jede ist, mindestens eine opfern müssen. Müssen wir aber eine opfern, so scheint P2 ein plausibles Opfer.

---

ligion, durch ihre *Heiligkeit*, und *Gesetzgebung* durch ihre *Majestät*, wollen sich gemeiniglich derselben entziehen. Aber alsdann erregen sie gerechten Verdacht wider sich und können auf unverstellte Achtung nicht Anspruch machen, die die Vernunft nur demjenigen bewilligt, was ihre freie und öffentliche Prüfung hat aushalten können.«

Denn wollten wir mit dem Skeptiker P1 opfern, kaufen wir uns dessen Probleme ein. Das größte besteht darin, daß der Skeptiker konsequenterweise seine eigne These nicht vertreten darf, da er mit ihr eine Meinung vertritt, die er doch für besser hält als die konkurrierenden der dogmatischen und der kritischen Lösung. Wenn er sie für besser oder vorziehenswert hält, muß er da nicht annehmen, daß seine Erkenntnis denen der Konkurrenten überlegen ist? Kann er das nicht nur tun, wenn er es für berechtigt hält, verbindliche Erkenntnisansprüche zu erheben? Und wenn er das für berechtigt hält, hat er dann nicht alles anerkannt, was man anerkennen muß, wenn man behauptet, es gebe Erkenntnis? Denn mit dieser Behauptung muß man ja nicht unbedingt behaupten, es gebe *unfehlbare* Erkenntnis. Sonst hätte man die kritische Reaktion von vornherein für unmöglich erklärt.

Wollten wir dagegen mit dem Dogmatiker P3 opfern, so müßten wir eine Form der Erkenntnis vorführen, die der Fehlbarkeit der gewöhnlichen Erkenntnis entgeht. Das haben Philosophen immer wieder versucht. Platon verwies auf die mathematische Erkenntnis als ein Beispiel unfehlbarer Erkenntnis. Aber worin immer mathematische Erkenntnis besteht, sie liefert uns sowenig wie die logische Erkenntnis empirisches oder normatives Wissen. Die Fehlbarkeit, die die dogmatische Lösung überwinden möchte, ist jedoch die Fehlbarkeit empirischen und normativen Wissens. Auch Descartes folgt in seinem Versuch, Regeln für unbezweifelbare wissenschaftliche Erkenntnis aufzustellen, dem dogmatischen Ansatz. Aber auch seine unfehlbare Wahrheit, daß ich existiere, solange ich denke, liefert uns weder empirisches noch normatives Wissen. Zu Beginn des letzten Jahrhunderts machten die Phänomenologen einen neuen Anlauf zum Nachweis unbezweifelbarer Erkenntnis. Aber sie alle scheiterten daran, daß sie keine einzige sachhaltige oder normative Erkenntnis anführten, der nicht andere Philosophen widersprachen. Gewiß könnten auch diese irren. Aber wenn wir ihre Fehlbarkeit annehmen, halten wir schon wieder an P3 fest.

Was spricht schließlich dagegen, P2 zu opfern? Nur die Erwartung, Wissen im Unterschied zum Vermuten *müsse* endgültig wahr sein. Aber eine Konsequenz von P2 bei Festhalten an P3 ist, daß wir keine Annahmen über die Welt Wissen oder Erkenntnis nennen dürfen, und das würde noch mehr gegen unser Sprachgefühl und unsere Wissensbegriffe verstoßen. Wenn wir P2 opfern, nehmen wir keineswegs in Kauf, alles als Erkenntnis anzuerkennen, was mit dem Anspruch auf Erkenntnis auftritt. Wir behalten vielmehr den Titel der Erkenntnis solchen Ansprüchen vor, für die wir die bisher besten Gründe angeführt finden, ohne auszuschließen, eine als Wissen anerkannte Annahme A später als Irrtum zu betrachten, dann nämlich, wenn wir erkennen, daß Non-A bessere Gründe hat als A.

b. Ist die Fehlbarkeitsthese selbstwidersprüchlich?

Es scheint soweit, als sei die kritische Reaktion auf das Faktum des theoretischen Dissenses die richtige Form der Vernunft. Fassen wir hier aber nicht einen widersprüchlichen Gedanken? Widersprechen wir nicht mit unserm Urteil, unsere Fehlbarkeit in inhaltlichen Urteilen sei unvermeidlich, diesem Urteil selbst? Denn behaupten wir nicht einerseits, jeder Satz könne falsch sein, meinen aber anderseits, es sei wahr, daß wir uns immer irren können?[214]

Um klarer zu sehen, müssen wir die Fehlbarkeitsthese genauer formulieren. Es scheint, eine Möglichkeit, sie wiederzugeben, sei

(F) Für jeden inhaltlichen Satz p gilt: es ist möglich, daß p falsch ist.

Dabei ist

inhaltlicher Satz =df synthetischer Satz über die (nicht private) Wirklichkeit (wie sie ist oder sein soll)

Wenden wir F (einen inhaltlichen Satz) auf sich selbst an, so erhalten wir:

(G) Für F gilt: es ist möglich, daß F falsch ist.

G impliziert

(G') Wenn F wahr ist, dann ist es möglich, daß F falsch ist.

G' ist in der Tat selbstwidersprüchlich. Das wird deutlich, wenn wir G' vergleichen mit

(H) Wenn x groß ist, dann ist es möglich, daß x klein ist.

H ist offensichtlich selbstwidersprüchlich. Dann müssen dies aber auch G' und F sein. Denn ist es unmöglich, daß etwas, das groß ist, klein sein kann, dann ist es auch unmöglich, daß etwas, das wahr ist, falsch sein kann, wie G' behauptet. Da G' aber falsch ist, kann F, von dem es impliziert wird, nicht wahr sein.

Gibt aber F wirklich wieder, was wir mit der Fehlbarkeitsthese ausdrücken wollen? Diese will ja sagen, daß jeder inhaltliche Satz, den wir heute für wahr halten, sich noch als falsch erweisen kann. Diesen Gedanken drückt F nicht aus. Wir müssen die Fehlbarkeitsthese vielmehr so formulieren, daß wir sie mit einem Satz vergleichen können wie

(H*) Wenn x auch als groß gilt, ist es doch möglich, daß x sich als klein erweist.

H* ist nicht selbstwidersprüchlich. Wir müssen daher die Fehlbarkeitsthese wiedergeben als

---

[214] Ich danke Manuel Probst für diese kritischen Fragen, die mich zur folgenden Antwort veranlaßten.

3. Kapitel: Probleme des Erkennens

(F*) Für jeden inhaltlichen Satz p gilt: auch wenn wir die besten Gründe haben, p für wahr zu halten, könnte p sich als falsch erweisen.

Wenden wir F* auf sich selbst an, so erhalten wir

(G*) Auch wenn wir die besten Gründe haben, F* für wahr zu halten, könnte F* sich als falsch erweisen.

Ist G* nicht ebenso selbstwidersprüchlich wie G? Impliziert es nicht einen Satz, der ebenso selbstwidersprüchlich ist wie G, nämlich

(G") Für F* gilt: es ist möglich, daß F* falsch ist. – ?

Nein, G* impliziert nur

(G''') Für F* gilt: auch wenn wir die besten Gründe haben, F* für wahr zu halten, könnte F* sich als falsch erweisen.

(G''') aber läßt sich nicht mit H vergleichen, sondern nur mit H*, und H* ist, wie wir schon bemerkten, nicht selbstwidersprüchlich.

In F* haben wir daher eine Formulierung der Fehlbarkeitsthese, die zeigt, daß diese nicht selbstwidersprüchlich ist. Die Selbstwidersprüchlichkeit von F zeigt jedoch, daß wir die Fehlbarkeitsthese nicht einfach als These der möglichen Falschheit jedes Satzes verstehen dürfen, sondern sie immer auf die möglichen Wahrheitsgründe eines Satzes beziehen müssen. Denn diese sind es, die einen Satz als wahr oder falsch erweisen, ihre Menge aber ist im Fall empirischer (und normativer) Aussagen unbestimmt; daher können wir sie wegen unserer Endlichkeit nie vollständig überblicken und nie zu endgültigen unrevidierbaren empirischen (und normativen) Urteilen kommen. Wir können aber unsere Kenntnis der möglichen Wahrheits- (und Richtigkeits-) gründe verbessern; daher kann es Erkenntnisfortschritt geben.

Es ist jedoch ein Fortschritt, der in einem doppelten Sinn auf Traditionen aufbaut und keine *tabula rasa* erlaubt. Erstens werden zu den Gründen, die uns dazu bringen, eine Theorie einer andern vorzuziehen, immer auch solche gehören, die uns so selbstverständlich sind, daß wir sie nicht überprüft haben (aber überprüfen können, wenn wir sie bemerken). Zweitens sind die Sätze oder Theorien, die wir überprüfen, aus historischen Gründen diejenigen, die wir überprüfen. Erkenntnisfortschritt ist nur ein Fortschritt im Flicken der Fehler der Vergangenheit.

Bemerkenswerterweise verwerfen wir mit der Fehlbarkeitsthese zwar die Idee einer endgültigen, unrevidierbaren Wahrheit, nicht aber die Idee einer *möglichen ewigen* Wahrheit. Denn wir können nicht ausschließen, daß ein Satz, den für wahr zu halten wir heute die besten Gründe haben, sich als Satz erweist, den für wahr zu halten immer die besten Gründe bestehen. In der Tat werden wir normalerweise die Gründe, aus denen wir heute einen

Satz für wahr halten, als Gründe betrachten, die auch in Zukunft die besten Gründe sein werden, ihn für wahr zu halten. Nur können wir uns der Zukunft in empirischen und, wie wir sehen werden, auch in moralischen Fragen nicht sicher sein.

c. Wie naturwissenschaftlicher Fortschritt möglich ist

Wir haben nun festgestellt, daß die kritische Vernunft die richtige Art vorgibt, auf das Faktum von Erkenntnisdissens zu reagieren, aber auch, daß wir Urteile als Erkenntnis anerkennen dürfen, wenn sie die *bestbegründeten* sind, die wir heute fällen können. Aber was darf als bestbegründetes Urteil gelten? Auf diese Frage wird es zwar vermutlich keine *allgemeine* Antwort geben können; dazu sind unsere Urteile zu verschiedenartig; in verschiedenen Umständen folgen wir verschiedenen Kriterien guter Begründung. Für zwei Klassen von Urteilen sollten wir jedoch eine genauere Antwort verlangen. Dies sind die Urteile der empirischen Wissenschaften, insbesondere der Naturwissenschaften, und die moralischen. Betrachten wir zuerst, was gute Gründe in den Naturwissenschaften sind.

Die Naturwissenschaften gelten als besonders zuverlässig. Vielen Philosophen aus Newtons Zeit galten Newtons Gesetze als notwendig und unfehlbar wahr. Auch wenn sie dafür heute nicht mehr gelten, ist doch allgemein anerkannt, daß die newtonsche Physik gegenüber der vorausgehenden aristotelischen Physik ein Erkenntnis*fortschritt* war. Dasselbe gilt für die heutigen Theorien der Physik. Man ist sich zwar einig, daß sie ebenso von Theorien abgelöst werden, wie die einsteinsche Physik die newtonsche ablöste. Aber ebenso einig ist man, daß die heutigen *besser* sind als die früheren und die künftigen nur dann die heutigen ablösen dürfen, wenn sie besser begründet sind. Man unterstellt Fortschritt oder Zuwachs der physikalischen Erkenntnis.[215] Wann aber gilt eine Theorie als besser begründet als konkurrierende, so daß wir sie vorziehen und behaupten können, sie stelle einen Erkenntnisfortschritt dar?

Poppers Lösung läßt sich so zusammenfassen.[216] Eine Theorie ist besser begründet als eine konkurrierende, wenn sie (Beschreibungen des gegebenen Zustands, die Antezedensbedingungen, vorausgesetzt) *empirisch ge-*

---

[215] Mindestens Fortschritt in der Fähigkeit, die Eigenschaften ihres Untersuchungsgegenstands zu beschreiben, im Unterschied zum Fortschritt in der Erklärungskraft der Theorien, wenn wir der Unterscheidung von John Losee, Theories of Scientific Progress, London (Routledge) 2004, p.2, folgen.
[216] Ich folge seinen Darstellungen in Karl R. Popper, Conjectures and Refutations: The Growth of Scientific Knowledge, New York (Harper) 1963, bes. ch.10.

haltvollere Voraussagen aus ihren Gesetzen abzuleiten erlaubt. Der *empirische Gehalt* von Voraussagen wird daran gemessen, wie *riskant* oder gewagt sie sind. Die Gewagtheit einer Voraussage ist nach Popper nicht formal meßbar; wir können aber sagen: Voraussagen sind um so riskanter, als je weniger wahrscheinlich das galt, was sie voraussagen. Eine Theorie ist daher besser begründet als eine konkurrierende und ihr vorzuziehen, in dem Maß wie sie riskantere erfolgreiche Voraussagen abzuleiten erlaubt. So erlauben Einsteins Relativitätstheorien dieselben Voraussagen wie Newtons Gesetze, doch zusätzlich einige unerwartete wie die über die Krümmung des Lichts in der Nähe schwerer Körper. Daher stellt sie einen Erkenntnisfortschritt dar. Dieser Fortschritt schließt aber ihre eigene Entthronung oder Revision nicht aus, wenn eine neue Theorie außer den Voraussagen der Theorien Einsteins und Newtons weitere riskante erlaubt.

Poppers Wissenschaftstheorie blieb nicht unwidersprochen. Die gewichtigste Kritik an ihr besteht im Hinweis darauf, daß Falsifikationen in der Wissenschaftsgeschichte eine geringere Rolle spielen, als Popper zulassen kann, und daß man an Theorien wegen ihrer Allgemeinheit, Einfachheit und Symmetrien festhielt, auch wenn ihre Voraussagen scheiterten.[217] So sagte Newtons Theorie Planetenbewegungen voraus, die nicht eintraten. Trotzdem hielt man an ihr fest, in der Erwartung, die Beobachtungen würden sich als falsch erweisen oder man werde auf eine theorieverträgliche Erklärung, etwa durch bisher unbekannte Ursachen, stoßen.[218]

Poppers Theorie wird durch diese Kritik jedoch nicht ernsthaft getroffen. Er kann darauf verweisen, daß man Newtons Theorie trotz fehlgehender Voraussagen nicht fallen ließ, solange man keine Theorie hatte, die riskantere erfolgreiche Voraussagen erlaubte. Er kann auch anerkennen, daß Einfachheit und mathematische Eleganz der Gesetze wichtige Faktoren beim Festhalten an Theorien sind. Denn sie ermöglichen oft besonders umfassende und damit auch riskante Voraussagen. Seine Wissenschaftstheorie verlangt nur anzunehmen, daß der Beitrag einer Theorie zum wissenschaftlichen Fortschritt vor allem, aber nicht allein daran gemessen wird, wie erfolgreich sie in riskanten Voraussagen ist.[219]

---

[217] vgl. dazu Thomas S. Kuhn, The Structure of Scientific Revolutions, in International Encyclopedia of Unified Science vol. II, No. 2, Chicago 1962, ferner die Beiträge in Imre Lakatos und Alan Musgrave, eds., Criticism and the Growth of Science, Cambridge UP 1970.

[218] vgl. etwa John D. Barrow, Theorien für Alles. Die Suche nach der Weltformel, Reinbek (Rowohlt) 1994, 245.

[219] Losee (viertletzte Fußn.) 158 erklärt, offenbar ohne das Paradox zu bemerken, das er formuliert: »*predictive* success does not establish the truth of theories«, denn: »Sequences of theories whose central terms fail to refer have achieved increasingly more accurate *predictions*« (kursiv von mir).

Worin sich popperianische und popperkritische Wissenschaftstheoretiker überdies einig sind, ist die Verwerfung der bis Ende des 19. Jahrhunderts vorherrschenden Annahme, wissenschaftliche Theorien seien aus empirischen Daten *ableitbar*. Konsens herrscht darüber, daß empirische Theorien in ihren Annahmen über die Welt über empirische Daten weit hinausschießen und empirischen Daten nur die negative Rolle zukommt, Theorien zu *falsifizieren*. Weiter herrscht Konsens, daß bei Widerspruch zwischen den Gesetzen einer Theorie und den empirischen Daten nicht immer die Gesetze den empirischen Daten zu opfern sind. Wir können vielmehr auch die empirischen Daten im Licht einer Theorie umdeuten. Das tat schon Kopernikus, als er das empirische Datum, daß Sonne und Sterne von Ost nach West über die Erde wandern, umdeutete als scheinbare Bewegung, die durch die Erddrehung entsteht. Empirische Daten spielen daher nicht nur die *negative* Rolle von Falsifikatoren von Theorien, sondern die noch geringere Rolle bloß *potentieller* Falsifikatoren: sie *können* eine Theorie widerlegen, aber manchmal können auch Theorien empirische Daten umdeuten oder auflösen.

Der Begriff, der sich heute zur Beschreibung der Methode und der Kriterien durchgesetzt hat, nach denen eine empirische Theorie als Fortschritt anerkannt wird, ist der uns schon von Qutb vertraute Begriff der *Kohärenz*. Demnach strebt jede physikalische Theorie danach, ihre Daten kohärent und damit verständlich zu machen. Die Kohärenz der einsteinschen Theorie ist jedoch der der newtonschen und diese der aristotelischen vorzuziehen, weil die späteren mehr Daten kohärent machen als die früheren.[220]

Kohärentismus und Falsifikationismus sind vereinbar. Popper folgt stillschweigend einem kohärentischen Argument, wenn er erklärt, empirische Daten könnten im Licht einer überzeugenden Theorie umgedeutet werden. Wir können Poppers Falsifikationismus sogar als eine Form des Kohärentismus betrachten. Der *Kohärentismus* behauptet von einer Theorie T:

> (K) Theorie T ist wahr dann und nur dann, wenn T die Phänomene ihres Bereichs kohärent erklärt.

Poppers *Falsifikationismus* behauptet:

---

[220] Kohärenztheorien vertreten Nelson Goodman, Fact, fiction, forecast, Harvard UP 1954; Laurence BonJour, The structure of empirical knowledge, Harvard UP 1985; Thomas Bartelborth, Begründungsstrategien. Ein Weg durch die analytische Erkenntnistheorie, Berlin (Akademie) 1996; Wolfgang Spohn, How to understand the foundations of empirical belief in a coherentist way, in Proceedings of the Aristotelian Scoiety 98, 1997/8, 23-40; Paul Thagard, Coherence in thought and action, MIT Press 2000.

(F) T ist wahr dann und nur dann, wenn T Widerlegungsversuche durch aus ihr ableitbare Voraussagen übersteht.

Poppers Falsifikationismus behauptet aber auch:

(F*) T ist wahr dann und nur dann, wenn T die Phänomene ihres Bereichs dadurch kohärenter erklärt als T', daß T über sie riskantere erfolgreiche Voraussagen macht als jede konkurrierende Theorie T'.

(F*) vertritt eine konkretere Form des Kohärentismus als (K). (K) läßt offen, wie eine kohärente Phänomenerklärung aussieht, während (F*) eine Bedingung kohärenter Phänomenerklärung festlegt: die Theorie muß erfolgreiche riskante Voraussagen ermöglichen.

d. Kritische und prometheische Vernunft

Die heutige Philosophie der Erkenntnis und Wissenschaft nimmt unter den drei überhaupt möglichen rationalen Reaktionen auf Erkenntnisdissens Stellung für die dritte. Damit nimmt sie auch Stellung für die liberale und gegen die fundamentalistische Einstellung. Sie respektiert zwar die skeptische Vernunft, aber ist sich der Tatsache bewußt, daß die skeptische Einstellung außerhalb der vom Druck der Alltagsgeschäfte befreiten Akademie nie eine wichtige Rolle spielen kann. Im Alltag kann man nicht vermeiden, seine Entscheidungen mit Geltungsansprüchen zu verbinden. Daher konkurrieren in der Politik nur die liberale und die dogmatische Einstellung, Docklosigkeit und Fundamentalismus.

Näher besehen ist die Fehlbarkeit empirischer Urteile nicht nur kein *Hindernis* für allgemeinverbindliche Erkenntnis; sie ist ihr *Grund*. *Weil* wir die Beurteilung jedes Urteilsgrunds für fehlbar halten, müssen wir jedem Grund und der Gesamtheit der relevanten Gründe die Aufmerksamkeit geben, die sie verlangen, wenn wir zu einer verbindlichen Aussage kommen wollen. Nur deshalb kann es Erkenntniszuwachs und -fortschritt geben.

Manche Philosophen sehen allerdings den Erkenntnisfortschritt der Naturwissenschaften als Fortschritt allein in der *Naturbeherrschung* oder im *Herrschaftswissen*. Eine grobe Form des Pragmatismus behauptet, naturwissenschaftliche Theorien seien nur deshalb wahr, weil sie nützlich sind. Dagegen führen die meisten heutigen Wissenschaftstheoretiker an, die technische Anwendbarkeit der Wissenschaften sei nur ein Nebenprodukt;[221] sie seien nützlich, weil sie wahr sind. Popper verwarf ausdrücklich alle pragmatistischen und instrumentalistischen Wissenschaftstheorien und ihre

---

[221] vgl. etwa Losee a.a.O. 158.

Wahrheitskriterien.²²² (Wahrheitskriterien sind instrumentalistisch oder pragmatistisch, wenn die Wahrheit von Urteilen daran entschieden wird, ob oder wieweit sie nützlich oder instrumentell sind für menschliche Interessen oder Zwecke.) Er war (in Übereinstimmung mit Russell und Qutb) bemüht zu zeigen, daß die Wissenschaft ihre eigenen nichtinstrumentalistischen Wahrheits- oder Akzeptabilitätskriterien hat, die ihr ermöglichen, die Irrtümer der Tradition und des Alltags zu entdecken und Vorstellungen zu korrigieren, die durch den Gebrauch pragmatistischer Kriterien entstanden sind. In der Tat schließt die Rolle *riskanter* Voraussagen in der Falsifikation von Theorien eine grobe pragmatistische Deutung der Wissenschaften aus, denn riskante Voraussagen sind oft solche, die dem bisherigen Leben schaden.

Eine elegantere Form der pragmatistischen Deutung der Naturwissenschaften entwickelten Max Scheler²²³ und Jürgen Habermas.²²⁴ Scheler argumentierte, es könne »der größte praktische objektive Nutzen des Wissens eben dadurch erst garantiert sein, daß man nicht diesen Nutzen, sondern das *Wissen als solches* als *Selbstwert* erstrebt«.²²⁵ Gerade durch ein solches Streben könne dennoch »der größte praktische objektive Nutzen des Wissens [...] erst garantiert sein«, weil das Streben die Physik unabhängig macht von partikularen, kontingenten oder traditionsabhängigen Nutzenvorstellungen. Scheler überlegte weiter:

---

²²² in Three Views Concerning Human Knowledge, a.a.O.
²²³ In *Philosophische Weltanschauung*, Gesammelte Werke Bd. 9, Bern (Francke) 1976, 77, unterscheidet Scheler »Herrschafts- oder Leistungswissen«, »Wesens- oder Bildungswissen« und »*metaphysisches* oder Erlösungswissen« und rechnet die »*positiven Fachwissenschaften*« zur ersten, die »philosophische Grundwissenschaft« und die philosophische Phänomenologie (78) zur zweiten und die Metaphysik (81) zur dritten Wissensart. Ebenso in *Die Formen des Wissens und die Bildung*, ebd.115ff. Ebd. 119 sagt Scheler, »die großen Kulturkreise (haben) in ihrer bisherigen Geschichte die drei Arten des Wissens je einseitig entwickelt – so Indien das Erlösungswissen und die vitalseelische Technik der Machtgewinnung des Menschen über sich selbst, China und Griechenland das Bildungswissen, das Abendland seit dem Beginn des 12.Jahrhunderts das Arbeitswissen der positiven Fachwissenschaften« (119).
²²⁴ Jürgen Habermas, Erkenntnis und Interesse, in Merkur 213, 1965, 1139-53, 341, unterscheidet »empirisch-analytische«, »historisch-hermeneutische« und »kritisch orientierte Wissenschaften«, die jeweils einem »technischen«, »praktischen« und »emanzipatorischen Erkenntnisinteresse« folgen. Vgl. auch *Technik und Wissenschaft als ›Ideologie‹*, a.a.O. 72f: »Die modernen Wissenschaften erzeugen [...] ein Wissen, das seiner *Form* (nicht der subjektiven Absicht) nach technisch verwertbares Wissen ist, obwohl sich im allgemeinen die Anwendungschancen erst nachträglich ergaben. Eine Interdependenz von Wissenschaften und Technik bestand bis ins späte 19. Jahrhundert nicht.«
²²⁵ Max Scheler, Erkenntnis und Arbeit, Gesammelte Werke Bd. 8, Bern (Francke) 1976, 194.

3. Kapitel: Probleme des Erkennens

Ist die moderne Technik der Arbeit und Güterproduktion nur die *nachträgliche praktische Verwendung* eines *Wissens* um die Natur, ihre Ordnung und gesetzlichen Zusammenhänge, das seinerseits *rein theoretisch* ist – rein theoretisch sowohl den Denk- und Anschauungsoperationen und deren ›Formen‹ nach, die in seine Erwerbung eingehen, als auch den subjektiven Zielen und Motiven der Forscher nach, die dieses Wissen zu erwerben suchen –, *oder* ist der bewußte (oder unbewußte) Trieb und *Wille zu einer Herrschaft* über die Natur das *primum movens*, und sind dementsprechend die besonderen experimentalen und technischen Erfahrungen, die in der handelnden Auswirkung dieses Willens gemacht wurden, das Erste und Leitende, so daß man sagen könnte, es sei die neue Wissenschaft nur eine *nachträgliche Formulierung* eben dieser im *Handeln* und Bilden an der Natur vollzogenen Erfahrungen: eine Logifizierung, Vereinheitlichung, Systematisierung der erfolgreichen oder erfolglosen Reaktionen, die die Natur auf unseren praktischen Arbeits-Zugriff uns erteilte? Wäre dieses letztere der Fall, so wäre es mindestens naheliegend, sich die Erörterung der Frage zum Ziele zu setzen, ob nicht auch die Denk- und Anschauungs*formen*, mit denen die moderne Wissenschaft an das Gegebene der Natur herantritt, ihre Methoden und ihre besonderen Erkenntnisziele sich durch die an sich *vor- und alogische Setzung* dieses ›Willens zur Macht und zur Naturbeherrschung‹ [...] erst gebildet hätten.[226]

Schelers Überlegung ist mit Poppers Pragmatismuskritik durchaus vereinbar. Wenn empirische Theorien an ihren Voraussagen gemessen werden müssen, fordert diese Bedingung von ihnen solche Denk- und Anschauungsformen, die Naturbeherrschung und die Betätigung des Willens zur Macht ermöglichen. Wird die Wahrheit von Theorien an ihrem Nutzen für den Menschen gemessen, ermöglichen sie nicht unbedingt Naturbeherrschung. Das tun sie nur dann, wenn man von der Naturbeherrschung einen Nutzen für die Menschen erwartet. Naturbeherrschung ist ein anderes Wahrheitskriterium als das pragmatistische Kriterium des Nutzens für die Menschheit. Naturbeherrschung aber ist nur aufgrund von Theorien möglich, die die Natur zumindest in den Eigenschaften, durch deren Kenntnis ihre Beherrschung möglich wird, so beschreiben, wie sie ist, und das heißt: sie wahr beschreiben.

Nur soweit kohärentistische Wissenschaftstheoretiker nicht den Voraussageerfolg, sondern formale Kriterien wie mathematische Eleganz und Einfachheit von Gesetzen als Wahrheitskriterien von Theorien stark machen, könnte die Wahrheit naturwissenschaftlicher Theorien für ihre technische Anwendbarkeit irrelevant sein. Tatsächlich aber gelten empirische Theorien, die zwar bestechend einfache und umfassende Gesetze haben, aber keine Voraussagen erlauben, an denen sie scheitern könnten, nicht als reif und akzeptabel. Daher scheint die technische Anwendbarkeit eine not-

---

[226] ebd. 195.

wendige Bedingung empirischer Theorien. Auch wenn sie nützlich sind, weil sie wahr sind, und nicht wahr, weil nützlich, ist Naturbeherrschung ein Ziel, das ihre Methode mitbestimmt.

Naturbeherrschung gilt im Mythos des Prometheus als eines seiner wesentlichen Interessen. Diesem Ziel dienen naturwissenschaftliche Theorien notwendig, wenn sie, wie es scheint, notwendig technisch anwendbar sind. Sie entsprechen daher dem prometheischen Ideal und der prometheischen Vernunft, wenn wir unter dieser eine Vernunft verstehen, die von der Wahrheit einer Theorie (und der Richtigkeit einer Norm) nicht nur verlangt, daß sie den falsifikativen Geltungskriterien der kritischen Vernunft genügt, sondern auch, daß sie der Menschheit und der individuellen Autonomie nutzbar gemacht werden kann.

2. Wittgensteins Problem

Fehlbarkeit und immer wiederkehrender *Dissens* in unserem Erkennen sind *ein* Anstoß zum Geflecht von Erkenntnisproblemen, das die Philosophie ausgesponnen hat. Ein anderer führt zu Wittgensteins Problem, der Frage, wie wir uns mit Aussagen, die wahr oder falsch sein können, überhaupt auf etwas Gemeinsames beziehen können, auf eine gemeinsame Welt. Der Stein des Anstoßes ist hier nicht die Fehlbarkeit zumindest unseres alltäglichen Wissens, sondern unser Vermögen, uns in Aussagen auf etwas zu beziehen, worüber wir uns verständigen können, obgleich Aussagen nicht ohne Denken, Meinen und Verstehen möglich und dies Akte sind, die offenbar nur meinem *Bewußtsein* gegeben sind.

Denken und Sprechen scheinen uns aus einem doppelten Grund unbegreiflich, nicht in der alltäglichen Praxis, wohl aber beim Philosophieren. Erstens ermöglichen sie, wie wir wenigstens gewöhnlich glauben, uns auf eine gemeinsame Welt zu beziehen, die Welt der handfesten Tische und Autos und Bäume. Wie ist das möglich, obgleich ich, wie es scheinen kann, immer auf meine Gedanken bezogen bleibe, die doch nicht die physische Welt sind? Nennen wir dies das Problem des *gemeinsamen Weltbezugs*.[227] Zweitens, wie kann es überhaupt einen Kontakt zwischen dem Denken und seinen materiellen Gegenständen geben? Nennen wir dies das Problem der *Geist-Materie-Interaktion*. Das Interaktionsproblem hat in der Philosophie

---

[227] Vgl. Ludwig Wittgenstein, Philosophische Untersuchungen, in Schriften, Frankfurt (Suhrkamp) 1960, I §428: »Der Gedanke kommt uns nicht geheimnisvoll vor, wenn wir denken ... sondern nur, wenn wir gleichsam retrospektiv sagen:« [...] Wie war es möglich, daß der Gedanke von diesem Gegenstand *selbst* handelte?«

3. Kapitel: Probleme des Erkennens

der Neuzeit mehr Beachtung gefunden als das Problem des gemeinsamen Weltbezugs, in dem statt von Denken auch nur von Sprechen die Rede sein kann. Für Wittgenstein ist letzteres das zentrale Problem. Seine Lösung führt zur Lösung auch des Interaktionsproblems.

Die Erkenntnis der Gedanklichkeit unserer Erkenntnis scheint uns auf die Annahme festzulegen, die ganze Welt sei nichts als mein Bewußtseinsinhalt. Eine solche idealistische, ja solipsistische Sicht ist unvereinbar mit unsern vertrauten Auffassungen von uns und der Welt. Diese verteidigt der erkenntnistheoretische Materialist. Der Widerspruch zwischen erkenntnistheoretischen Idealisten und Materialisten hat die gesamte neuzeitliche Philosophie beherrscht und ist noch weit bis ins 20. Jahrhundert hinein unaufgelöst geblieben. Er hat Skepsis und Relativismus verstärkt, obgleich diese ganz unabhängige Gründe im Problem der Fehlbarkeit aller Erkenntnis (und Wahrnehmung und Bewegung) haben. Denn wenn man nicht einmal darüber entscheiden kann, ob die Außenwelt unabhängig von meinem Bewußtsein besteht, wie kann man da auf allgemeinverbindliche Erkenntnis hoffen? Kant hatte guten Grund, hier vom »Skandal der Philosophie und allgemeinen Menschenvernunft« zu sprechen, »das Dasein der Dinge außer uns [...] bloß auf *Glauben* annehmen zu müssen«.[228]

Wittgensteins Problem hängt nicht wie Poppers Problem *unmittelbar* mit der Fehlbarkeit unserer sachhaltigen (oder nach Kant synthetischen) Urteile zusammen. Jedoch besteht ein enger Zusammenhang. Zur Frage, wie etwas Geistiges etwas Materielles erfassen kann, gehört auch die Frage, wie oder ob wir von der »Außenwelt« so sicheres Wissen haben können wie von unserm Bewußtsein; ja ob wir überhaupt von ihr Erkenntnis beanspruchen dürfen. Eine der wichtigsten Aussagen Wittgensteins aber ist, daß die Vorstellung eines unerschütterlichen Wissens, das wir von unserm Bewußtsein haben, und die eines nur fehlbaren Wissens, das wir von den physischen Dingen haben und eigentlich gar nicht Wissen nennen dürfen, gleichermaßen und aus denselben Gründen irrig ist. Wie Popper verwirft er von den drei möglichen Prämissen der drei möglichen Reaktionen auf das Faktum des Erkenntnisdissenses, von denen nur zwei vereinbar sind, P2, die Prämisse, daß Erkenntnis nur heißen darf, was absolut und unrevidierbar wahr ist.

Auch Wittgensteins Problem betrifft daher die Frage, worin unsere Fehlbarkeit besteht, und seine Lösung erlaubt über Poppers Aufklärung hinaus zu verstehen, warum Docklosigkeit grade nicht zu Relativismus und Subjektivismus, sondern zu Verbindlichkeit auch außerhalb der empirischen Wissenschaften führt.

---

[228] Kant, Kritik der reinen Vernunft B XXXIX Anm.

a. Wirklichkeitszugang durch das Sprachspiel

Wittgenstein war nicht der einzige, der im 20. Jahrhundert den Skandal der Philosophie ausräumen wollte. Auch Heidegger versuchte es, sogar mit ähnlichen Argumenten,[229] aber endete mit einem Denken, dessen Bedeutung für das Problem schwer zu erkennen ist. Wittgenstein findet die Quelle des Irrtums in einem falschen Modell davon, wie wir in unserer *Sprache* Zugang zur Wirklichkeit gewinnen. Diesem falschen Modell, das ich *Affektions*modell nenne, stellt er sein neues Modell entgegen, das *Sprachspiel*modell.

Idealistische und empiristische Traditionen nehmen übereinstimmend an, der Mensch gewinne *passiv* und *vereinzelt* Zugang zur Wirklichkeit, durch *Affektion* oder Erregung seines Geistes in der Ideenschau, wie Platon lehrt, oder seiner Sinne in Empfindungen oder *impressions*, wie Hume sagt, durch eine von außen kommende Kraft, die Kant Ding an sich nennt. Wie der Protestant gottunmittelbar, ist der Mensch des Affektionsmodells wirklichkeitsunmittelbar, aber auch unüberbrückbar isoliert vom Rest der Welt. Wissen kann er nur aus seinen Sinnen und seinem Geist gewinnen. Was im andern vorgeht, bleibt ihm ein ewiges Geheimnis. Denn er kann nur die eignen Erregungen seiner Sinne oder seines Geistes kennen.

Wittgensteins Kritik an diesem Modell setzt dort an, wo es zu besonders paradoxen Annahmen führt. Zu ihnen gehört die Bedeutungstheorie. Nach ihr kann ich mit Zeichen nur deshalb etwas meinen, weil ich die Zeichen in einem Akt der Benennung mit einem nur mir gegebenen geistigen oder sinnlichen Gehalt verknüpft habe.[230] Wittgenstein sieht diese Benennungstheorie der Bedeutung von allen früheren Philosophen vertreten, von Platon und Augustin wie von Descartes, Hume, Locke, Kant und seinem *Tractatus*. Sie hat paradoxe Konsequenzen, weil sie impliziert, daß die Bedeutungen unserer Worte privat sind und uns nicht das ermöglichen, wofür wir sie doch zu gebrauchen scheinen, nämlich zur Verständigung. Sehen wir uns aber an, wie wir tatsächlich sprechen lernen, so zeigt sich, daß dabei Benennungen, wie Augustin sie beschreibt, nur möglich sind, wenn man schon etwas Wichtigeres weiß: welchen Sinn Tätigkeiten haben, die durch Benennungen in ihrem Sinn nur differenziert werden.

---

[229] in seinen Analysen des In-der-Welt-Seins und der Weltlichkeit der Welt, in Martin Heidegger, Sein und Zeit, Tübingen (Niemeyer) ¹⁶1986, §§12-18.

[230] Wittgenstein beginnt seine *Philosophischen Untersuchungen* mit einem Zitat aus den *Confessionen*, in dem Augustinus sein Erlernen der Sprache nach dem Affektionsmodell beschreibt.

3. Kapitel: Probleme des Erkennens

Zeichen, so Wittgenstein, erhalten einen Bezug auf einen Gegenstand, weil Sprecher in Tätigkeiten, die für sie denselben Sinn haben, auf ihn bezogen sind. Wittgenstein führt uns alltägliche Sprechakte vor, um klarzumachen, daß wir in ihnen interaktiv einen Wirklichkeitszugang gewinnen und nicht in passiver Vereinzelung, wie es das Affektionsmodell annimmt. Ein Beispiel ist der Gebrauch von Zeichen auf einem Bau.[231] Leute rufen einander Worte wie *Platte* oder *Balken* zu. Sie wissen, was gemeint ist, weil sie schon auf dieselben Gegenstände und Handlungen gerichtet sind und mit den Zeichen nur eins aus mehreren Dingen unterscheiden, die in ihrer Tätigkeit in Frage kommen. Wie Wittgenstein sagt, ist für das Verständnis der Zeichen »der Platz schon vorbereitet«.[232] Die Zeichen erhalten Sinn, weil die Handlungen, die wir durch Zeichengebrauch differenzieren, schon einen uns bekannten Sinn haben.

Wittgenstein nennt den interaktiven Zeichengebrauch, der Wirklichkeit erschließt, *Sprachspiel*.[233] Er nimmt nun nicht nur an, unser Wirklichkeitszugang in einfachen alltäglichen Umständen sei sprachspielvermittelt, sondern *jeder* Wirklichkeitszugang sei sprachspielvermittelt. Wie kann er diese sehr viel stärkere Behauptung rechtfertigen? Seine These vom sprachspielvermittelten Wirklichkeitszugang ist vielleicht plausibel als Antwort auf die Frage, wie wir Zugang zur *physischen* Wirklichkeit erhalten. Die physische Wirklichkeit möchten wir ja als bewußtseinsunabhängig betrachten. Anders steht es mit der *psychischen* Welt. Habe ich zu ihr nicht notwendig einen sprachspiel*un*vermittelten Zugang? Erkenne ich nicht *meine* Empfindung ohne Sprache und Zeichen?

Der unterschiedliche Zugang zur physischen und zur psychischen Welt scheint in der unterschiedlichen Mißverständlichkeit von Definitionen deutlich zu werden. Wenn ich etwa auf einen Tisch zeige und sage *Das ist ein Tisch* oder *Dieser Gegenstand heißt Tisch*, ist nie eindeutig, worauf ich zeigen und was ich *Tisch* nennen will. Ist es der ganze Gegenstand mit vier Beinen, den ich hin- und herrücken kann? Oder nur seine Form? Oder nur seine Platte?[234] Die immer möglichen Mißverständnisse kann ich zwar durch Hinweise aller Art ausschließen. Daß ich das aber tun muß, kann ich als Beleg dafür verstehen, daß ich in das Sprachspiel eingeführt werde, das die Benennung erst ermöglicht. Wie Wittgenstein sagt: eine ostensive Definition erklärt die Bedeutung nur, »wenn es schon klar ist, welche Rolle das

---

[231] Wittgenstein, Philosophische Untersuchungen, a.a.O. I §2. Vgl. Heidegger, Sein und Zeit a.a.O. 68f.
[232] Wittgenstein ebd. §31.
[233] Wittgenstein ebd. §7.
[234] ebd. I §§26-9.

Wort in der Sprache überhaupt spielen soll« oder sein »Platz schon vorbereitet ist«.[235]

Anders scheint es mit *Empfindungswörtern* zu stehen. Wenn ich einen Schmerz habe, drängt sich mir etwas auf, was ich offenbar unmöglich falsch benenne, wenn ich nur benennen will. Würde ich etwa beschließen, *Dies widerliche Bohren im Zahn nenne ich Schmurz*, hätte ich da nicht ohne Hilfe eines Sprachspiels ein Phänomen benannt? Nur kraft meines Geistes stelle ich hier offenbar eine Verbindung zwischen dem Phänomen eines spezifischen Zahnschmerzes und der Bedeutung des Zeichens *Schmurz* her, ohne jedes Sprachspiel. Der Empirismus wäre zumindest auf diesem Feld rehabilitiert.

Wittgenstein kontert zwar, wir seien zur Benennung *Schmurz* nur fähig, weil auch Empfindungswörter eine *Rolle* haben, die wir schon kennen. Daß wir uns mit dem Zeichen *Schmerz* auf Schmerzen beziehen können, verdanken wir konkreten Verständigungssituationen, in denen wir die Rolle dieses Zeichens gelernt haben, etwa so: »Ein Kind hat sich verletzt, es schreit; und nun sprechen ihm die Erwachsenen zu und bringen ihm Ausrufe und später Sätze bei. Sie lehren das Kind ein neues Schmerzbenehmen.«[236] Das heißt, wir verstehen *verbale* Empfindungsäußerungen wie *Ich habe Schmerzen*, weil wir mit ihnen *natürliche* Empfindungsäußerungen wie das Schreien ersetzen. Weil wir diese verstehen, verstehen wir jene, und wir verstehen natürliche Empfindungsäußerungen, nicht weil wir eine Empfindung mit einem Zeichen verbunden haben, sondern weil wir sie *von Natur aus* verstehen – als etwas, worauf wir mit Mitleid und Hilfsbereitschaft reagieren. Diese natürliche Reaktionsweise rechnet Wittgenstein zu unserer »Naturgeschichte«[237] und den »Naturtatsachen«,[238] ohne die wir nicht den Zeichengebrauch hätten entwickeln können, den wir entwickelt haben.

Doch dieser Konter wird hartnäckige Empiristen nicht beeindrucken. Sie werden entgegnen, Empfindungen, die so oft mitgeteilt werden wie Schmerzen, seien gewiß *auch* sprachspielvermittelt, deswegen aber nicht *nur* sprachspielvermittelt zugänglich. Sie könnten sich auf Phänomene wie das *déjà vu* berufen. Ich gehe zum ersten Mal an einem Zaun entlang und sehe die Stäbe des Zauns in einer Anordnung, die mir ins Auge sticht. *Das habe ich schon einmal gesehen!* denke ich und bin zugleich sicher, es noch nie gesehen haben zu können. Ich habe das Wort *déjà vu* nie gehört, finde

---

[235] ebd. §§30f.
[236] ebd. §244.
[237] ebd. I §25.
[238] ebd. §143 Anm.; vgl. II xii, S. 542.

3. Kapitel: Probleme des Erkennens

aber für mein merkwürdiges Erlebnis eine eigene Benennung, etwa *das Gefühl, etwas schon gesehen zu haben, was ich doch noch nie gesehen haben kann*. Kann ich das nicht ganz ohne Zusammenspiel mit andern tun?

Wittgenstein wird zwar sagen, auch diese Benennung sei in ein Sprachspiel eingebettet, weil ich Wörter der gewöhnlichen Sprache gebrauche, die ich in Sprachspielen gelernt habe. Aber *muß* ich solche Wörter gebrauchen? Kann ich mein Erlebnis nicht in einer Sprache benennen, die nur ich verstehen kann? *Muß* ich das nicht sogar tun können? Denn wenn sich mir ein Erlebnis aufdrängt, erkenne ich es in seiner Eigenart und werde es wiedererkennen, wenn ich es erneut erfahre, auch ohne es benannt zu haben. Weil ich es wiedererkenne, ohne es benannt zu haben, können es auch keine Namen der öffentlichen Sprache sein, die sein Wiedererkennen ermöglichen. Es muß vielmehr das Medium einer nur mir verständlichen Sprache sein, das wir das Medium meines Bewußtseins nennen könnten.

Es ist dieser Einwand, den Wittgenstein in seiner Kritik der *Privatsprache* abwehrt, einer Sprache, die nur ich verstehen kann: »die Wörter dieser Sprache sollen sich auf das beziehen, wovon nur der Sprechende wissen kann; auf seine unmittelbaren, privaten, Empfindungen«.[239] Eine solche Sprache könnte mir als das Medium meines Bewußtseins gegeben sein, in dem ich mich darüber verständige, daß die Empfindung, die ich jetzt habe, dieselbe ist wie die, die ich gestern hatte. Ein solches Medium, eine notwendig nur mir verständliche Sprache ist nach Wittgenstein unmöglich.

Warum ist sie nach Wittgenstein unmöglich? Ich unterstelle Wittgenstein folgende These

(P) Wann immer ich ein Erlebnis privat zu erkennen glaube, können auch andere mein Erlebnis erkennen.

Man könnte auch geneigt sein, Wittgenstein folgende Thesen zuzuschreiben:

(Q) Ich kann meine Erlebnisse nur in einer schon bestehenden öffentlichen Sprache beschreiben.
(R) Ich habe keinen Zugang zu meinen Empfindungen, den nicht auch die andern haben können.

P scheint mir wahr, Q falsch und R zweifelhaft. R wollte Wittgenstein vermutlich vertreten, Q nicht.

b. Kann es keine Privatsprache geben?

Wittgensteins Argument für P ist offenbar folgendes. Für viele Empfindungen (wie Schmerzen) gibt es typische Äußerungen (wie das Schreien),

---
[239] ebd. §243.

dic andern erlauben zu erkennen, daß ich sie habe. Ich erkenne sie bei mir, wenn ich den Impuls zur natürlichen Empfindungsäußerung habe. Auch Empfindungen (wie das *déjà vu*), für die es keine typischen Äußerungen gibt, kann ich bei mir selbst nur erkennen, wenn ich den Impuls habe anzunehmen, sie seien dieselben wie die, die ich schon einmal empfunden habe. Ein solcher Impuls (etwa über das *déjà vu* zu reden) aber ist grundsätzlich andern zugänglich. Ich kann ihn verheimlichen, aber das macht ihn nicht zu etwas, von dessen Kenntnis ein anderer *logisch* ausgeschlossen ist.[240]

Einige Bemerkungen Wittgensteins scheinen für Q zu sprechen. So sagt er, im Fall meines privaten Wiedererkennens eines Erlebnisses »habe ich ja kein Kriterium für die Richtigkeit. Man möchte hier sagen: richtig ist, was immer mir als richtig erscheinen wird. Und das heißt nur, daß hier von ›richtig‹ nicht geredet werden kann.«[241] Für meine Privatsprache könne ich zwar sagen, »ich *glaube*, daß dies wieder die Empfindung E ist«, doch wenn ich das sage, sage ich nicht mehr als: »ich glaube zu glauben, daß dies wieder E ist«.[242] Nach dieser Bemerkung könnte man annehmen, nach Wittgenstein sei eine Identifikation zum Wiedererkennen von E notwendig und in einer öffentlichen Sprache möglich. Aber das nimmt Wittgenstein nicht an. Die öffentliche Sprache bietet nach Wittgenstein sowenig Richtigkeitskriterien für die Identifizierung meiner Empfindungen wie die hypothetische private. Daher sagt er: »Man kann nicht sagen, die Andern lernen meine Empfindung *nur* durch mein Benehmen, – denn von mir kann man nicht sagen, ich lernte sie. Ich *habe* sie.«[243]

Die andern brauchen Kriterien dafür, daß ich eine Empfindung habe, und finden sie in meinem Verhalten. Ich dagegen brauche keine, weder in einer öffentlichen noch in einer hypothetischen privaten.[244] Hätte ich welche, so müßte ich auch für sie wieder fragen, ob ich Kriterien dafür habe, daß es die richtigen Kriterien sind, mit denen ich meine Empfindung identifiziere. Daher sagt Wittgenstein auch: »Wie kann ich denn mit der Sprache« – genauer dem besonderen Sprachmittel, welches Kriterien sind – »noch zwischen die Schmerzäußerung und den Schmerz treten wollen?«[245] Sowenig ich für eine *natürliche* Empfindungsäußerung ein Kriterium dafür brauche, daß ich dieselbe Empfindung äußere, sowenig für eine *verbale*.

---

[240] ebd. §§ 257f, 270.
[241] Wittgenstein, Philosophische Untersuchungen a.a.O. I §258.
[242] ebd. §260.
[243] ebd. §246.
[244] ebd. §§288, 290, 377f.
[245] ebd. §245.

Die Empfindung ist dieselbe, *weil* ich dieselbe Äußerung mache oder machen will. Daß die andern hinter derselben Reaktion von mir dieselbe Empfindung annehmen, ist eine der »Naturtatsachen«, ohne die wir nicht den Zeichengebrauch entwickeln könnten, den wir entwickelt haben.

Soweit ist klar, daß Wittgenstein die öffentliche Sprache nicht als ein Instrument versteht, mit dem wir etwas leisten können, was wir mit der privaten nicht leisten können, nämlich die Identifizierung unserer eignen Empfindungen. Vielmehr argumentiert er, daß wir Empfindungen immer nur kriterienlos äußern können und deswegen, wenn wir wie immer, privat oder öffentlich, über sie zu sprechen versuchen, sie nur *äußern* können in Äußerungen, von deren Verständnis die andern nicht logisch ausgeschlossen sind. Denn sie können Äußerungen dank unserer gemeinsamen Natur verstehen. Daher können wir sehr wohl unsere Erlebnisse in einer neuen, zuvor nie gesprochenen Sprache und mit ganz neuen Mitteln darstellen. Das ist die Leistung guter Dichtung und anderer darstellender Künste. Aber eine solche Darstellung ist grundsätzlich allgemein verständlich, weil sie immer die Form von *Äußerungen* hat. Aus diesem Grund verwirft Wittgenstein Q (und bekräftigt P).

In seiner Argumentation gegen Q beschränkt sich Wittgenstein jedoch nicht auf die Annahme unserer kriterienlosen Selbstzuschreibung von Empfindungen, die als kriterienlos immer eine Äußerung sein muß. Er behauptet vielmehr auch, ich *lerne* nicht meine Empfindung, sondern *habe* sie. Diese These legt Wittgenstein darauf fest zu sagen: »Von mir kann man überhaupt nicht sagen (außer etwa im Spaß) ich *wisse*, daß ich Schmerzen habe. Was soll es denn heißen – außer etwa, daß ich Schmerzen *habe*?«[246] Für seine Kritik an Q ist diese Behauptung unnötig. Sie führt ihn aber offenbar dazu, R zu vertreten. Sie wäre jedoch nur plausibel, wenn ich ein Kriterium bräuchte, um zu erkennen, daß ich eine Empfindung habe, oder die Unterscheidung zwischen *Empfindungen haben* und *wissen, eine Empfindung zu haben* funktions- und daher sinnlos wäre. Doch beide Bedingungen sind nicht erfüllt.

Daß ich *erkennen* kann, daß ich Schmerzen habe, ohne ein Kriterium dafür zu haben, was meine Schmerzen sind, ist schwer zu leugnen. Denn wenn ich eine Empfindung nichtverbal (durch Schreien) äußere, brauche ich kein Kriterium für die Identität meiner geäußerten Empfindung, bin deswegen aber nicht dazu verurteilt, die Empfindung nur zu haben und nicht auch zu erkennen oder zu »lernen«. Daß ich sie nicht lernen kann, nimmt Wittgenstein offenbar deshalb an, weil er die Unterscheidung zwischen *Empfindungen haben* und *wissen, eine Empfindung zu haben* für funktions- und daher sinnlos hält. Das aber ist ein Irrtum.

---

[246] ebd. §246.

Die Annahme der Funktionslosigkeit der Unterscheidung gründet Wittgenstein offenbar darauf, daß *ich habe Schmerzen* logisch äquivalent sei mit *ich weiß, daß ich Schmerzen habe*, vorausgesetzt, dies wird aufrichtig geäußert. Dies ist in der Tat plausibel; es gehört zur Bedeutung des Wortes *Schmerz*, wie Wittgenstein hervorhebt,[247] daß ich Schmerzen habe, wenn ich ehrlich behaupten kann, Schmerzen zu haben. Aber daraus folgt nicht, daß ich Schmerzen (oder eine andere Empfindung) *nicht* habe, wenn ich wahrhaftig behaupte, keine zu haben.

Gegen diese Folgerung scheint zu sprechen, daß es *unbewußtes* Psychisches gibt, aber auch die von allen Annahmen über Unbewußtes unabhängige *Blindsicht*, das Phänomen, daß ich bestimmte Sehleistungen vollziehen kann, ohne zu wissen, daß ich sehe (und mich daher für blind halte). Denn hier scheint Psychisches gegeben – unbewußte Empfindungen und unbewußtes Sehen – das ich nicht bemerke, das ich aber erkenne, wenn die Mängel behoben sind.[248] Es hat daher eine Funktion zu sagen, man wisse, daß man Schmerzen hat oder sieht; denn man schließt damit aus, daß man seiner Schmerzen nicht bewußt ist oder blindsichtig ist.

---

[247] ebd. §§246-8, 251f.
[248] vgl. Lawrence Weiskrantz, Blindsight. A Case Study and Implications, Oxford 1998 (zuerst 1986), x: »blindsight… by its strict definition is ›visual capacity in the *absence* of acknowledged awareness‹«. Die wenigen erforschten Fälle von Blindsicht betreffen nur Teilbereiche des Gesichtsfelds; mit den nicht befallenen Teilen sehen die Patienten normal. Fälle von »vollständiger« Blindsicht, die das gesamte Gesichtsfeld betreffen, sind offenbar nicht bekannt. Weiskrantz, Consciousness Lost and Found, Oxford UP 1997, hat allgemeinere bewußtseinstheoretische Konsequenzen aus dem Phänomen der Blindsicht abgeleitet. Noch schärfer entwickelt sind sie unter Auswertung seiner Entdeckung, daß Bewußtsein erst nach einer halben Sekunde bestimmter neuronaler Tätigkeit entsteht, von Benjamin Libet, Mind Time. The Temporal Factor in Consciousness, Harvard UP 2004, dt. Mind Time, Frankfurt (Suhrkamp) 2005, s. bes. S. 151f.
Dagegen sehen M.R. Bennett und P.M.S. Hacker, Philosophical Foundations of Neuroscience, Oxford (Blackwell) 2003, 394, im Versuch, aus dem Phänomen der Blindsicht und verwandten Phänomenen bewußtseinstheoretische Konsequenzen abzuleiten, nur (wie in allen philosophisch relevanten neurowissenschaftlichen Annahmen) Begriffsverwirrungen. Sie verwerfen zwar zu recht Weiskrantzs Beschreibung der Blindsicht als Verlust der »visual perception« bei Erhaltung der »visual sensation«, leugnen aber, daß das Phänomen eine Revision der tradierten Begrifflichkeit nahelegt. Dabei erkennen sie sogar an, daß »under the very special experimental conditions (the blind-sighted can see perfectly adequately under normal conditions of eye-movement), *some* of the criteria for seeing are satisfied (judgements about visibilia under forced choice), and *some* of the criteria for lack of vision are satisfied (the patient's avowal that he can se nothing). The consequence of this conflict of criteria is that one can neither say that the patient sees objects within the scotoma [dem blinden Teil des Gesichtsfelds, U.St.] nor say that he does

3. Kapitel: Probleme des Erkennens

Dies Argument hat allerdings die Schwäche vorauszusetzen, daß unbewußte Empfindungen *Empfindungen* und blindsichtiges Sehen *Sehen* sind. Da blindsichtiges Sehen kein bewußtes Sehen ist, könnten wir es als eine rein physiologische Leistung verstehen, die für die Frage, ob wir unsere Empfindungen erkennen oder lernen können, irrelevant ist. Entsprechendes könnten wir von unbewußten Empfindungen sagen. Doch auch unabhängig vom Verweis auf unbewußte Empfindungen und die Blindsicht führt Wittgensteins These des fehlenden Unterschieds von *Schmerzen haben* und *wissen, Schmerzen zu haben*, zu einer begrifflichen Ungereimtheit. Wenn der andere meine Empfindungen (durch meine Äußerungen) kennen (oder lernen) kann, ich sie aber nicht lernen, sondern nur haben kann, so kann *nur* der andere meine Empfindungen kennen und ich nicht. Dann aber fragt sich, wie ich andern etwas von meinen Empfindungen berichten kann, wodurch sie etwas über sie lernen. Wie soll das möglich sein, ohne daß ich von dem wissen kann, was andere durch meinen Bericht lernen?

Was aber ist der Unterschied zwischen *Schmerzen haben* und *wissen, Schmerzen zu haben*? Hat Wittgenstein nicht darin recht, daß es zwischen ihnen keinen Unterschied gibt? Ich kann in der Tat keinen Unterschied erkennen. Aber die Konsequenz ist nicht notwendig die, daß man von mir nicht sagen kann, ich lernte meine Empfindungen (K1). Die Konsequenz kann ebenso sein, daß ich meine Empfindungen lerne oder erkenne, sobald ich sie habe (K2). Und nur K2 entgeht der Ungereimtheit, daß nur der andere meine Empfindung kennen kann.

Wenn ich mir aber eine Kenntnis meiner Empfindungen zuspreche, dann entsteht die Frage nach der *Quelle* meiner Kenntnis. Da es nicht mein Verhalten ist, muß ich doch einen nur mir offenen Zugang zu meinen Empfindungen annehmen. Offenbar um dieser Annahme zu entgehen, verrannte sich Wittgenstein darein, aus der richtigen These der Nichtunterscheidbarkeit von *Schmerzen haben* und *wissen, Schmerzen zu haben* die falsche Konsequenz K1 zu ziehen, sich und uns eine Kenntnis der eigenen Empfindungen abzusprechen. Tatsächlich müssen wir, wenn wir K1 leugnen,

---

not. *That* is not paradoxical – it merely indicates the inapplicability of a concept under special circumstance.« (loc.cit. 396) Als ob es nichts über den Begriff oder das Wesen des Psychischen oder Mentalen aussagte, wenn wir, unter wie speziellen Umständen auch immer, auf Phänomene stoßen, für die einige Kriterien des Seelischen erfüllt sind, andere dagegen, nämlich Bewußtheit, nicht! Bennett und Hackers Grenzziehung zwischen Philosophie, die es nur mit Begriffen, und empirischer Wissenschaft, die nur mit empirischem Material zu tun habe (396ff.), ist unhaltbar. Denn Begriffe können dem empirischen Material mehr oder weniger gut entsprechen, wie Wittgenstein, Bennett und Hackers Autorität, sogar hervorhob (s. Philos. Unters. II, xii).

uns einen privaten Zugang zu unsern Empfindungen zusprechen, ein Wissen, von dem der andere logisch ausgeschlossen ist. Und da mehr dafür spricht, K2 als K1 anzuerkennen, müssen wir einen privaten Zugang annehmen und R verwerfen.

Gibt es deshalb aber auch eine *Privatsprache*, von deren Verständnis der andere logisch ausgeschlossen ist? Das folgt nicht. Zwar, *wie* ich etwas von meinen Empfindungen weiß, so kann der andere es nicht wissen. Soweit gibt es eine Sphäre der Privatheit. Aber *alles, was* ich weiß, kann auch der andere wissen. Denn alles, was ich aus meiner privaten Quelle schöpfe, ist ein Wissen, das ich *äußern* muß, um etwas von ihm zu erkennen. Mit ihm kann, wie Wittgenstein sagt, ein Sprachspiel *anfangen*.[249] Nur R, nicht P ist widerlegt.

Versuchen wir eine andere Kritik an P. In der Privatsprache wollen wir eine Empfindung nicht deshalb als dieselbe betrachten, weil wir für sie dasselbe *Wort* gebrauchen oder gebrauchen wollen. Wir glauben vielmehr dasselbe Wort gebrauchen zu dürfen, weil wir dieselbe *Empfindung* haben. Genau diese Möglichkeit bestreitet Wittgenstein. Er bestreitet nicht, daß wir sagen können, diese Empfindung sei dieselbe wie die von gestern. Er bestreitet, die Identifizierung sei durch einen Verweis darauf zu rechtfertigen, daß wir sie als dieselbe erkennen.

Dagegen können wir nun anführen, daß Wittgenstein das nur deshalb bestreitet, weil er irrtümlich R für wahr hält. Wenn wir einen privaten Zugang zu unsern Empfindungen haben, warum soll dann der Verweis auf unsere private und kriterienlose Kenntnis unserer Empfindung nicht unsere Behauptung rechtfertigen, dies sei dieselbe Empfindung wie die von gestern?

In der Tat scheint mir dieser Einwand berechtigt. Aber er widerlegt wieder nicht P, sondern nur R. Wenn wir anerkennen, daß wir die Feststellung, wieder dieselbe Empfindung zu haben, durch Verweis auf unsern privaten Zugang zu ihr rechtfertigen können, folgt nicht, daß wir eine Privatsprache sprechen können. Sobald ich mich auf meinen privaten Zugang zur Empfindung beziehe, wird sie den andern zugänglich. Denn der Akt, in dem ich auf sie verweise, ist auch den andern zugänglich. Er ist eine Äußerung. Mit ihm kann ein Sprachspiel anfangen.

c. Konsequenzen

Betrachten wir nun Konsequenzen aus Wittgensteins These, jede Sprache und jede Verständigung setze ein Sprachspiel voraus oder sei der mögliche Beginn eines Sprachspiels.

---

[249] Philos. Untersuchungen I §290.

3. Kapitel: Probleme des Erkennens

Erstens. Auch wenn es einen Bereich der Wirklichkeit (meine Gefühle) gibt, zu dem ich einen eigenen *privaten* Zugang habe, können die andern alles von ihm wissen, was ich davon weiß. Daher ist dieser Bereich wie die Wirklichkeit insgesamt eine allen Menschen gemeinsame Welt. Sie wird dadurch eröffnet, daß Sprecher *von Natur aus* aufeinander und auf andere Reize reagieren. Würden wir nicht normalerweise mit andern Menschen mitleiden oder über ihr Leiden bekümmert sein, wenn wir sie leiden sehen, würde kein Sprachspiel entstehen, das *Empfindungs*wörtern erst ihre Bedeutung gibt. Würden Menschen nicht so miteinander zusammenarbeiten können, wie sie es auf einem Bau tun, etwa weil sie sich voreinander ekeln oder einander ständig mißverstehen, so würde es kein Sprachspiel geben, das Wörtern für *körperliche Gegenstände* ihre Bedeutung gibt. Gäbe es nicht emotionale Gemeinsamkeiten beim Betrachten von Sonnenuntergängen und Kirschblüten, von verlorenen Schlachten und glücklichen Eroberungen, von Verrat und Treue, so gäbe es keine Sprachspiele, die Gedichte und Romane und moralische Kritik ermöglichen.

Formen unseres Bezugs auf die Wirklichkeit, wie es »befehlen, fragen, erzählen, plauschen« sind, gehören daher nach Wittgenstein »zu unserer Naturgeschichte [...] so wie gehen, essen, trinken, spielen«.[250] Wenn wir nicht in natürlichen Eigenschaften und Reaktionsweisen übereinstimmten, wären Verständigung und Beziehung auf die Welt unmöglich: »Wenn ein Löwe sprechen könnte, wir könnten ihn nicht verstehen«[251] – wir teilen mit Löwen nicht die natürlichen Eigenschaften, die Sprachspiele ermöglichen. Wir brauchen Geist, um die Wirklichkeit zu erschließen, aber unser Geist ruht auf einer kontingenten Natur.

Folgt aus Wittgensteins These vom Weltzugang durch Sprachspiele, daß verschiedene Kulturen Sprachspiele sind, die den anderen unzugängliche Welten entwerfen? Nein. Erstens *eröffnen* Sprachspiele Wirklichkeit und entwerfen, erschaffen oder konstituieren sie nicht. Sie ermöglichen zwar *verbale* Verständigung und machen dadurch eine Wirklichkeit zugänglich, die ohne sie unzugänglich bliebe. Aber die *verbale* Verständigung ist nur durch eine vorausgehende *natürliche* Verständigung durch Tätigkeiten möglich, die wir von Natur aus verstehen. »Die gemeinsame menschliche Handlungsweise ist das Bezugssystem, mittels welches wir uns eine fremde Sprache deuten.«[252] Daher können Menschen auch Sprachspiele fremder Kulturen oder fremde Kulturen, wenn wir sie als Sprachspiele betrachten, verstehen. Dennoch kann es zu Kulturkonflikten kommen. Der Grund

---

[250] ebd. I §25.
[251] ebd. II xi, a.a.O. S. 536.
[252] ebd. § 206.

dafür muß jedoch nicht mangelndes Verstehen sein; er kann vielmehr gerade darin bestehen, daß die Angehörigen verschiedener Kulturen einander so gut verstehen – Konflikte unter Geschwistern sind die härtesten.

Wie kommt es überhaupt zu verschiedenen Kulturen? Individuen und Gruppen können bestimmte Sprachspiele mehr pflegen als andere; die einen pflegen das Erzählen und die andern das Voraussagen. Die einen sehen die Welt als Drama mit ungewissem Ausgang, andere als Prozeß, dessen Ausgang man mit Wohlverhalten, Beschwörungen oder technischen Eingriffen beeinflussen kann. So entwickeln sie verschiedne Weltzugänge. Jede Sprache stellt eine eigne Art des Weltzugangs dar. Aber das natürliche Verstehen, ohne das es kein Sprachspiel gäbe, ermöglicht jedem ihr Verstehen (wenn er nicht intellektuell zu unbeweglich ist).

Eine *zweite* Konsequenz aus Wittgensteins Sprachspielansatz ist, daß die Arten, wie wir Wirklichkeit erschließen, äußerst mannigfaltig sind. Daß sie sprachspielvermittelt sind, gibt an, daß sie nicht ohne Interaktion möglich, ansonsten aber so verschiedenartig wie Spiele sind. Was dem Lehrling ermöglicht zu verstehen, was der Polier meint, wenn er ihm *Bier!* zuruft, sind andere Umstände als die, die ihm ermöglichen zu verstehen, was ein Vertreter der Bauaufsicht meint, wenn er bei der Kontrolle des Baus *Bier!* ruft. Wenn zwei Spaziergänger die Sonne im Meer versinken sehen und *Oh! Wie wunderbar!* rufen, sind es wieder andere Bedingungen, die ihnen ermöglichen zu verstehen, worauf sie sich beziehen, und diese sind wieder verschieden von denen, die ihnen ermöglichen zu verstehen, worauf sie sich beziehen, wenn sie, in Dornen hängen geblieben, *Au!* und *Tut das aber weh!* rufen. Es gibt, wie Wittgenstein sagt, nicht nur *ein* »System der Verständigung«;[253] es gibt sehr viele.

Jeder Gebrauch macht für sich mühelos klar, worauf sich die Zeichen beziehen; sonst käme es nicht zu ihm. Aber wenn wir nach *Gemeinsamkeiten* suchen, die den Bezug ermöglichen, finden wir nichts. Statt uns bei der Erklärung der Möglichkeit des Bezugs an die konkreten Umstände zu halten, verfallen wir, so Wittgenstein, auf eine Eigenschaft, die naturgemäß nicht in konkreten Umständen liegen kann, da diese immer neu sein können. Also nehmen wir an, es sei etwas Geistiges, was den Bezug ermöglicht: »Wo unsere Sprache uns einen Körper vermuten läßt, und kein Körper ist, dort, möchten wir sagen, sei ein *Geist*.«[254]

Nicht nur empiristische und idealistische Erkenntnistheorien führen uns also nach Wittgenstein zu einer Auffassung geistiger Tätigkeiten als privater, anderen unzugänglicher Akte. Vielmehr treibt uns auch die falsche Er-

---
[253] ebd. §3, vgl. §§10-15.
[254] ebd. §36.

wartung, in unserem Wirklichkeitsbezug einen gemeinsamen Akt zu finden, zur Mystifizierung der Sprache und des Geistes.

Eine *dritte* Konsequenz ist, daß wir geistige Tätigkeiten wie Denken, Verstehen, Meinen als Tätigkeiten verstehen müssen, die normalerweise nicht *bewußt* sind.[255] Zu geistigen werden sie, weil sie in einem Kontext stehen, der sie witzig, geistreich, bedeutend oder langweilig und nichtssagend macht, nicht, weil sie bewußt sind, auch wenn sie das sein können. Wittgenstein faßt Bewußtsein als Zustand oder Vorgang, den Menschen und menschenähnliche Lebewesen verbal oder nichtverbal *äußern* derart, daß andere auf die Äußerungen *mitfühlend* (was wiederum als Äußerung beschreibbar ist) reagieren.[256] Er unterscheidet es von Körperlichem dadurch, daß wir Körperliches nur mit Kriterien seiner Identität beschreiben, Bewußtsein dagegen nur ohne Identitätskriterien *äußern* können.[257] Geistige Tätigkeiten gehören nach dieser Unterscheidung zu Körperlichem, da ich sie auch an mir identifizieren kann. Ich kann sie allerdings auch äußern, nämlich wenn ich ihrer bewußt bin.[258] Das aber ist nicht notwendig, um sie zu einer geistigen Tätigkeit zu machen. [259]

Die Unterscheidung geistiger und bewußter Tätigkeiten löst das Interaktionsproblem nicht, aber bringt es einer lösbaren Form näher. Denn es geht nun darum zu klären, wie bestimmte Prozesse, zu denen auch geistige gehören, bewußt werden und ob sie als bewußte uns zu Leistungen befähigen, zu denen wir nicht fähig sind, solange unsere geistigen Tätigkeiten nicht bewußt sind. Dies sind Probleme, die experimentell zugänglich werden könnten.[260]

Wie immer wir über Wittgensteins Kritik der idealistischen und empiristischen Erkenntnistheorie urteilen, ihr Ergebnis ist ein neuer Blick auf die Welt und die Menschen in ihr. Die Welt zerfällt nicht in ein Reich des Geistes und ein Reich der Materie; sie ist eine Welt mit Lebewesen, die mehr

---

[255] Daher sagt Wittgenstein PU I §693: »nichts Verkehrteres, als Meinen eine geistige Tätigkeit nennen!« – wenn man nämlich geistige Tätigkeiten als notwendig bewußt und nicht als notwendig kontextbezogen versteht.
[256] ebd. §§244, 281-92, 310-14.
[257] ebd. §288-90, 377f.
[258] Das ist offenbar der Grund, warum Wittgenstein PU Teil II, xii, a.a.O. S. 534 sagt: »Ich kann wissen, was der Andere denkt, nicht was ich denke.« Soweit mein Denken nicht bewußt ist, muß ich auch nach Wittgensteins Überlegungen erkennen können, was ich denke, nämlich wenn ich meines Denkens bewußt werde.
[259] Wittgenstein stimmt hier mit Benjamin Libet überein, nach dem wir nicht nur oft unbewußt denken, sondern sogar nur unbewußt anfangen können zu denken; vgl. B. Libet, Mind Time, Frankfurt 2005, bes. 142. Auch in den im folgenden Ansatz im Text dargestellten Konsequenzen für das Interaktionsproblem stimmen sie überein.
[260] Benjamin Libet a.a.O. 205-31 versucht, sie experimentell zugänglich zu machen.

oder weniger intelligent in zielgerichteten sprachgestützten und eine gemeinsame Natur voraussetzenden Interaktionen die Welt erschließen. Das Ergebnis von Wittgensteins Kritik ist daher nicht nur »die Entdeckung irgend eines schlichten Unsinns und Beulen, die sich der Verstand beim Anrennen an die Grenze der Sprache geholt hat«.[261] Aus Purismus behauptet Wittgenstein, er zerstöre nur »Luftgebäude« und lege »den Grund der Sprache frei, auf dem sie standen«.[262] Auch wenn er den platonischen Idealismus ebenso kritisiert wie die von den cartesischen Rationalisten und britischen Empiristen geteilte Erkenntnistheorie, ist es doch vor allem diese, die Wittgenstein zerstört. Daher ist seine Kritik eine Distanzierung von der vorausgehenden Philosophie des bürgerlichen Zeitalters. Das bürgerliche Zeitalter war das von Individuen, die ihr Handeln bestimmt sahen einerseits von Sinneseindrücken, anderseits von Ideen, die sie als ihre persönlichen erfuhren. Wie solche Individuen kooperieren können, mußte ihnen ein Geheimnis bleiben, das sie durch ihre idealistische und empiristische Philosophie besiegelten.

Dem bürgerlichen Selbstverständnis steht in den Thesen vom sprachspielvermittelten Zugang zur Wirklichkeit und dem interaktiven Charakter des Geistes ein neues Selbstverständnis entgegen. Es begreift die Menschen als bestimmt durch ein Zusammenspiel mit ihresgleichen. Der individuelle Weltzugang weicht dem interaktiven. Dies neue Selbstverständnis ermöglicht auch, Eigenarten der modernen Welt in ein neues Licht zu rücken, die uns beschäftigen, die des zerfasernden Lebens und des politischen Fundamentalismus, der auf es reagiert.

d. Eine neue Dimension der Fehlbarkeit

Wittgenstein hat selbst, wenn auch kryptisch, darauf hingewiesen, daß das Ergebnis seiner Kritik aller früheren Philosophie die Welt in neuer Weise sehen läßt. Seine Kritik führt nicht nur »die Wörter von ihrer metaphysischen, wieder auf ihre alltägliche Verwendung zurück«.[263] Sie gibt auch den alltäglichen *Handlungen* die Bedeutung, die nur Außeralltägliches zu haben schien. Die frühere Philosophie sah in der »Sprache (oder dem Denken) […] etwas Einzigartiges«, nämlich Außeralltägliches. »Und auf diese Täuschungen, auf die Probleme, fällt nun das Pathos zurück.«[264] Da Wittgen-

---

[261] Wittgenstein, Philos. Untersuchungen I § 119.
[262] ebd. § 118. Vgl. ebd. II, xi; a.a.O. S. 534: »Eine ganze Wolke von Philosophie kondensiert zu einem Tröpfchen Sprachlehre.«
[263] ebd. § 116.
[264] ebd. § 110.

3. Kapitel: Probleme des Erkennens

stein »die Wörter von ihrer metaphysischen, wieder auf ihre alltägliche Verwendung« zurückführt, impliziert er offenbar, daß nach dieser Rückführung auch das »Pathos« von den Täuschungen dorthin zurückfällt, wo es hingehört, in den Bereich der alltäglichen Tätigkeiten. Was will er damit sagen?

Vermutlich will sich Wittgenstein hier von einer Weltsicht absetzen, die er selbst im *Tractatus* so vertreten hat: »Der Sinn der Welt muß außerhalb ihrer liegen [...] es gibt *in* ihr keinen Wert – und wenn es ihn gäbe, hätte er keinen Wert. Wenn es einen Wert gibt, der Wert hat, so muß er außerhalb alles Geschehens und So-Seins liegen.«[265]

Was Wittgenstein in den *Philosophischen Untersuchungen* dagegen hält, könnten wir so formulieren: ›Der Sinn der Welt liegt in ihr. Es gibt außer ihr keinen Wert – und wenn es ihn gäbe, hätte er keinen Wert.‹ Das Pathos, von dem Wittgenstein an der zitierten Stelle spricht, müßten wir nach dieser Deutung als so etwas wie den Sinn der Welt verstehen, als etwas jedenfalls, was für unser Leben besonders wichtig ist.

Was heißt es aber, daß der Sinn der Welt oder das Pathos in ihr liegt? Im *Tractatus* drückt Wittgenstein eine weltabgewandte Einstellung aus, wie sie Weber in Hinduismus und Buddhismus und Qutb im Christentum verkörpert fanden, eine Einstellung, die das Handeln in der Welt für nichtig hält und das Heil in einer außerweltlichen Mystik sucht. Wenn Wittgenstein nun den Sinn *in* der Welt findet, drückt er eine weltzugewandte Einstellung aus. Jedoch ist es keine, die sich der Welt bedingungslos ausliefert und mit der verglichen werden könnte, die Weber eine Einstellung der Anpassung an die Welt nennt und (mit deutlicher Verachtung) dem Konfuzianismus ebenso wie dem zeitgenössischen Polytheismus zuschreibt. Eher ist es eine Form der bedingten Weltzuwendung, die an Webers weltliche Askese und Qutbs weltzugewandter Spiritualität erinnert.

Denn das Interesse der *Philosophischen Untersuchungen* entspringt nicht »einem Interesse für Tatsachen des Naturgeschehens, noch dem Bedürfnisse, kausale Zusammenhängen zu erfassen. Sondern einem Streben, das Fundament, oder Wesen, alles Erfahrungsmäßigen zu verstehen [...] Wir wollen etwas *verstehen*, was schon offen vor unsern Augen liegt.«[266]

Wittgensteins Einstellung in den *Philosophischen Untersuchungen* ist wie im *Tractatus* kein Interesse am »So-Sein« oder den kontingenten Tatsachen, sondern am »Wesen«. Dies findet er nun jedoch in etwas, »was schon offen vor unsern Augen liegt«. Was offen vor unsern Augen liegt, gerade deshalb aber von uns leicht übersehen wird, sind die Tätigkeiten und Kontexte, die

---
[265] Wittgenstein, Logisch-philosophische Abhandlung 6.41.
[266] Wittgenstein, Philosophische Untersuchungen a.a.O. § 90.

unsere Sprachspiele ermöglichen. Auch sie sind zwar »Tatsachen des Naturgeschehens« und als solche kontingent. Zugleich geben sie uns jedoch die Begriffe vor, unter denen wir die Welt begreifen. Es sind nur unsere alltäglichen Tätigkeiten, keine außeralltäglichen göttlichen. Aber von ihnen hängt ab, wie wir uns und die Welt verstehen. Als Naturtatsachen sind unsere Tätigkeiten kontingent, und wenn wir sie beschreiben, etwa in der Form, in der Wittgenstein das Sprachspiel mit Empfindungswörtern beschreibt,[267] machen wir fehlbare Aussagen. Betrachten wir sie dagegen als die Bedingungen unserer Begriffsbildung, dann ist es notwendig wahr, daß Begriffe, etwa die von Empfindungen, ihre Herkunft in den beschriebenen Tätigkeiten haben. Aber wir haben dann trotzdem keine unfehlbaren Wahrheiten, sondern nur »grammatische Sätze«, wie Wittgenstein sagt,[268] die uns nichts über die Wirklichkeit sagen, sondern über unsere Art, sie zu erschließen.

Daß Wittgenstein das »Pathos« oder den Sinn der Welt in den *Philosophischen Untersuchungen* anders als im *Tractatus* in der Welt findet, heißt daher nicht, daß er alles in der Welt sinnvoll findet. Er unterscheidet wie im *Tractatus* und wie traditionelle Metaphysiker zwischen Wesen und Kontingenz, aber findet das Wesen in Naturtatsachen, die als solche kontingent sind, zum Wesen aber dadurch werden, daß es Tätigkeiten sind, durch die *wir* die Wirklichkeit erschließen. Unsere Tätigkeiten sind nicht nur Naturtatsachen, da wir durch sie etwas leisten, was nicht bloße Naturtatsache ist, Begriffsbildung oder das Eröffnen einer gemeinsamen Welt. Dadurch werden unsere Tätigkeiten zu etwas, was »Pathos« und Sinn hat.

Wir können unsere Begriffsbildung, wie Wittgenstein sagt, nicht »willkürlich« oder »nach Belieben« ändern.[269] Aber das heißt nicht, daß wir sie gar nicht ändern können. Sie bleiben unsere Tätigkeiten, die zwar normalerweise oder ursprünglich sinnvoll sein müssen; andernfalls hätten wir sie nicht angefangen. Da Tätigkeiten aber nur in einem Kontext sinnvoll sind und dieser wechseln kann, können auch unsere Handlungen ihren Sinn verlieren, auch solche, die zur Begriffsbildung gehören und Wirklichkeit erschließen; denn sie sind ebenso kontingent wie andere Handlungen auch. In dem Fall werden wir unser Leben als unsinnig empfinden oder auch als Gehäuse der Hörigkeit. Wenn wir dann unsere Wirklichkeit eröffnenden Tätigkeiten so ändern, daß sie wieder sinnvoll werden, haben wir unsere Begriffsbildung nicht willkürlich oder nach Belieben geändert.

---

[267] ebd. § 244: »Es werden Worte mit dem ursprünglichen, natürlichen, Ausdruck der Empfindung verbunden und an dessen Stelle gesetzt. Ein Kind hat sich verletzt, es schreit; und nun sprechen ihm die Erwachsenen zu...«
[268] etwa §§ 251.
[269] ebd. II xii.

3. Kapitel: Probleme des Erkennens

Halten wir für unser Interesse fest: Wir können uns nach Wittgenstein auf eine gemeinsame Welt beziehen, gerade weil wir uns auf sie nicht durch ein unfehlbares Fundament sei es von Sinneseindrücken, sei es von Ideen beziehen, sondern durch Tätigkeiten, die für uns von vornherein einen Sinn haben. Solche Tätigkeiten entwickeln, differenzieren und raffinieren wir, wenn wir mit ihnen den Gebrauch von Zeichen verbinden. Sie setzen ein natürliches Verständnis voraus; fehlt dies, so bleibt die gemeinsame Welt aus. Wir müssen aber auch über Wittgenstein hinaus annehmen, daß Tätigkeiten den Sinn, den sie einmal hatten und ohne den sie keine Wirklichkeit hätten erschließen können, verlieren können. Dann entstehen Diskrepanzen, zu denen offenbar die Empfindung gehört, in einem Gehäuse der Hörigkeit zu leben.

Wir müssen hier eine neue Dimension der Fehlbarkeit annehmen; eine, die nicht auf Geltungsansprüche bezogen ist, sondern auf den Sinn unserer Tätigkeiten, und auf keinen beliebigen Sinn, sondern einen, durch den wir Wirklichkeit erschließen. Wir müssen anerkennen, daß wir nicht nur die Wahrheit von Aussagen und die Richtigkeit von Normen verfehlen können, sondern auch einen Sinn unserer Handlungen, durch den wir Wirklichkeit erschließen. Es ist vermutlich diese Dimension, die die Docklosigkeit so bedrohlich macht. Von ihr müssen wir weiter anerkennen, daß weder Popper noch Wittgenstein uns klar macht, wie wir uns vor ihr schützen können.

4. Kapitel: Probleme des Handelns

Wir haben Tugenden der Docklosigkeit in der *theoretischen* Philosophie kennengelernt. Das Verlassen des vermeintlich festen Fundaments unfehlbarer Wahrheiten und der unfehlbaren Wahrheiten eines Subjekts, das mit der Erinnerung an ewige Wahrheiten oder einem Sensorium für unfehlbare sinnliche Gewißheiten geboren wird, erweist sich als Schritt nicht in die Bodenlosigkeit, sondern in ein Element, das auf unerwartete Weise trägt, in das Element kritisierbarer Begründungen, die Menschen einander für ihre Wahrheitsansprüche geben und an denen sie deren Berechtigung entscheiden. Wir haben zwar auch eine neue Dimension der Docklosigkeit kennengelernt. Aber sie kann uns nicht davon abhalten zu vermuten, daß wir Ansprüche auf *normative Richtigkeit*, um die es in den Problemen des Handelns gehen wird, durch revidierbare Gründe einlösen können, nicht anders als wir *Wahrheits*ansprüche nur durch revidierbare Gründe rechtfertigen können.

Der empiristische Philosoph sieht in der Begründbarkeit deskriptiver und normativer Aussagen einen radikalen Unterschied. Wenn er normative Aussagen überhaupt für begründbar hält, so nur in einem schwachen, nicht zur Allgemeinverbindlichkeit reichenden Sinn. Beschreibungen dagegen scheinen ihm deshalb allgemeinverbindlich begründbar, weil er jedes Individuum dank seiner Weltunmittelbarkeit mit unfehlbaren Schnappschüssen von der Wirklichkeit ausgestattet glaubt, die es in seinen Sinnesdaten erhält. Der Vergleich einer Beschreibung mit solchen Schnappschüssen genügt ihm, um über die Berechtigung des Wahrheitsanspruchs allgemeinverbindlich zu entscheiden. Da er anders als der idealistische Philosoph ähnliche Schnappschüsse für normative Aussagen nicht annimmt, hält er Geltungsansprüche in ihrem Fall nicht für verbindlich entscheidbar. Erkennen wir aber den unmittelbaren Weltzugang als Illusion, so können wir dieselbe Kritisier- und Revidierbarkeit von Gründen für Wahrheitsansprüche wie für moralische Ansprüche unterstellen.

Dieser Erwartung gemäß können wir auch erwarten, daß die Probleme des Handelns und ihre Lösungen den Erkenntnisproblemen und ihren Lösungen analog sind. In der Tat lassen sich die Grundprobleme der praktischen Philosophie als Analoga zu den Grundproblemen der theoretischen Philosophie verstehen. Das Popperanalog der praktischen Philosophie ist das Problem, wie es allgemeinverbindliche Normen und Handlungsempfehlungen geben kann, obgleich wir in unsern normativen Aussagen ebenso *fehlbar* sind wie in unsern empirischen Aussagen und ebenso vom Faktum eines immer wiederkehrenden normativen *Dissenses* ausgehen müssen wie von einem Erkenntnisdissens. Das Analog zu Wittgensteins Problem – wie wir uns auf eine gemeinsame Welt beziehen können – ist das Problem, wie wir überhaupt normative Ansprüche erheben können, wenn wir annehmen müssen, daß wir in unsern Entscheidungen determiniert sind.

Auch die Lösungen sind analog. Das Popperanalog wird gelöst durch den Nachweis, daß die Fehlbarkeit normativer Urteile ebenso wie die Fehlbarkeit empirischer Urteile kein Hindernis, sondern ein Grund ihrer Allgemeinverbindlichkeit ist. In der Moral übernehmen *moralische Intuitionen* die Rolle potentieller Falsifikatoren, die in der Naturwissenschaft *Beobachtungen* spielen. Wir müssen dabei allerdings anerkennen, daß moralische Intuitionen anders als Beobachtungen *epochenbedingt* sein können. Auch diese Epochenbedingtheit ist jedoch kein Hinderungsgrund für Fortschritt in der Moraltheorie. Das Wittgensteinanalog wird gelöst durch den Nachweis, daß seine Voraussetzung, hier nicht die empiristische Deutung des Denkens, sondern die deterministische (genauer die *prädeterministische*) Deutung des Handelns, auf einem falschen Begriff von Handeln beruht.

1. Wie kann es Fortschritt in der Moraltheorie geben?

Moralischer Dissens ist so gut bekannt wie Erkenntnisdissens. Wie die Fehlbarkeit unserer empirischen Urteile läßt auch die Fehlbarkeit unserer normativen Urteile genau drei rationale Möglichkeiten zu, auf sie zu reagieren:
- den *dogmatischen* Ansatz, der unterstellt, daß Dissens nur mit unfehlbaren Urteilen rational entscheidbar ist. Er postuliert die Möglichkeit unfehlbarer Urteile, um der Tatsache gerecht zu werden, daß zumindest manchmal normative Urteile allgemeinverbindlich scheinen;
- den *skeptischen* Ansatz, der wie der dogmatische unterstellt, daß Dissens nur mit unfehlbaren Urteilen rational und allgemeinverbindlich entscheidbar ist. Da er aber Unfehlbarkeit für unmöglich hält, schließt er jede rationale Dissensschlichtung als unmöglich aus;
- den *kritischen* Ansatz, der wie der skeptische die Fehlbarkeit aller normativen Urteile annimmt. Er nimmt aber anders als die beiden andern eine rationale allgemeinverbindliche Entscheidbarkeit von moralischem Dissens gerade bei fehlbaren normativen Urteilen an.

Die Vertreter des dogmatischen Ansatzes, neben vielen andern Platon, Kant, Bentham und die Wertphänomenologen, beanspruchen unfehlbare Einsichten in das Gute, das Gerechte oder Werte. Ihr größtes Problem ist die Unvereinbarkeit ihrer Unfehlbarkeitsansprüche. Das beste Beispiel liefern Kant und Bentham. Für Kant »ist überall nichts in der Welt, ja überhaupt auch außer derselben zu denken möglich, was ohne Einschränkung für gut gehalten werden könnte, als allein ein *guter Wille*«. Insbesondere »das ganze Wohlbefinden und Zufriedenheit mit seinem Zustande, unter dem Namen der *Glückseligkeit*«, sind nur bedingt gut.[270] Nach Bentham dagegen ist nur die Förderung der Glückseligkeit uneingeschränkt gut. Denn das Utilitätsprinzip macht die Förderung der Glückseligkeit zum einzigen Maßstab des Guten. Es »lays down, as the only *right* and justifiable end of Government« ebenso wie jeder andern Institution und Person, »the greatest happiness of the greatest number« und ist eines Beweises weder fähig noch bedürftig, denn es »is used to prove every thing else«.[271]

Die Philosophen haben viele Argumente für und gegen Kant und Bentham angehäuft. Wenn wir heute Partei nehmen wollen, werden wir kaum zum Schluß kommen, daß eine der beiden Positionen *unfehlbar* richtig ist. Wir werden im besten Fall sagen, daß wir nach Abwägung der Argumente eher zur einen als der andern Position neigen, aber uns vorbehalten, bei Betrachtung neuer Argumente unser Urteil zu revidieren. Kommen wir zu diesem Schluß, so haben wir schon den dritten, den kritischen Ansatz eingenommen. Ist jedoch nicht der skeptische Ansatz überlegen? Müssen wir moralischern Dissens nicht nur als historisches Faktum, sondern auch als rational unauflösbar hinnehmen? Wenn so, dann müßten wir auch hinnehmen, daß moralischer Dissens, weil Argumente hier nicht greifen, nur durch Gewalt und Manipulation, durch Propaganda und Abrichtung aufzulösen ist.

Der skeptische Ansatz wäre nur unvermeidlich, wenn man Forderungen und Normen nicht *begründen* könnte. Kann man normative Urteile ebenso gut und, da wir ihre Fehlbarkeit voraussetzen, ebensowenig endgültig begründen wie empirische, so sollten wir den kritischen Ansatz vorziehen. Er eröffnet einen rationalen Weg neben dem Rückgriff auf nichtrationale Mittel der Disziplinierung, mit deren alleinigem Gebrauch wir uns darauf festlegen müßten, uns nur den Wert und die Würde zähmbarer Tiere zusprechen zu

---

[270] Immanuel Kant, Grundlegung zur Metaphysik der Sitten, Erster Abschnitt, erster Satz, ed. Vorländer, Hamburg (Meiner) 1962, 10.
[271] Jeremy Bentham, An Introduction to the Principles of Morals and Legislation, ch.1 sec. 13, Zusatz von Juli 1822 zur Anm., und sec. 11; in John Stuart Mill, Utilitarianism, ed. M. Warnock, Glasgow (Collins) 1962, 36f. Man beachte, daß Bentham mit der zuletzt zitierten Aussage zu einer transzendentalen Begründung in Kants Sinn greift, da er das Utilitätsprinzip als Bedingung der Möglichkeit moralischen Urteilens versteht.

4. Kapitel: Probleme des Handelns 131

können. Wenn Fortschritt in der empirischen Wissenschaft ohne unfehlbare Erkenntnisprinzipien möglich ist, warum dann nicht auch Fortschritt in der normativen Theorie, der Ethik, ohne unfehlbare Moralprinzipien? Diese Möglichkeit sollten wir jedenfalls nicht grundsätzlich ausschließen.

Außerhalb der Akademie, in einer Öffentlichkeit, die nicht durch die Freiheit vom Zwang zu entscheiden privilegiert ist, spielt der skeptische moraltheoretische Ansatz dieselbe geringe Rolle wie der skeptische erkenntnistheoretische Ansatz. Der Grund ist hier wie dort derselbe: Wenn man entscheiden muß, braucht man Rechtfertigungen, die zumindest rational scheinen. Man handelt gewiß nicht immer aus den Gründen, die man angibt. Jedoch kann man mit geeigneten Handlungsgründen eher mit Zustimmung und Handlungserfolg rechnen. Eine Philosophie, die alle Rechtfertigung für Illusion erklärt, ist praktisch nutzlos. Daher werden in der Politik nur die beiden Ansätze konkurrieren, die einen Begründungsweg anbieten, der dogmatische, der die Berufung auf unfehlbare Wahrheiten anbietet, genauer: auf Annahmen, die eine soziale Verankerung gefunden haben, und der kritische, der das immer wieder neu einsetzende und zu revidierende Abwägen von Gründen anbietet.

a. Beobachtung und Intuition

Fortschritt in der Erkenntnis, so sahen wir, ist möglich, weil Theorien, wenn sie Gesetze aufstellen, aus diesen und Antezedensbedingungen Voraussagen abzuleiten erlauben, an denen sie getestet werden können. Die Gesetze können zwar nicht empirisch, durch Induktion, aus Beobachtungsdaten *abgeleitet* werden, wie frühere Theoretiker glaubten. Dennoch ist ihre Falschheit empirisch überprüfbar, weil sie falsifiziert oder doch in ihrem Wahrheitsanspruch zweifelhaft werden, wenn man beobachtet, daß die Voraussagen fehlschlagen. Wenn darüber entschieden wird, ob eine Theorie als Erkenntnisfortschritt anzuerkennen ist, wird zwar nicht nur ihr Erfolg in riskanten Voraussagen berücksichtigt, sondern allgemeiner ihre Fähigkeit, sowohl empirische Daten als auch Erwartungen an die Einfachheit und Eleganz von Gesetzen in eine kohärente Erklärung zu bringen. Aber es ist die *Beobachtung* der Daten, die über Voraussageerfolg entscheidet, Theorien und ihre Gesetze empirisch macht und sie zum Anspruch berechtigt, die empirische Wirklichkeit zu erklären. Ohne gezielte Beobachtung bliebe die Physik Spekulation und unfähig zu Naturkontrolle und Erkenntniszuwachs.

Wenn wir von der Möglichkeit des Fortschritts in der Naturwissenschaft auf die Möglichkeit des Fortschritts in der Moral schließen, genügt es daher nicht festzustellen, daß empirische Urteile ebenso fehlbar sind wie normative. Wir müssen vielmehr für die Überprüfung von Moralprinzipien etwas angeben, was die Moralprinzipien ebenso falsifizieren kann wie die Beobachtung Naturgesetze. Beobachtung kann es nicht sein, da Moralprinzipien anders als Naturgesetze nicht widerlegt sind, wenn man beobachtet, daß sie nicht befolgt werden. Anderseits müssen Moralprinzipien, wenn es in ihrer Erkenntnis Fortschritt soll geben können, in irgendeiner Weise verbindlich überprüfbar sein. Es muß etwas geben, woran sie ebenso scheitern können wie Naturgesetze an Beobachtung. Was aber kann das sein?

Weil Moralprinzipien nicht durch Beobachtung widerlegbar sind, haben Philosophen lange angenommen, daß Fortschritt in der Moraltheorie nicht nach dem Muster des Fortschritts in der Naturtheorie ablaufen kann. Sie hofften vielmehr, auf unwiderlegliche, unfehlbare und evidente Prinzipien zu stoßen, deren Überprüfung so unmöglich wie überflüssig wäre. Es änderte sich erst etwas, als die streitenden Parteien in der Moraltheorie einzusehen begannen, daß es nicht die Dummheit oder Verstocktheit ihrer Gegner war, die sie von ihren eignen Prinzipien überzeugt sein ließ, sondern eine Überzeugungskraft der Prinzipien, die nicht unbedingt geringer war als die der eignen Seite.

Henry Sidgwick war zwar Utilitarist, fand aber auch die Prinzipien konkurrierender Moraltheorien erwägenswert, insbesondere Kants Moralprinzip. So suchte er nach Wegen, die Prinzipien zu vergleichen. Der Vergleich führte ihn zur Annahme, evidente (*self-evident*) Moralprinzipien (wie die der »morality of common sense«) seien entweder nur tautologisch oder leer[272] oder (wie die des Utilitarismus und anderer Richtungen) »not sufficient by themselves to give complete practical guidance«.[273] Damit gab er der Hoffnung auf unfehlbare Moralprinzipien den Abschied. Aber daraus zog er keine skeptische Konsequenz. Er kam vielmehr nach Abwägung des Für und Wider zur Befürwortung eines unorthodoxen Utilitarismus, für den er Allgemeinverbindlichkeit beanspruchte.

Bei diesem Urteil stützte er sich auf *einzelne* Urteile darüber, wieweit man einem Moralprinzip in einer konkreten Entscheidungssituation folgen darf. Die *einzelnen* Urteile über die Befolgbarkeit eines Prinzips in einer konkreten Entscheidungssituation sprechen das aus, was man heute moralische *Intuitionen* nennt. Die Vorstellung ist, daß wir bei Betrachtung einer konkreten Entscheidungssituation eine mehr oder weniger deutliche Neigung haben, in einer bestimmten Weise zu handeln, oder zumindest eine

---
[272] Henry Sidgwick, The Methods of Ethics, Bk III ch xi §3; London (Macmillan) [7]1907, 344.
[273] ebd. Bk III ch xiii §3, p.xxxv.

Neigung, in einer bestimmten Weise *nicht* zu handeln. Eine solche Neigung oder Überzeugung von dem, was man in der konkreten Situation tun oder nicht tun sollte, hieß früher *Stimme des Gewissens*, wenn dies Wort auch meist nur für Überzeugungen stand, wie man in einer konkreten Situation *nicht* handeln dürfe. Heute hat sie den Namen *Intuition* erhalten. Sie ist es, die die Rolle der *Beobachtung* in der Moraltheorie übernehmen soll. Mit dieser teilt sie den Charakter, in *einzelnen* oder *partikularen* Urteilen ausgesprochen zu werden. Moralische Intuition ist der potentielle Falsifikator von Moralprinzipien, wie Beobachtung der potentielle Falsifikator von Naturgesetzen ist.

Wie Beobachtung ist Intuition nur ein *potentieller* Falsifikator. Denn in einem Konflikt zwischen Prinzip und Beobachtung oder Intuition können unter Umständen auch letztere geopfert werden – wir können vom Prinzip oder der *allgemeinen* Aussage stärker überzeugt sein als von der Intuition oder der Beobachtung, der *partikularen* Aussage. Den Newtonschen Gesetzen widersprachen einige astronomische Beobachtungen der Bahn von Merkur und Saturn; dennoch hielt man an den Gesetzen fest und entwertete die Beobachtungen, indem man sie auf Fehlmessungen oder andere noch unerklärliche, aber demnächst erklärbare Umstände zurückführte. Daß wir auch Intuitionen Moralprinzipien opfern können, bedarf keiner Beispiele.

Die Mehrzahl der heutigen analytischen Moralphilosophen setzt moralische Intuitionen zur Widerlegung kritisierter Moralprinzipien und zur Stützung der eignen Moralprinzipien ein.[274] Diese Methode ist jedoch nicht neu. Schon Sokrates hat sie gebraucht, wenn wir Platon vertrauen dürfen. Auf Vorschläge seiner Dialogpartner, wie man ein moralisches Prinzip, etwa das des Rechttuns, definieren soll, führt er als Gegenbeispiele Fälle an, für die wir eine andere Handlungsweise empfehlen möchten, als das Prinzip es verlangt. Auf den Vorschlag, Rechttun sei Wahrhaftigkeit und das Zurückgeben von Geborgtem, fragt er:

> Wenn jemand von seinem Freund Waffen empfängt, die dieser dann, in Wahnsinn verfallen, zurückfordert, würde dann nicht jeder sagen, er dürfe sie nicht zurückgeben [...]?[275]

Das Prinzip, zum Rechttun gehöre das Zurückgeben von Geborgtem, scheitert hier an einer Intuition, die sich uns bei Betrachtung einer konkre-

---

[274] Einflußreiche Beispiele sind John Rawls, A Theory of Justice, Oxford UP 1972, vgl. darin bes. 46-53; Robert Nozick, Anarchy, State, and Utopia, New York (Basic Books) 1974; Jonathan Glover, Causing Deaths and Saving Lives, Penguin 1977, vgl. bes. 22-35; Judith Jarvis Thomson, The Realm of Rights, Harvard UP 1990, vgl. bes. 4-9.
[275] Platon, Republik I, 331c

ten Entscheidungssituation aufdrängt. Wir sehen das Moralprinzip in seiner Anwendung auf eine konkrete Situation nicht dann scheitern, wenn jemand das Prinzip nicht befolgt. Eine solche Abweichung ist vielmehr ein Grund, den Abweichenden zu tadeln. Wir sehen das Prinzip dann scheitern, wenn wir bei Betrachtung des konkreten Falls finden, daß man anders handeln *sollte*, als das Prinzip verlangt.

Warum aber können wir bei Betrachtung eines konkreten Falls zu einem andern Urteil kommen als bei Betrachtung des abstrakten Prinzips, und warum nehmen wir im allgemeinen, wenn auch nicht immer, das Urteil über den konkreten Fall ernster? Offenbar weil die *Anschaulichkeit* einer konkreten Situation unser normatives Urteil schärft. Wir erkennen durch die Anschauung oder glauben zu erkennen, was wir nicht erkannten, solange wir über das Prinzip nur im allgemeinen und ohne Anschauung oder ›Intuition‹ nachdachten. Unser Urteil ist im konkreten Fall *intuitiv*, und deshalb sprechen die Philosophen davon, es werde von einer *Intuition* geleitet. Diese Ausdrucksweise kann leicht mißverstanden werden, so als müsse es Intuitionen neben der Fallanschauung geben. Das aber ist nicht nötig. Die Anschauung des Falls kann das einzige sein, was uns zu unserm normativen Urteil bewegt.

Anschauliche Falldarstellungen wirken jedoch nicht immer und nicht auf jeden. Insbesondere Philosophen mit ihrem berufsbedingten Hang zu Prinzipienerkenntnis können von Prinzipien so fasziniert sein, daß sie an ihnen festhalten, wenn ein konkreter Fall die meisten andern zum Fallenlassen des Prinzips bringt. Kant gehörte zu diesen Philosophen. Der liberale französische Politiker und Philosoph Benjamin Constant vertrat die Auffassung, es gebe in Notlagen ein Recht zu lügen. Kant hielt dagegen, man müsse selbst dann die Wahrheit sagen, wenn ein »Mörder [...] uns fragte, ob unser von ihm verfolgter Freund sich nicht in unser Haus geflüchtet«. Er argumentiert:

> Hast du nämlich einen eben jetzt mit Mordsucht Umgehenden *durch eine Lüge* an der That verhindert, so bist du für alle Folgen, die daraus entspringen möchten, auf rechtliche Art verantwortlich. Bist du aber strenge bei der Wahrheit geblieben, so kann dir die öffentliche Gerechtigkeit nichts anhaben; die unvorhergesehene Folge mag sein, welche sie wolle. Es ist doch möglich, daß, nachdem du dem Mörder auf die Frage, ob der von ihm Angefeindete zu Hause sei, ehrlicherweise mit Ja geantwortet hast, dieser doch unbemerkt ausgegangen ist und so dem Mörder nicht in den Wurf gekommen, die That also nicht geschehen wäre [...] Es ist also ein heiliges, unbedingt gebietendes, durch keine Convenienzen einzuschränkendes Vernunftgebot: in allen Erklärungen *wahrhaft* (ehrlich) zu sein.[276]

---

[276] Kant, Über ein vermeintes Recht aus Menschenliebe zu lügen, in Kants gesammelte Schriften, Akademie-Ausgabe Bd. 8, 425f.

4. Kapitel: Probleme des Handelns

Kant demonstriert, daß man sich gegen den konkreten Fall panzern und gegen die sich auch ihm aufdrängende Intuition[277] am Prinzip festhalten kann, »in allen Erklärungen *wahrhaft* (ehrlich) zu sein«. Die heutigen Philosophen sehen sowenig wie Sokrates im Vermögen, sich der Überzeugungskraft konkreter Fälle zu verschließen, eine Tugend. Sie gebrauchen Intuitionen als potentielle Falsifikatoren von Moralprinzipien. Mit welchem Recht? Sind moralische Intuitionen verläßlich genug, die Rolle potentieller Falsifikatoren zu spielen und Fortschritt in der Moraltheorie nach dem Vorbild des Fortschritts in den Wissenschaften zu ermöglichen? Betrachten wir vor dem Versuch einer Antwort auf diese Frage, wie heutige Moralphilosophen moralische Intuitionen gebrauchen.

b. Was moralische Intuitionen nahelegen

Der Notlügenfall falsifiziert, wenn wir der vorherrschenden Intuition folgen, Kants Prinzip der unbedingten Ehrlichkeit. Der Fall Pedro, den Bernard Williams konstruierte,[278] falsifiziert das Utilitätsprinzip zumindest in manchen seiner Versionen. Pedro, ein Tourist in einer südamerikanischen Stadt, stößt in einem verlassenen Winkel auf einen Trupp Soldaten, der zwanzig Indios zum Erschießen an die Wand gestellt hat. Pedro protestiert; der Kommandant macht ihm ein Angebot: alle Indios kommen frei, wenn Pedro nur einen selbst erschießt.

Wir könnten das Beispiel leicht so ausbauen, daß ausgeschlossen ist, die Annahme des Angebots könnte Schule machen oder Pedro Nachteile verschaffen. In dem Fall müßte der Utilitarist das Angebot annehmen. Er würde zwar einen unschuldigen Menschen töten, aber 19 andern das Leben retten. Das Glückskalkül spricht eindeutig für Annehmen. Dennoch werden die meisten erwarten, daß Pedro das Angebot abweist oder zumindest Skrupel hat, es anzunehmen. Der Utilitarist kann solche Skrupel nur als mangelnde Rationalität oder Moralität verstehen. Was tun wir? Wir könnten am Utilitätsprinzip ebenso starr festhalten wie Kant an seinem Ehrlichkeitsprinzip. Aber Gedanken, daß wir dann einer Erpressung nachgeben, selbst kriminell werden oder einen Unschuldigen unter keinen Umständen töten dürfen, auch wenn wir dadurch 19 andern Unschuldigen das Leben retten, werden uns die Entscheidung schwer machen, ohne daß wir deswegen der Irrationalität oder Immoralität geziehen werden dürften.

---

[277] Wie seine *kasuistischen Fragen* zu §9 der *Tugendlehre* seiner *Metaphysik der Sitten* zeigen.
[278] B. Williams, A Critique of Utilitarianism, in: J.J.C. Smart u. B. Williams, Utilitarianism. For and Against, Cambridge 1973, 77-150, 98f.

Wenn wir gegen das Angebot entscheiden, werden wir unsere Entscheidung gut durch Kants kategorischen Imperativ in seiner zweiten Formulierung rechtfertigen können, nach der ein Mensch nie nur als Mittel, sondern immer auch als Selbstzweck zu behandeln ist.[279] Würden wir das Angebot annehmen, hätten wir den Indio, den wir erschießen, nur als Mittel zur Rettung der andern gebraucht und nicht zugleich als Selbstzweck geachtet. Das verstößt gegen Kants Prinzip. Soweit könnten wir aus dem Beispiel nicht nur ein Argument gegen den Utilitarismus ziehen, sondern zugleich eins für Kants kategorischen Imperativ.

Aber auch diesem Prinzip stehen konkrete Fälle entgegen. Wir brauchen dazu nur die Zahlenverhältnisse im Pedro-Beispiel zu ändern. Nehmen wir an, es sind nicht 20, sondern einige Tausend oder noch mehr Menschen, die durch die Tötung eines Unschuldigen gerettet werden können. Dürfen, ja müssen wir nicht irgendwann einen Unschuldigen opfern? Auch das Lügenbeispiel liefert eine Intuition gegen den kategorischen Imperativ. Denn wenn wir den Mörder belügen, behandeln wir ihn nicht als Selbstzweck. Hier könnten wir immerhin argumentieren, er habe das Recht verwirkt, als Selbstzweck behandelt zu werden, da er selbst sein Opfer nicht als Selbstzweck behandelt. Dies Argument steht uns im Pedrofall nicht offen. Wir können dann zwar sagen, es gehe uns nicht um die große Zahl der Geretteten, sondern um den Schutz eines Wertes wie der öffentlichen Ordnung oder des Überlebens der Menschheit. Den kategorischen Imperativ verletzen wir dennoch in jedem Fall.

Unsere moralischen Intuitionen oder die des liberalen westlichen Durchschnittsmenschen bestätigen weder den Utilitarismus noch den kategorischen Imperativ. Dagegen bestätigen sie die Annahme natürlicher Rechte in der Form, wie der englische Rechtsphilosoph H.L.A. Hart sie annahm. Eh wir weiter der Frage folgen, welches Gewicht moralische Intuitionen (zumal die des liberalen westlichen Durchschnittsmenschen) überhaupt haben können, zuvor zur Frage, wie sie die Annahme natürlicher Rechte bestätigen.

Der Pedrofall spricht dafür, daß wir jedem Menschen ein moralisches, von jeder positiven Gesetzgebung unabhängiges, aber jede Gesetzgebung verpflichtendes Recht zusprechen, nicht Opfer ungerechtfertigter Aggressionen zu werden, wie es den Indios droht. Denn offenbar weil wir jedem Indio ein solches *natürliches* Recht zusprechen, zweifeln wir an der Richtigkeit der utilitaristischen Empfehlung, einen Indio zu erschießen, um neunzehn zu retten. Kants Lügenbeispiel wiederum spricht dafür, daß das natürliche Recht nicht das Recht einschließt, unter *allen* Umständen nicht

---

[279] Immanuel Kant, Grundlegung zur Metaphysik der Sitten, ed. Vorländer, a.a.O. 52.

belogen zu werden, und unsere Intuition, das Opfer eines Menschen zugunsten einer sehr großen Zahl könne unter Extrembedingungen erlaubt sein, spricht sogar dafür, daß das natürliche Recht nicht ausschließt, einen Unschuldigen zu töten.

Zwei weitere Beispiele von Philippa Foot bekräftigen diesen ersten Befund. Erstens, Sie jagen in Ihrem Lebensrettungsboot zur Bergung einer Gruppe C, die auf einer Klippe Schutz sucht vor der die Klippe bald überschwemmenden Flut. Auf Ihrem Weg sehen Sie ebenfalls auf einer fast schon überschwemmten Klippe einen Menschen A verzweifelt um Hilfe winken. *Dürfen* Sie ihn ertrinken lassen, um C zu retten? Viele Intuitionen sprechen dafür. – Sie müssen dann mit Ihrem Boot eine Enge passieren, in der ein Mensch B treibt und ebenfalls um Rettung fleht. Wenn Sie die Klippe mit C rechtzeitig erreichen wollen, müssen Sie B überfahren und töten. Dürfen Sie ihn überfahren, um C zu retten? Starke Intuitionen verbieten uns das.[280]

Die Beispiele belegen, daß wir jedem Menschen ein Recht zubilligen, nicht als Mittel für anderer Zwecke gebraucht und geopfert zu werden; das ist der Grund, warum wir glauben, B nicht überfahren zu dürfen. Sie belegen aber auch, daß dies Recht keinen Anspruch auf privilegierte Rettung einschließt, wenn die zur Rettung nötigen Ressourcen für andere aufgewendet werden, vorausgesetzt, der anderwärtige Ressourceneinsatz stellt nicht eine direkte Verletzung eines Menschen in der Situation von B dar. Das ist der Grund, warum wir glauben, A ertrinken lassen zu dürfen, um C zu retten.

Dies Lebensrettungsbeispiel läßt sich mit kantischen Prinzipien vereinbaren, da es die unterschiedliche moralische Bedeutung von Handeln (dem Überfahren von B) und Unterlassen (dem Ertrinkenlassen von A) belegt, auch wenn die größere Zahl der zu Rettenden C nicht unwichtig ist für unsere Intuition, es sei erlaubt, A ertrinken zu lassen. Die Vereinbarkeit mit kantischen Prinzipien endet jedoch in folgendem Beispiel. Sie sehen eine außer Kontrolle geratene Straßenbahn einen Berg herunter auf eine Schar spielender Kinder zurasen und können den sicheren Tod der Kinder durch das Umlegen einer Weiche verhindern, die die Bahn auf eine kleinere, die Bahn Menschengruppe lenkt und diese töten wird.[281] Dürfen Sie die Wei-

---

[280] Philippa Foot, Killing and Letting Die, in Moral Dilemmas, Oxford 2002, 78–87, 81ff. Ich habe das Beispiel zur leichteren Darstellung in unwesentlichen Zügen verändert.

[281] Philippa Foot, The Problem of Abortion and the Doctrine of the Double Effect, Nachdruck in Virtues and Vices, Los Angeles (Univ. of Calif. Pr.) 1978. Das Beispiel wurde vielfach variiert und kommentiert. Vgl. dazu besonders Judith Jarvis Thomson, The Realm of Rights, Harvard U. Pr. 1990, 176ff.

che umlegen? Wie groß muß die zu rettende und wie klein die zu opfernde Gruppe sein, damit das Umlegen erlaubt oder gar geboten ist?

Die Intuitionen der meisten Betrachter gehen dahin, das Umlegen der Weiche zugunsten der Rettung der Kinder für erlaubt zu halten, obgleich Sie mit dem Umlegen der Weiche Unschuldige töten und sie zu bloßen Mitteln zum Zweck der Rettung anderer machen. Wir haben hier grundsätzlich dieselbe Situation wie im Pedrofall: Sie töten eine kleinere Zahl Unschuldiger zur Rettung einer sehr viel größeren Zahl Unschuldiger. Von derselben Art sind die vielen Beispiele des Großverbrechers oder Terroristen, dessen Drohung, durch Fernzündung eine Atombombe auf einem andern Kontinent zu zünden (oder andere Katastrophen zu bewirken), nur durch seine Erschießung und die einer oder mehrerer Geiseln (oder durch Abschuß seines mit Passagieren gekaperten Flugzeugs oder durch seine Folterung) zu verhindern ist. Auch hier opfern Sie Unschuldige (Geiseln, Passagiere), um eine größere Zahl Unschuldiger zu retten und verletzen massiv das kantische Prinzip, Menschen immer auch als Selbstzweck zu gebrauchen. Ähnliches gilt, wenn Sie in einem solchen Notstand den Verbrecher foltern.

Zeigen die Beispiele auch, daß Menschen keine natürlichen Rechte haben? Durchaus nicht, wenn man nur natürliche nicht mit *absoluten* Rechten verwechselt. H.L.A. Hart war wegweisend, als er in einem Aufsatz 1955 argumentierte: wenn es überhaupt moralische, das heißt nicht-positive Rechte gebe, dann müsse man mindestens ein natürliches Recht anerkennen, nämlich das gleiche Recht aller Menschen, frei zu sein.[282] Das gleiche Recht aller, frei zu sein, wird heute nicht nur von den meisten Verfassungen respektiert; auch unsere moralischen Intuitionen in den angeführten Beispielen widersprechen ihm nicht. Hart nennt ein Recht natürlich, wenn es allen entscheidungsfähigen Menschen zukommt und nicht durch freiwillige Vereinbarungen entsteht. Die Natürlichkeit eines Rechts impliziert jedoch nicht seine Absolutheit.[283] Man möchte zwar annehmen, daß Rechte, die unabhängig von gesellschaftlicher oder individueller Zustim-

---

[282] H.L.A. Hart, Are There Any Natural Rights? Philosophical Review 64, 1955, 175-91. Nachdruck in Jeremy Waldron, ed., Theories of Rights, Oxford UP 1984, 77-90, 77. Für die begriffliche Analyse von Rechten sind heute die beiden Aufsätze von Wesley Newcomb Hohfeld, Some Fundamental Legal Conceptions as Applied in Judicial Reasonings, Yale Law Journal 23, 1913, und 26, 1917, unentbehrlich, ohne Interpretation allerdings schwer zugänglich. Als Interpreten sind hervorragend Leif Wenar, The Nature of Rights, Philosophy and Public Affairs 33.2005, 223-52, und J.J.Thomson, The Realm of Rights, Cambridge/Mass. (Harvard UP) 1990.

[283] ebd. ed. Waldron 78.

mung und Nutzenerwägung bestehen, auch nicht durch gesellschaftliche oder individuelle Entscheidung oder Nutzenerwägung zurückgesetzt werden dürfen. Aber die Natürlichkeit eines Rechts verlangt nur, daß es respektiert wird, solange *keine gewichtigen Gründe* gegen seine Respektierung bestehen. Sie setzt jeden Versuch, sich über das Recht hinwegzusetzen, unter *Rechtfertigungszwang*, aber schließt seine Einschränkung oder Aufhebung unter Extrembedingungen oder aus andern gewichtigen Gründen nicht aus.

Die moralischen Intuitionen, die wir soweit betrachtet haben, lassen sich daher unter der Idee eines universalen natürlichen, aber deswegen nicht absoluten Rechts eines jeden Menschen auf gleiche Freiheit vereinigen. Diese Idee macht ihre Kohärenz oder ihren Sinn sichtbar. Sie erklärt sie besser als die utilitaristische Idee, nach der unsere moralischen Intuitionen durch ihre Orientierung an der Beförderung des größten Glücks der größten Zahl verständlich werden, und besser als die kantische Idee der unbedingten Selbstzweckhaftigkeit jedes Menschen. Wenn die Idee eines natürlichen Rechts auf gleiche Freiheit sogar weitgehende faktische Zustimmung gefunden hat, während sie vor einigen Jahrhunderten noch überall im besten Fall nur von einer ohnmächtigen Minderheit vertreten wurde, so müssen wir in ihrer Anerkennung einen moralischen Fortschritt erkennen, der mit dem Fortschritt in den Wissenschaften durchaus vergleichbar ist und sich dem systematischen Vergleich moralischer Intuitionen miteinander und mit Ideen und Normen verdankt wie der wissenschaftliche Fortschritt dem systematischen Vergleich von Beobachtungen miteinander und mit Naturgesetzen.

c. Das natürliche Recht auf gleiche Freiheit und das Differenzprinzip

Allerdings läßt der Vergleich des moralischen mit dem wissenschaftlichen Fortschritt zugleich seine heutigen Grenzen wie seine weiteren Möglichkeiten erkennen. Die Idee eines natürlichen universalen Rechts auf gleiche Freiheit gibt zwar eine Orientierung, die viele heute noch verbreitete Praktiken verurteilt. Daß die meisten heutigen Wirtschaftsordnungen eine Massenarbeitslosigkeit erlauben, ist mit diesem natürlichen Recht ebenso unvereinbar wie die Beschneidungen von Mädchen in manchen islamischen Gesellschaften. Das natürliche Recht auf gleiche Freiheit hat einen Inhalt, der nicht nur die bestehende Praxis widerspiegelt. Dennoch bleibt es in zentralen moralischen Konflikten der Gegenwart unbestimmt.

Denn zum einen, sind sogenannte humanitäre Interventionen: militärische Gewalt zur Verhinderung krasser Menschenrechtsverletzungen, mit ihm vereinbar? Oder unter welchen Bedingungen sind sie es? Wann ist die Zahl unschuldiger Menschenleben, die auch eine humanitäre Intervention fordert, der Zahl oder Schwere der verhinderten Menschenrechtsverletzungen »proportional« (wie es viele Auslegungen des natürlichen Rechts und die traditionellen Theorien vom gerechten Krieg verlangen)? Kann man die Schwere von Menschenrechtsverletzungen messen? Auch wenn der Streit um die Berechtigung historischer Gewalteinsätze wie die im Kosovo und in Afghanistan zu einem Teil der Uneinigkeit in empirischen Fragen entspringt (wollten die Serben die Albaner endgültig aus dem Kosovo vertreiben? waren die Taliban bereit, bin Laden den USA auszuliefern, wenn diese nur Beweise für bin Ladens Verantwortung für die Attentate vom 11. September vorgelegt hätten?), reicht zur Festlegung der Legitimitätsbedingungen militärischer Gewalt die Anerkennung des natürlichen Rechts auf gleiche Freiheit sowenig aus wie die der traditionellen Theorien vom gerechten Krieg.[284]

Dieser Mangel ist auch eine Chance. Er ermöglicht eine ausgangsoffene Diskussion mit Vertretern von Gruppen, die der dogmatischen Vernunft folgen und vor den Konsequenzen der Docklosigkeit zurückschrecken. Diese glauben zwar die Legitimitätsbedingungen militärischer Gewalt ihren heiligen Schriften ablesen zu können; angesichts der Zerstörungsgewalt heutiger Waffen kann jedoch jede Berufung auf Texte, denen moderne Waffen unbekannt waren, nur eine zu vielseitig anwendbare Entscheidungshilfe sein. Tatsächlich stehen alle Gesellschaften gleichermaßen hilflos und entscheidungsbedürftig vor den Fragen der Legitimitätsbedingungen militärischer Gewalt. Welch eine Gelegenheit für die Liberalen, die an die Kraft des Arguments glauben, an die Unentbehrlichkeit des natürlichen Lichts der Vernunft und die Entbehrlichkeit der Offenbarung, ihren Glauben in der Praxis zu bewähren!

Zweitens bleibt das natürliche Recht auf gleiche Freiheit unbestimmt in Fragen der Verteilungsgerechtigkeit. Diese Schwäche läßt sich gut an einer Kontroverse zwischen John Rawls und Robert Nozick illustrieren, auch wenn ihre Diskussion einigen Raum beansprucht.

Rawls' *Differenzprinzip* verlangt unter einem Vorbehalt die gleiche Verteilung sozialer *Grundgüter* einer Gesellschaft. Grundgüter sind Güter, von denen man annehmen kann, jeder wolle von ihnen so viel wie möglich; Beispiele sind Geld und Handlungsoptionen. Der Vorbehalt ist, daß jemand dann mehr Grundgüter haben darf, wenn er durch seine Produktions- oder sonstigen Leistungen die Versorgung aller mit Grundgütern besser stellt als bei Gleichverteilung. Das Differenzprinzip erlaubt (wie das Stachanow-

---

[284] vgl. die Literatur in den Aufsätzen von Reinold Schmücker und Ulrich Steinvorth in Nationale Interessen und internationale Politik, Rechtsphilosophische Hefte X, 2005.

4. Kapitel: Probleme des Handelns

prinzip der früheren sozialistischen Staaten) eine Ungleichverteilung des gesellschaftlichen Gesamtprodukts unter der Bedingung, daß die, die mehr produzieren, die weniger Produktiven an ihren Wirtschaftsleistungen teilhaben lassen. Wer mehr erwirbt, ist zu einer *Kompensation* der Schlechtergestellten verpflichtet, durch die diese besser gestellt werden, als sie bei Gütergleichverteilung wären.

Rawls argumentiert für das Differenzprinzip unter anderem damit, die Bessergestellten verdankten die Fähigkeiten, deren Betätigung sie ihre Besserstellung verdanken, nicht sich selbst, sondern der Lotterie der Gene.[285] Daher sei eine nichtkompensierte Schlechterstellung der genetisch und anderweitig weniger Glücklichen *unfair*. Das Prinzip, dem Rawls hier folgt, ist:

> (RS) Wer sein wirtschaftliches Unglück nicht selbst verschuldet hat, hat einen erzwingbaren Kompensationsanspruch an die wirtschaftlich Bessergestellten, die für ihre Besserstellung nicht verantwortlich sind.

Es ist der Aspekt RS am Differenzprinzip, den Nozick verwirft. Ich nenne ihn RS, weil er *Rawls' Solidaritätsprinzip* formuliert. Nozick verwirft ihn mit folgendem Beispiel, in der Erwartung, es werde beim Leser eine Intuition wecken, aufgrund deren er RS verwirft:

> If the woman who later became my wife rejected another suitor (whom she otherwise would have married) for me, partially because (I leave aside my lovable nature) of my keen intelligence and good looks, neither of which did I earn, would the rejected less intelligent and less handsome suitor have a legitimate complaint about unfairness? Would my thus impeding the other suitor's winning the hand of fair lady justify taking some resources from others to pay for cosmetic surgery for him and special intellectual training, or to pay to develop in him some sterling trait that I lack in order to equalize our chances of being chosen? [...] *No such consequences follow*.[286]

Nozick erwartet, der Leser werde keinen relevanten Unterschied zwischen Pech im Privaten und Pech in der gesellschaftlichen Kooperation (oder, um kürzer zu sein, auf dem Ehe- und dem Arbeitsmarkt) sehen und daher den in der Arbeit Erfolgreichen so wenig für kompensationspflichtig halten wie den in der Liebe Glücklichen. Hält man jedoch an RS fest, so wird man Nozicks Nebenbuhler einen legitimen Kompensationsanspruch zubilligen. Tatsächlich zog Philippe van Parijs die Konsequenz, *jede* Benachteiligung, ob auf dem Arbeits- oder dem Heiratsmarkt, für kompensationspflichtig zu halten.[287]

Die meisten Leser, vermute ich, verwerfen allerdings mit Nozick die Kompensationspflichtigkeit des in der Liebe Glücklichen als absurd. Dann

---
[285] John Rawls, A Theory of Justice a.a.O. 74f.
[286] Robert Nozick, Anarchy, State, and Utopia, New York (Basic Books) 1974, 237.
[287] Philippe van Parijs, Real Fredom for All, Oxford 1995, 58ff.

aber können sie nur an RS festhalten, wenn sie einen gerechtigkeitsrelevanten Unterschied zwischen den Bereichen der Ökonomie (oder des Arbeitsmarkts) und des Liebesglücks (oder des Ehemarkts) nennen können. Worin aber könnte der bestehen? Bevor wir dieser Frage nachgehen, halten wir das Prinzip fest, das Nozick durch Appell an sein Beispiel gegen RS stark machen will. Es lautet:

> (NL) Niemand darf zur Kompensation des Unglücks eines Mitmenschen gezwungen werden, für das er nicht verantwortlich ist.

NL ist nicht nur unvereinbar mit RS; es ist auch das klassische Prinzip individueller Verantwortlichkeit der liberalen Tradition. Ich nenne es NL, weil es *Nozicks Liberalismusidee* formuliert. Wir sollten bemerken, wie stark NL von unsern moralischen Intuitionen gestützt wird. Nach unserer unreflektierten Moral stehen wir zwar unter moralischem Druck, Unglücklichen zu helfen; dieser Druck aber kommt von den Regeln der *Wohltätigkeit*, nach denen wir loben und tadeln, nicht der *Gerechtigkeit*, nach denen wir legitim *zwingen* dürfen. Nur wenn wir jemandes Unglück *verschuldet* haben, dürfen wir *gezwungen* werden, ihm zu helfen. Gemäß dieser Überzeugung sagte Hegel: »Gegen die Natur kann kein Mensch ein Recht behaupten«.[288] Hilfe im Unglück, das die Natur anrichtet, ist ein Gebot der (nicht erzwingbaren) *Wohltätigkeit*, nicht der (erzwingbaren) *Gerechtigkeit*.

NL wird soweit von unsern moralischen Intuitionen voll gedeckt. Wie kann RS trotzdem plausibel sein? Rawls' wichtigstes Argument ist, daß die Bessergestellten, die er zur Kompensation der Schlechtergestellten heranziehen will, für ihren ökonomischen Erfolg sowenig verantwortlich sind wie die Schlechtergestellten für ihren Mißerfolg. Die Glücklichen wie die Unglücklichen sind gleichermaßen Spielball der Lotterie der Gene und anderer Zufälle. Daher sei es ungerecht, wenn die Glücklichen die Unglücklichen nicht kompensieren. Wenn es aber *ungerecht* ist, dürfen sie zur Kompensation auch gezwungen werden.

Ohne den Begriff zu gebrauchen, bringt Rawls hier den Gesichtspunkt einer *Solidarität* ein, den man metaphysisch nennen könnte. Traditionell ist Solidarität die Pflicht von Individuen oder Gruppen in einer Assoziation, einander nach den Regeln eines geschriebenen oder ungeschriebenen Ver-

---

[288] G.W.F. Hegel, Grundlinien der Philosophie des Rechts, Werke, ed. Moldenhauer und Michel, Bd.7, §244 Zus. S. 390. Hegel erkannte als einer der ersten Philosophen die Schwierigkeit der Anwendung der traditionellen Gerechtigkeitsidee auf die moderne Gesellschaft. Er fügt dem zitierten Satz hinzu: »aber im Zustand der Gesellschaft gewinnt der Mangel sogleich die Form eines Unrechts, was dieser oder jener Klasse angetan wird.«

trags im Unglück beizustehen.[289] Rawls erweitert die Solidarpflicht, unter der traditionell nur Angehörige von Berufsgenossenschaften, Kranken-, Witwen- und Waisenkassen und ähnlichen Verbänden standen, zu einer universalen Pflicht, die allen von der Lotterie der Gene oder sonstigen Zufallsmechanismen Betroffenen auferlegt wird. Da alle Menschen gleichermaßen von der Laune des Zufalls abhängen, müssen sie alle füreinander im Unglück einstehen, ob sie für das Unglück der andern verantwortlich sind oder nicht.

Dieser Gesichtpunkt ist dem klassischen Liberalismus fremd. Wir fanden ihn allerdings bei Qutb, der statt von der Lotterie der Gene von der Gnade Gottes spricht. Dieser Unterschied ist für die Beurteilung der Kompensationspflicht der Bessergestellten unwichtig. Rawls und Qutb sprechen übereinstimmend den durch Zufall oder Gnade Bessergestellten eine erzwingbare Rechtspflicht zur Besserstellung der durch Zufall oder Ungnade Schlechtergestellten zu. Hängen beide einer vormodernen Idee an, die das Individuum mit einer universaler Sippenhaft belastet? Oder haben sie sich vom bürgerlichen Individualismus befreit? Wie können wir entscheiden, welcher Intuition zu folgen ist, der, die für RS, oder der, die für NL spricht?

Will man an beiden Intuitionen festhalten, so liegt es nahe, jeder ihre eigene Zuständigkeit zuzuweisen. Geht es um *Gunstbezeugungen* zwischen Individuen, wie in Nozicks Fall, so gelte NL; geht es um Arbeitsbeziehungen, so gelte RS. Aber können wir Privat- und Arbeitsbereich durch Gunstbezeugungen unterscheiden? Nach Nozick werden beide Bereiche durch Gunstbezeugungen bestimmt, denn in beiden Fällen wählt ein Partner den andern; nur der Inhalt der Gunst ist verschieden. Rawls wiederum gibt nichts darüber zu erkennen, worin die Bereiche gerechtigkeitsrelevant verschieden sind. Im Gegenteil beschreibt er die Gesellschaft, für die er Gerechtigkeitsgrundsätze sucht, ganz so, wie Nozick sie beschreiben könnte, nämlich als eine »cooperative venture for mutual advantage«, die gekennzeichnet sei »by a conflict as well as by an identity of interests«.[290]

Solange wir gesellschaftliche Kooperation nur als Tausch von Arbeits- und Dienstleistungen verstehen, zeigt sich kein Unterschied zum Tausch von Gunstbezeugungen. Hier wie dort würden Individuen oder Gruppen einander etwas geben und nehmen, worüber sie nach den Aufklärungsideen von Freiheit, Gleichheit und Selbstbestimmung allein zu entscheiden berechtigt sind. Kein Außenstehender hätte ein Recht, in die selbstbestimmten Entscheidungen der Individuen einzugreifen, auch kein Staat; auf dem

---

[289] vgl. dazu die Beiträge von Bayertz, Steinvorth, Metz und Wildt in Kurt Bayertz, Hg., Solidarität, Frankfurt (Suhrkamp) 1998.
[290] ebd. 4.

Arbeits- und Gütermarkt sowenig wie auf dem Heirats- und Freundschaftsmarkt. Kompensationspflicht für die Glücklicheren wäre auf dem Arbeitsmarkt so illegitim wie auf dem Heiratsmarkt, genau wie Nozick argumentiert.

Tatsächlich aber ist die gesellschaftliche Kooperation nicht nur Austausch von Leistungen, sondern auch von *Gütern*, und diese Güter sind nicht wie Liebe und Treue das bloße Produkt der Entscheidungen von Individuen, sondern Produkte, in denen Naturgüter wie Land und Öl verarbeitet sind. Nach der moralischen Intuition vieler Menschen dürfen natürliche Ressourcen nicht beliebig von denen gebraucht werden, die faktisch über sie verfügen. Sie müssen vielmehr als Gemeineigentum betrachtet werden; genauer, nicht als *herrenloses Gut* oder *res nullius*, sondern als *res communis*, die nur im Interesse aller Menschen aller Generationen und daher nur unter einschränkenden Bedingungen gebraucht werden darf.[291] Wenn wir dieser Intuition folgen, finden wir einen Grund, die Übertragung von NL vom Ehe- auf den Arbeitsmarkt zu verwerfen. Die Intuition kann RS zwar nicht rechtfertigen, aber sie erlaubt, zugleich an NL und an einer Solidaritätsidee festzuhalten.

Die Intuition, natürliche Ressourcen seien *res communis*, rechtfertigt nicht RS, sondern nur

> (RS*) Wer sein wirtschaftliches Unglück nicht selbst verschuldet hat, hat einen erzwingbaren Kompensationsanspruch an die wirtschaftlich Bessergestellten immer und nur dann, wenn deren Besserstellung aus einer überdurchschnittlichen Aneignung natürlicher Ressourcen hervorgeht.

Es ist nicht leicht zu bestimmen, was eine durchschnittliche Aneignung natürlicher Ressourcen ist. Statt eine Wertberechnung zu versuchen,[292] sollten wir eine durchschnittliche Aneignung dann als gegeben betrachten, wenn jeder gleichen Zugang zu den natürlichen Ressourcen hat, und den gleichen Zugang wiederum dann als gegeben betrachten, wenn jeder nicht behinderte Mensch eine gleiche Chance hat, einen Arbeitsplatz zu finden und die Arbeitslosigkeit einen geringen Schwellenwert nicht überschreitet.[293] Denn Arbeitslosigkeit ist der Ausschluß vom gesellschaftlichen Pro-

---

[291] Samuel Pufendorf, De jure naturae et gentium libri octo IV 4, 2-5, hat zwischen *res nullius* und *res communis* als negativem und positivem Gemeineigentum unterschieden.
[292] wie es Hillel Steiner versucht. Vgl. An Essay on Rights, Oxford (Blackwell) 1994, 266-82, und Three Just Taxes, in Philippe van Parijs, ed., Arguing for Basic Income, London 1992.
[293] vgl. zu dieser Frage U. Steinvorth, Natürliche Eigentumsrechte, Gemeineigentum und geistiges Eigentum, Deutsche Zeitschrift für Philosophie 52, 2004, 717-38, 723-8.

zeß, in dem über natürliche Ressourcen verfügt wird; sie ist die Verletzung des natürlichen Rechts jedes Menschen, an der produktiven Veränderung eines Gemeineigentums teilzunehmen. Chancengleichheit in der Ausbildung und eine Beschäftigungspolitik, die Arbeitslosigkeit minimiert, ist daher das, was RS* verlangt.

In einer Hinsicht ist RS* sowenig wie RS mit NL vereinbar. Denn wer das Glück hatte, aus welchen Gründen auch immer zu mehr und besseren natürlichen Ressourcen gekommen zu sein als der Rest der Menschheit, muß deswegen nicht am Unglück derer schuld sein, für das er doch erzwingbar kompensationspflichtig wird, wenn das Unglück eine Folge mangelnden Zugangs zu den natürlichen Ressourcen ist. Daher ist RS* wie RS ein Solidaritätsprinzip. In einer andern Hinsicht dagegen ist RS* mit NL vereinbar. Auch wenn der Überaneigner natürlicher Ressourcen nicht schuld an der Unteraneignung anderer ist, tut er doch durch seine Überaneignung den Unteraneignern unrecht und ist auch nach der traditionell liberalen Rechtsidee zur Kompensation verpflichtet. Daher ist RS* anders als RS ein liberales Prinzip.

Unsere Diskussion von Rawls' Differenzprinzip kann natürlich nicht zeigen, daß das weitgehend anerkannte natürliche Recht auf gleiche Freiheit zusammen mit moralischen Intuitionen jeden moralischen Dissens allgemeinverbindlich auflösen kann. Was sie allein zeigen kann und soll, ist, daß die Abwägung moralischer Intuitionen und moralischer Prinzipien oder Ideen auch in so kontroversen Fragen wie der der Verteilung zu verbindlichen Lösungen führen kann. Sind auch solche Lösungen noch nicht gefunden, so doch vielleicht die Methode, zu ihnen zu gelangen; eine Methode zudem, die gerade in der Fehlbarkeit unserer moralischen Urteile die Bedingung allgemeinverbindlicher Lösungen findet.

d. Solidarität und die Interessenbedingtheit moralischer Intuitionen

Kommen wir auf unsere zurückgestellte Frage zurück: welches Gewicht können moralische Intuitionen überhaupt haben? Wenn »unsere« moralischen Intuitionen für die Annahme eines natürlichen, wenn auch nicht absoluten Rechts sprechen, nämlich des gleichen Rechts, frei zu sein, kann das nicht höchstens für die liberale westliche Welt von Bedeutung sein? Noch schlimmer: Wer heute eher Rawls, seinem Differenzprinzip und seiner Solidaritätsidee folgt, gilt und betrachtet sich selbst als politisch links stehend; wer eher Nozick und seiner Idee der Selbstbestimmung folgt, als rechts oder konservativ. Solidarität und Selbstbestimmung sind die Pole, zwischen die das politische und weltanschauliche Spektrum gespannt ist. Der Streit zwischen der Linken und der Rechten aber dauert seit mehr als zwei Jahrhunderten an. Wie kann man da erwarten, er lasse sich durch Berufung auf moralische Intuitionen und ihre Abwägung rational lösen? In den moralischen Intuitionen drücken sich offenbar politische Interessen, Neigungen und Moden aus. Sie scheinen mit irrationalen Faktoren zu eng verflochten, als daß sie eine politische Einstellung und Entscheidung rational bestimmen könnten.

In der Tat sind unsere moralischen Intuitionen abhängig von unserer Erziehung, von Interessen und Moden, von der Wahl und der Präsentation der Anschauungsfälle, vom Urteil von Individuen oder Gruppen, die faktisch für uns, ob wir es eingestehen oder nicht, Autoritäten sind, vielleicht auch von der Natur der Urteilenden, jedenfalls von Faktoren, die die Verläßlichkeit moralischer Intuitionen zweifelhaft machen. Gewiß können auch Beobachtungen von Interessen und Moden verzerrt werden, sicher aber nicht im selben Maß.

Rawls hat moralische Intuitionen zur Rechtfertigung ihres Einsatzes mit grammatischen Intuitionen verglichen, den Intuitionen, nach denen wir über die Richtigkeit des Gebrauchs unserer Muttersprache entscheiden.[294] Aber dieser Vergleich leistet das Gegenteil von dem, was er leisten soll. Grammatische Intuitionen können die grammatischen Regeln nur der eignen Muttersprache falsifizieren, nicht einer Universalsprache; moralische Intuitionen sollen dagegen die Moralprinzipien einer allgemeinverbindlichen universalen Moral falsifizieren können.

Wir könnten moralische Intuitionen auch mit ästhetischen Intuitionen vergleichen. Wenn es Prinzipien der Ästhetik gibt, dürfen sie nicht in krassem Widerspruch zu unsern ästhetischen Stellungnahmen zu bestimmten einzelnen Kunstwerken oder ästhetisch beurteilbaren Gegenständen stehen. (Ich lasse offen, worauf sich eine ästhetische Stellungnahme bezieht, und setze nur voraus, daß sie von einer moralischen Stellungnahme unterschieden ist.) Aber anders als von Moralprinzipien erwarten wir von ästhetischen Prinzipien nicht unbedingt Allgemeinverbindlichkeit. Wir können ohne Schaden für unsere Rationalität überleben, wenn eine Hälfte der Menschheit andern ästhetischen Regeln folgt als der Rest. Für Moralprinzipien gilt das nicht. Seit sich Gesellschaften nicht mehr voneinander isolieren können, muß der Mangel an allgemeinverbindlichen Moralprinzipien zu Zwang und Gewalt unter den Menschen führen.

Worin aber unterscheiden sich moralische Intuitionen von ästhetischen, daß wir sie als Falsifikatoren für *allgemeinverbindliche* Prinzipien gebrau-

---

[294] vgl. etwa John Rawls, A Theory of Justice a.a.O. 47.

4. Kapitel: Probleme des Handelns

chen dürfen? Solche Unterschiede sind schwer auszumachen. Wir müssen daher unsere moralischen Intuitionen für ebenso epochenbedingt wie unsere ästhetischen halten. Trotzdem folgt nicht, daß moralische Intuitionen nicht Normen falsifizieren können. Denn die Verschiedenheit vorherrschender moralischer Intuitionen in verschiedenen Epochen können wir oft aus der Verschiedenheit *vorherrschender Interessen* erklären; dennoch disqualifizieren wir nur die von verwerflichen Interessen bedingten Intuitionen. So stützt Aristoteles seine Verwerfung des politischen Ideals der Gleichheit auf die Intuition, die ihm offenbar beim Vergleich von Hellenen und Nicht-Hellenen kam, nämlich ein Hellene sei mehr wert als ein Barbar;[295] Hobbes und Locke dagegen stützen ihr Gleichheitsideal auf die Intuition, die ihnen beim Vergleich von Menschen kam, nämlich der eine sei dem andern gleichwertig. Aristoteles' Intuition ist erklärbar aus einem politischen Interesse, das wir verwerfen; Hobbes' und Lockes Intuition mag auch aus Interessen erklärbar sein; unter solchen finden wir aber keine verwerflichen. Daher halten wir ihre Intuition für ausreichend, ihr Ideal dem aristotelischen vorzuziehen.

Welche Berechtigung aber haben wir, das Interesse, das Aristoteles' Intuition bedingt, zu verwerfen, nicht dagegen die Interessen, die Hobbes' und Lockes Intuition bedingt haben mögen? Folgte Hobbes' und Lockes Intuition nicht tatsächlich dem bürgerlichen Interesse, die Privilegien der Aristokratie abzuschaffen? Das ist allerdings zu vermuten. Doch ihre bloße Abhängigkeit von einem Interesse ist kein Grund, eine Intuition zu verwerfen. Entscheidend ist die moralische Qualität des Interesses. Über sie können wir wieder nur mit Hilfe moralischer Ideen und Intuitionen und ihrer Kohärenz entscheiden. Geraten wir dadurch in einen unzulässigen Begründungszirkel? Nicht nach dem Rechtfertigungsmodell der Kohärenz. Nach diesem können wir Verbindlichkeitsansprüche nur durch die Stimmigkeit der potentiellen Falsifikatoren miteinander und mit den sie zusammenfassenden Ideen und Prinzipien ausweisen.

Wie aber erkennen wir, daß eine moralische Theorie kohärenter ist als eine andere? Und wie hilft uns Kohärenz weiter, wenn wir entscheiden wollen, wieviel oder welche Solidarität verlangt werden darf? Philosophen geben heute der Solidarität offenbar deshalb einen neuen Rang, weil sie der Abhängigkeit aller menschlichen Tätigkeit von den vorgefundenen Naturbedingungen mehr Bedeutung geben als die Philosophen des 17. und 18. Jahrhunderts, die das Individuum schon in der Erkenntnis auf sich allein

---

[295] Aristoteles stützt diese Annahme darauf, nicht jeder Mensch habe die aktive Vernunft, die ihn zu eigener Lebensführung befähigt, sondern nur eine passive, die ihn befähigt, Gründe zu verstehen; vgl. Politik I, 1254b7 und VII 1327b24-36.

gestellt sahen. Während Locke darauf pochte, der Mensch könne kraft seiner Arbeit und seiner Intelligenz seine Naturabhängigkeit mehr oder weniger hinter sich lassen,[296] neigen die heutigen Philosophen zur Betonung unserer Abhängigkeit von der Natur und der Lotterie der Gene. Dazu gehört auch, daß außerhalb des Libertarismus kaum noch Philosophen *natürliche* Eigentumsrechte anerkennen. Vielmehr gilt Eigentum überwiegend als ein Recht, das eine Gesellschaft ihren Mitgliedern vor allem aus Nutzenerwägungen einräumt.[297] Auch wenn man über die einzelnen Argumente streiten kann, die in der Debatte über die Rolle der Solidarität laut wurden, es scheint keine Laune, daß Solidarität heute mehr gilt als früher, sondern die Konsequenz aus der Einsicht, daß für das zu verteilende Sozialprodukt die individuelle Arbeit nur ein Faktor neben der Abhängigkeit von Naturbedingungen ist. Hinzu kommt, daß eine Gerechtigkeitstheorie, die nur an Selbstbestimmung und nicht auch an Solidarität orientiert, schlecht mit Wittgensteins Ontologie kohäriert, nach der wir unsere gemeinsame Welt nicht als unabhängige Individuen eröffnen, wie es Hobbes' und Lockes Epoche annahm, sondern interaktiv. Es entspricht dieser Ontologie, Solidarität an die Seite der Selbstbestimmung zu stellen.

---

[296] Das klassische Beispiel ist John Locke. Locke, Two Treatises of Government a.a.O. II §§ 40 und 43, führte den Reichtum aller Gesellschaften ausdrücklich zum größten Teil auf die Arbeit zurück. Er kommt in seinen Schätzungen nacheinander auf einen Anteil des Faktors Arbeit am Wert des Gesamtprodukts von 90, 99 und schließlich sogar von mindestens 99,9%, mit dem entsprechenden Anteil des Faktors der Natur von 10%, 1% und höchstens 0,1%. Nur wenn man den Anteil der Natur am Gesamtwert des Reichtums einer Gesellschaft so gering schätzt, kann man den Beiträgen der Individuen zur Entstehung des Reichtums das Gewicht geben, das die Arbeit in der Ideologie der Aufklärungsepoche hat.

[297] Für Rawlsianer, Utilitaristen und Vertrags- und Konsensethiker, die die überwältigende Mehrheit der heutigen Moraltheoretiker ausmachen, können Eigentumsrechte nicht natürlich sein. Aber auch eine Philosophin wie Judith Jarvis Thomson, die nicht den genannten Mehrheitsrichtungen angehört, verwirft natürliche Eigentumsrechte. Vgl. ihr The Realm of Rights a.a.O. 322-47. Zur Auffassung eines Juristen vgl. James Harris, Property and Justice, Clarendon, Oxford 1996, 283ff. Es scheint mir allerdings unplausibel, ein natürliches Recht auf Verfügung über den eignen Körper und nicht auch ein natürliches Recht auf Verfügung über das bloße Produkt der eignen Arbeit anzuerkennen, auch wenn ein solches Eigentumsrecht sehr abstrakt ist. Vgl. dazu U. Steinvorth, Natürliche Eigentumsrechte, Gemeineigentum und geistiges Eigentum, Deutsche Zeitschrift für Philosophie 52, 2004, 717-38, bes. 722ff. – Daß heute gern an Eigentumsrechte appelliert wird, insbesondere an Rechte auf *geistiges* Eigentum, als seien solche Rechte ebenso natürlich wie die elementaren Menschenrechte, muß man auf das partikulare Interesse von Konzernen zurückführen, die ihren nationalstaatlichen Konventionen weltweite Geltung verschaffen wollen. Vgl. dazu Susan Sell, Private Power, Public Law. The Globalization of Intellectual Property Rights, Cambridge UP 2003.

4. Kapitel: Probleme des Handelns

Aber müssen wir die Selbstbestimmung nicht ganz fallen lassen? RS* schränkt die Solidarität auf Ungleichheiten ein, die aus ungleicher Aneignung natürlicher Ressourcen hervorgehen. Gehen aber letzten Endes nicht *alle* Ungleichheiten aus Ungleichheit in der Verfügung über natürliche Ressourcen hervor, wenn wir nur unsere naturgegebenen Talente, die die Lotterie der Gene ungleich verteilt, als natürliche Ressourcen anerkennen? Impliziert daher RS* nicht RS? (Und RS läßt, genau genommen, für Selbstbestimmung keinen Platz.) Wenn wir unsere natürlichen Anlagen als natürliche Ressourcen wie Land und Öl betrachten, dann müßten wir auch den in der Liebe Unglücklichen als kompensationsberechtigt anerkennen. Wenn wir das für absurd halten, müssen wir zwischen *äußeren* und *angeborenen* Naturgütern unterscheiden und die angeborenen von den natürlichen Ressourcen unterscheiden. Ist das nicht willkürlich?

Es ist nicht willkürlich, wenn wir die praktischen Folgen der Nichtunterscheidung betrachten. Unsere Naturanlagen sind zwar ursprünglich etwas, was wir nur *vorfinden* und nicht geschaffen haben, ganz wie die äußeren Naturgüter. Aber wir können sie nicht gebrauchen, ohne uns in ihrem Gebrauch zu üben und mehr oder weniger Mühe aufzuwenden, sie erfolgreich anzuwenden. Die Talente, die wir als Erwachsene gebrauchen, sind mehr oder weniger von uns selbst gepflegte und entwickelte Anlagen. Offensichtlich ist jemand in Tätigkeiten begünstigt, der ein Talent zu ihnen hat. Aber wieviel an seinem Erfolg auf seine *Natur*anlage und wieviel auf seine Entwicklung der Anlage zurückgeht, ist schwer zu entscheiden. Wollten wir zwischen ihnen unterscheiden, wie es Dworkin[298] durch die Unterscheidung zwischen *endowment* and *ambition* versucht, dann führen die praktischen Konsequenzen dieser Unterscheidung in eine abschreckende Bürokratie, die in jedem Einzelfall entscheiden muß, welcher Anteil am Lohn oder Gewinn eines Individuums auf seine Naturanlagen und welcher auf seine persönlichen Anstrengungen zurückzuführen ist.

In dieser abschreckenden Konsequenz der Nichtunterscheidung angeborener und äußerer Naturgüter wird auch deutlich, daß wir eine Grenze ziehen müssen zwischen dem Individuum oder seinem Selbst, dessen Rechte wir schützen wollen, und den Naturgütern, die wir unter den Individuen gleich verteilt sehen wollen. Das Selbst der Individuen ist immer zu einem mehr oder weniger großen Teil auch durch Naturgüter bestimmt, eben seine Naturanlagen oder angeborenen Naturgüter. Schlagen wir diese auf die Seite der gerecht und gleich zu verteilenden Naturgüter, dann schrumpft das Selbst der Individuen, deren Rechte wir schützen wollen, zu

---
[298] Ronald Dworkin, What is Equality, Part 2, Philosophy and Public Affairs 10, 1981, 283-345, 311. Vgl. U. Steinvorth, Gleiche Freiheit, Berlin (Akademie) 1999, 144-57.

etwas, was sich von andern Individuen nicht mehr unterscheidet und kein Interesse mehr am Schutz seiner Rechte haben kann. Denn dies Interesse entspringt vor allem dem Umstand, daß wir ungleiche Naturanlagen haben mit ungleichen Neigungen, die wir dennoch soweit geschützt sehen wollen, wie jeder andere ebenfalls im selben Interesse geschützt wird.

Würden wir dagegen im Interesse einer uneingeschränkten Solidarität auf den Schutz des Individuums verzichten, dann hätten wir auf die Idee der Selbstbestimmung verzichtet. Aber dann könnten wir uns nur noch als eine Herde von Tieren betrachten, und diese Konsequenz ist mit zu vielen unserer stärksten Intuitionen unvereinbar.

Unterscheiden wir also in RS* angeborene Naturgüter von äußeren Naturgütern:

> (RS* korrigiert) Wer sein wirtschaftliches Unglück nicht selbst verschuldet hat, hat einen erzwingbaren Kompensationsanspruch an die wirtschaftlich Bessergestellten immer und nur dann, wenn deren Besserstellung aus einer überdurchschnittlichen Aneignung *äußerer Naturgüter* hervorgeht.

Daher impliziert RS* nicht RS. Wir sollten die Solidarität so einschränken, daß der Bereich der persönlichen Gunstbezeugungen vom ökonomischen Bereich unterschieden und Nozicks Intuition respektiert bleibt, er sei seinem Nebenbuhler nicht kompensationspflichtig.

Aus unsern Überlegungen wird deutlich genug, daß der Versuch, ein moralisches System kohärent zu machen, verschlungene Wege gehen und unterschiedliche Gesichtspunkte fordern kann, unter denen wir über Kohärenz urteilen. Trotz der vielen Gesichtspunkte aber spielen die moralischen Intuitionen für die Verbindlichkeit moralischer Normen eine ebenso zentrale Rolle wie die Beobachtungen für die Verbindlichkeit empirischer Wissenschaften. Ohne Beobachtungen hätten wir gar keinen Begriff von Empirie, und ohne moralische Intuitionen keinen Begriff von Moral. Denn Moral ist der Bereich, in dem es darum geht, was *sein soll*, und davon hätten wir keinen Begriff ohne die Regungen, die uns von einem Sachverhalt empfinden und urteilen lassen, so sollte es oder so sollte es nicht sein. Solche Regungen nannte man früher, wie erwähnt, die Stimme des Gewissens, und es galt als selbstverständlich, daß niemand Moral verstehen kann, der kein Gewissen hat.

Es war auch allgemein anerkannt, daß man seinem Gewissen als letzter Instanz folgen sollte. Ebenso galt, man habe die Pflicht, sein Gewissen an Prinzipien und Standards auszurichten und zu überprüfen, ganz wie wir heute die Prüfung nicht nur von Prinzipien an moralischen Intuitionen, sondern auch umgekehrt von diesen an jenen fordern müssen. Entgegen dem, was die Methodologie der bekannten Moralphilosophen der Vergangenheit erwarten läßt, haben Moralisten auch in der Vergangenheit dieselbe Abwägung moralischer Intuitionen geübt, die heutige Moralphilosophen praktizieren. Müssen wir da nicht erwarten, daß diese Methode Fortschritt in der Moraltheorie hervorgebracht hat? Zumal es schon seit Jahrhunderten Gewissensfreiheit gibt und die Abwägung moralischer Intuitionen nicht allzu sehr behindert wurde?

In der Tat können wir einen solchen Fortschritt verzeichnen, wenn wir nur bedenken, daß Fortschritt in der Moral Fortschritt im *Bewußtsein* oder der *Kenntnis* des moralisch Richtigen und Falschen ist und leider nicht auch Fortschritt im *Handeln*. Denn es ist ein Fortschritt der Moral, daß heute fast ausnahmslos das gleiche Recht eines jeden auf Selbstbestimmung anerkannt wird. Hier kommen wir auf die offen gebliebene Frage zurück, warum wir Hobbes' und Lockes gleiche Freiheit der aristotelischen Ungleichheit vorziehen, obgleich beide Ideen interessenbedingt sind. Hobbes und Locke, die gegen den ihrerzeit vorherrschenden Glauben an die aristotelische Ungleichheit argumentierten, haben ihre Nachwelt nach drei Jahrhunderten überzeugt. Daß ihre Idee bloßes Vorurteil oder epochebedingt sei, dieser Einwand läßt sich auch gegen den heutigen Glauben einwenden, die heutige Physik sei ein Fortschritt gegenüber der newtonschen und der aristotelischen. In beiden Fällen läßt sich der Einwand durch den Nachweis der größeren Kohärenz der späteren Theorien abweisen.

Lockes Revolution der Moral und Newtons Revolution der Physik sind beide ein Fortschritt, weil sie beide mit vorher angenommenen inkohärenten Unterscheidungen aufräumten: Newton mit der Unterscheidung zwischen Sphären des Universums, in denen verschiedene Naturgesetze gelten; Locke mit der Unterscheidung zwischen Grundrechten unter den Menschen. Vor Newton galt in der Physik, daß Körper in den Sphären jenseits des Mondes anderen Gesetzen folgen als unter dem Mond; vor Locke waren die meisten davon überzeugt, daß Menschen von verschiedener Geburt verschiedene Rechte haben. Newtons Revolution war zwar als Fortschritt an Fortschritten in astronomischen und experimentellen Voraussagen erkennbar, während Lockes Revolution eine empirische Bestätigung fehlen mußte. Aber beide räumten *Inkohärenzen* aus, und die von Locke beseitigte Inkohärenz war eindeutiger als die von Newton ausgeräumte. Das gleicht den notwendigen Mangel empirischer Bestätigung aus.

Es war inkohärent in einer Zeit, die die Erde wie die Planeten um die Sonne kreisen sah, für himmlische Sphären andere Gesetze anzunehmen als für irdische. Noch inkohärenter war es, für die unteren »barbarischen« Menschenklassen andere Rechte anzunehmen als für die oberen. Denn auch vor der Aufklärung galten in Europa alle außer den psychisch Kranken im existentiell wichtigsten Punkt als fähig zur Selbstbestimmung: alle galten als schuld- und zurechnungsfähig, als rechenschaftspflichtig und verurteilbar, vor irdischen wie vor himmlischen Gerichten. Diese Auffassung ist unvereinbar mit der Annahme, die Menschen seien von Natur aus unterschiedlich fähig zur eigenen Lebensführung oder zu politischen Geschäften.

Auch für diese Annahme fanden sich zwar moralische Intuitionen, aber sie sind leicht erklärbar als Folge der unreflektierten Erfahrung, daß Königskinder meist mehr Fähigkeiten entwickeln als Bettlerkinder. Daher mußte man rationalerweise diese Annahme fallenlassen und nicht die Annahme, alle normalen Menschen seien schuldfähig. Wenn aber alle gleich schuldfähig sind, haben sie alle das gleiche Vermögen zur Lebensführung. Dann ist es zwar nicht logisch inkonsistent, aber inkohärent, manchen Klassen nicht dasselbe Recht auf Selbstbestimmung oder gleiche Freiheit zuzugestehen.

Die Inkohärenz, die Locke ausräumte, steht einer Inkonsistenz näher als die Inkohärenz, die Newton ausräumte. Es ist weder ein logischer noch ein pragmatischer Widerspruch, für den irdischen Bereich andere Gesetze anzunehmen als für den himmlischen. Es ist nur inkonsistent, wenn man erwartet, daß die Planeten und Sonne und Mond und alles, was auf ihnen geschieht, denselben Naturgesetzen folgt wie die Erde und alles, was auf ihr geschieht. Die Kohärenz, die Lockes Revolution in die moralischen Phänomene brachte, illustriert nicht weniger gut als die Kohärenz, in die Newton die physikalischen Phänomene brachte, worin die Kohärenz besteht, an denen Theorien gemessen werden. Lockes Theorie macht es möglich, alle Lebensbereiche danach zu beurteilen, wie weit man in ihnen Menschen in der Fähigkeit respektiert, für sich selbst einzustehen. Wenn man sie für ihre Fehler oder Vergehen verantwortlich macht, aber ihnen keine Freiheit gibt, über ihr Leben zu entscheiden, wird der Sinn der Verantwortlichkeit verwischt.

Auch die Idee der (liberalen) Solidarität (RS*) räumt eine Inkohärenz aus: die Inkohärenz des klassischen Liberalismus, alle Menschen einerseits in ihren gleichen Rechten anzuerkennen, anderseits ihnen nicht gleichen Zugang zu ihnen zu sichern, obgleich alle auf sie angewiesen sind. Diese Inkohärenz wird noch dadurch verschärft, daß die klassischen Liberalen eine komplexe gesellschaftliche Arbeitsteilung gutheißen, die die natürlichen Ressourcen erst nach Eintritt in den Produktionsprozeß zugänglich macht, aber es nicht für moralisch geboten halten, jedem den Zugang zum Produktionsprozeß zu sichern.

Der Gebrauch moralischer Intuitionen als potentieller Falsifikatoren von Moralprinzipien im Rahmen einer kohärentistischen Methodologie braucht daher den Vergleich mit dem Gebrauch von Beobachtungen in den empirischen Wissenschaften nicht zu scheuen. Die moralphilosophische Diskussion, die sich ihrer Möglichkeiten ebenso wie der Unmöglichkeit unfehlbarer moralischer Aussagen bewußt ist, ist noch kein Jahrhundert alt. Die Erörterung aktueller Probleme der Gesellschaft hat sie erst seit einigen Jahrzehnten begonnen, vor allem unter dem Titel der angewandten Ethik. Die Moralphilosophie hat noch lange nicht die gesellschaftliche Autorität der empirischen Wissenschaften. Sie sollte sie auch nie haben, da über moralische Fragen jeder vermöge seines Gewissens entscheiden kann und soll. Der Moralphilosoph kann nicht Handlungsempfehlungen geben wie der empirische Wissenschaftler technische Empfehlungen. Er kann der moralischen, von moralischen Intuitionen geleiteten Praxis auch keine Rechtfertigung geben. Er spielt mit seinen Argumenten schon in der moralischen Praxis mit.[299] Er kann und sollte aber angeben, welche Prinzipien und welche moralischen Intuitionen zur Lösung aktueller Probleme in Frage kommen und welche auszuschließen sind. Er muß das Für und Wider von Prinzipien und Intuitionen ausbreiten und einsichtig machen. Entscheiden müssen zuletzt die betroffenen Individuen und ihre Vereinigungen.

2. Wie können wir überhaupt normative Ansprüche erheben?

Das zweite Problem des Handelns ist, wie wir überhaupt *handeln* können, wenn wir in unsern Handlungen ebenso determiniert sind wie Billardkugeln in ihren Bewegungen. Dies Problem ist ein Analogon zum Problem Wittgensteins in der Erkenntnistheorie: wie wir überhaupt *erkennen* können. Wie Wittgensteins Problem nur lösbar ist durch Kritik von Empirismus und Idealismus und Klärung des Begriffs des Geistes, so sein moraltheoretisches Analog durch Kritik des Determinismus und Klärung des Begriffs der Handlung.

Die Erkenntnis der unaufhebbaren Fehlbarkeit der Menschen scheint in Relativismus und Unverbindlichkeit sowohl des Wissens wie der Moral zu führen; tatsächlich ist sie, wie wir gesehen haben, auf beiden Feldern die Bedingung für Verbindlichkeit und Fortschritt. Kann sie uns auch helfen eine andere traditionelle Idee in ihr Recht zu setzen, die der Willensfreiheit? Diese Frage ist es jedenfalls einige Überlegungen wert. Sie stellt sich auch

---

[299] Vgl. Thomas Schmidt, Moral begründen, Moral verstehen. Zum Objektivitätsproblem in der gegenwärtigen Moralphilosophie, Habilitationsschrift an der Universität Göttingen April 2005, 222: »Wissenschaftsphilosophen betreiben keine Wissenschaft, wer Philosophie der Mathematik betreibt, betreibt nicht *eo ipso* Mathematik [...] Moralphilosophen hingegen sagen sowohl etwas *über* das Moralische, und gleichzeitig nehmen sie, als Moralphilosophen, an der Praxis des Moralischen teil.«

deshalb, weil Appelle an das eine Ideal heutiger Gesellschaften, die Solidarität, oft Willensfreiheit ausschließen. So argumentiert Rawls für sein Differenzprinzip, die heute am weitesten anerkannte Konkretisierung der Idee der Solidarität, unter anderem mit folgenden Bemerkungen:

> The extent to which natural capacities develop and reach fruition is affected by all kinds of social conditions and class attitudes. Even the willingness to make an effort, to try, and so to be deserving in the ordinary sense is itself dependent upon happy family and social circumstances. It is impossible in practice to secure equal chances of achievement and culture for those similarly endowed, and therefore we may want to adopt a principle which recognizes this fact and also mitigates the arbitrary effects of the natural lottery itself.[300]

Hier nimmt Rawls vollständige Determination der Individuen durch Milieu und genetische Anlagen an, obgleich er zugleich an der Idee der Selbstbestimmung festhält. Ist das plausibel? Müssen wir uns nicht Willensfreiheit zusprechen, wenn wir Selbstbestimmung fordern?

Viele zeitgenössische Philosophen versuchen Selbstbestimmung und Determination durch einen *Kompatibilismus* zu verbinden, nach dem Determination und menschliche Willensfreiheit kompatibel sind.[301] Dieser Ansatz bezieht seine Stärke aus der Schwäche eines Arguments für die Willensfreiheit. Dies Argument ist: wäre ich determiniert, so wäre nicht ich, sondern das, was mein Handeln determiniert, für mein Handeln verantwortlich. Da ich aber für mein Handeln verantwortlich bin, muß ich einen freien Willen haben. – Diese Überlegung setzt sich dem Einwand aus: warum sollte nicht das, was mich determiniert, mich selbst ausmachen? Ich beschließe, schwimmen zu gehen. Was meine Entscheidung herbeiführt, sind Neigungen und Überlegungen. Sie haben mich determiniert. Bin nicht trotzdem ich es gewesen, der entschieden hat? Zwar durch meine Neigungen und Überlegungen, aber wodurch sonst soll ich verantwortlich entscheiden als durch etwas von ihrer Art?

So anziehend eine solche Überlegung, so leicht ist es, sie in alte Probleme zu verwickeln. Wird eine Handlung, zu der ich determiniert bin, meine, wenn ich mit der Determination einverstanden bin? Wird mein suchtbestimmter Griff zum Alkohol frei, wenn ich mich mit meiner Sucht identifiziere? Schließt Determination Willensfreiheit nicht definitiv aus?

Wir sollten bedenken, daß der Determinismus auch in seiner kompatibilistischen Form demselben Affektionsmodell folgt, dem Wittgenstein sein Sprachspielmodell entgegensetzt. Nach dem Affektionsmodell ist Wirklichkeit das, was ich dem entnehme, was mich affiziert; nach dem Sprach-

---
[300] Rawls, A Theory of Justice a.a.O. 74.
[301] Die wichtigsten Vertreter sind Peter Strawson und Donald Davidson.

4. Kapitel: Probleme des Handelns

spielmodell ist sie das, wozu ich in meinen interaktiven Einwirkungen auf die Umwelt Zugang erhalte. Das Affektionsmodell legt nahe, unsere Handlungen als gesetzmäßige Reaktionen auf Reize zu betrachten; das Sprachspielmodell bleibt offen dafür, unsere Handlungen als nicht durch unsere Vergangenheit festgelegte Einwirkungen auf die Umwelt zu verstehen. Wenn wir Wittgensteins Ontologie folgen, steht uns der Weg frei zu einem Begriff von Willensfreiheit, der wissenschaftsverträglich und determinismusunverträglich ist.

Wir sollten auch erkennen, daß Docklosigkeit und Determinismus schwer verträglich sind, der Determinismus aber Zuflucht denen bietet, die vor der Docklosigkeit zurückschrecken. Daß alle unsere inhaltlichen Urteile fehlbar sind, verträgt sich schlecht mit einer Weltsicht, nach der alles, was geschieht, durch eherne Bande der kausalen Notwendigkeit zusammenhängt; hängt aber alles unausweichlich zusammen, so fehlt der Schein der Haltlosigkeit, der an der Docklosigkeit haftet. Selbst wenn solche Überlegungen zu impressionistisch sind, in jedem Fall sollten wir zu klären suchen, was unter Willensfreiheit überhaupt zu verstehen ist, bevor wir entscheiden, ob Menschen willensfrei sind.

a. Der kantische und der scholastische Begriff der Willensfreiheit

Was also heißt es, einen freien, nicht determinierten Willen zu haben? Eine naheliegende Antwort ist: es heißt, daß wir etwas *selbst* tun, ohne dazu von irgend etwas verursacht zu werden. Dieser Vorstellung folgte Kant. In seiner *Kritik der reinen Vernunft* nannte er die Willensfreiheit »ein Vermögen, einen Zustand, mithin auch eine Reihe von Folgen desselben, schlechthin anzufangen«,[302] und »eine Spontaneität, die von selbst anheben (kann) zu handeln, ohne daß eine andere Ursache vorangeschickt werden (darf), sie wiederum nach dem Gesetze der Kausalverknüpfung zur Handlung zu bestimmen«.[303]

Nach Kant ist der freie Wille ein Vermögen, das aus dem Nichts erschafft. Doch wie soll ein Wille etwas aus nichts schaffen? Aus nichts wird nichts; ist Willensfreiheit also ein Unding?

Diese Konsequenz hatte Hume schon gezogen. Willensfreiheit sei eine jener »confus'd ideas and undefin'd terms, which we so commonly make use of in our reasonings«. Wenn willensfreie Handlungen »schlechthin« anfangen, dürften sie, wie Hume argumentierte, nicht vom Charakter des Handelnden bestimmt sein. Sie müßten vielmehr unvorhersehbar dem Handelnden entspringen. Dann aber wären sie Handlungen von »mad-

---
[302] Immanuel Kant, Kritik der reinen Vernunft A 445, B 473.
[303] ebd. A 533, B 561.

men«, deren Handlungen »have less regularity and constancy than the actions of wise-men«.[304] Für solche Handlungen aber sind wir nicht verantwortlich. Nach Hume verlangt daher die Annahme unserer Verantwortlichkeit nicht, wie Kant mit wohl größerer Anfangsplausibilität glaubte, die Annahme unserer Willensfreiheit, sondern ganz im Gegenteil die Annahme unserer Determination.

Kant erkannte an Humes Kritik zwar an, daß Verantwortlichkeit die kausale Wirksamkeit des Handelnden auf seine Handlungen voraussetzt, hielt aber daran fest, daß sie auch Willensfreiheit voraussetzt. Daher beschrieb er Willensfreiheit nicht nur als Spontaneität, sondern auch als »eine besondere Art von Kausalität, nach welcher die Begebenheiten der Welt erfolgen«,[305] nämlich »eine Kausalität, [...] eine Reihe von Begebenheiten *ganz von selbst* anzufangen«.[306] Eine solche spezifische *Handlungskausalität* nehmen auch einige zeitgenössische Philosophen an.[307] Kants willensfreie Handlungskausalität hat jedoch eine sehr besondere Eigenschaft: sie ist nicht erfahrbar. Was wir in der *Erfahrung* finden, kann nach Kant nur kausal determiniert sein. Daher müssen wir Willensfreiheit *postulieren*. Sie ist

> eine reine transzendentale Idee, die erstlich nichts von der Erfahrung Entlehntes enthält, zweitens deren Gegenstand auch in keiner Erfahrung bestimmt gegeben werden kann.[308]

Eine Willensfreiheit allerdings, die wir nicht empirisch nachweisen können, wird zur Glaubenssache. Wenn wir von unseren Handlungen nicht empirisch entscheiden können, ob sie willensfrei sind, wie soll dann ein Richter entscheiden können, ob der vor ihm stehende Angeklagte verantwortlich ist? Wir brauchen, wenn wir mit Kant Willensfreiheit als Voraussetzung von Verantwortlichkeit betrachten wollen, einen Willensfreiheitsbegriff, der empirisch zu entscheiden erlaubt, ob jemand für sein Handeln verantwortlich oder unzurechnungsfähig ist.

---

[304] David Hume, A Treatise of Human Nature bk 2, pt 3, sec 1, ed. Selby-Bigge, Oxford (Clarendon) 1978, 404.
[305] Kant, Kritik der reinen Vernunft A 445, B 473.
[306] ebd. A 534, B 562.
[307] so (in Anknüpfung an Aristoteles) Roderick Chisholm, Freedom and Action, in Keith Lehrer, ed., Freedom and Determinism, New York (Random House) 1966, 17, der die Handlungskausalität als *immanent* von der gewöhnlichen *transeunt causality* unterscheidet, und John Searle, Intentionality, Cambridge UP 1983, 112ff, der sie *intentional causality* nennt.
[308] ebd. B 561.

4. Kapitel: Probleme des Handelns

Ein solcher Begriff ist der, der die längste Zeit in der europäischen Philosophiegeschichte vorherrschte: der scholastische Begriff der Willensfreiheit. Einer seiner Vertreter, Luis de Molina, definierte den freien Willen als

> das, was unter gegebenen Bedingungen handeln und nicht handeln oder etwas so tun kann, daß es auch das Gegenteil tun könnte«.[309]

Diese Definition setzt voraus, daß das, was handeln und nicht handeln kann, *überlegen* kann, ob es das tut, was es tun und nicht tun kann. Molina denkt bei seiner Definition an denkende Wesen wie Menschen und unterstellt, daß wir nur dann frei handeln, wenn wir Entscheidungen überlegen und *aufgrund* des Überlegens zu einer Möglichkeit *ja* oder *nein* sagen können. Die Handlungsmöglichkeit oder der Gegenstand der Überlegung hieß *Proposition*. Propositionen sind Gedanken. Wenn wir überlegen, etwas zu tun oder nicht zu tun, ist der Gedanke, über den wir nachdenken, ein Gedanke, der uns in eine bestimmte Handlungsrichtung drängt oder drängen kann. Er ist ein bewußter oder reflektierter zurückgehaltener *Impuls*. Wir können Molinas Definition daher auch so formulieren:

> s ist dann und nur dann willensfrei *a* zu tun, wenn s sowohl *ja* wie *nein* zum Gedanken sagen kann, der nahelegt *a* zu tun.

Die scholastische Definition folgt dem Prinzip, das heutige Philosophen das der *alternativen Möglichkeiten* nennen.[310] Nach ihm kann s nicht willensfrei sein, wenn s nicht ebenso die Möglichkeit hat, a zu tun, wie die Möglichkeit, a nicht zu tun. Die Entscheidung über *ja* und *nein* wird als ein Akt gedacht, in dem, mit Kant zu sprechen, eine Reihe von Begebenheiten *ganz von selbst* anfängt. Daher scheint die scholastische Definition im entschei-

---

[309] Luis de Molina, Liberi Arbitrii cum Gratiae Donis [...] Concordia, Antwerpen 1695 (zuerst Lissabon 1588), quaestio 14, art. 13, disput. 2, S. 8. Molinas Bestimmung ist weniger von der thomistischen als von der augustinischen und scotistischen Tradition bestimmt, der auch Descartes folgte. Entscheidend für diese Tradition, wie im folgenden deutlich wird, ist die Annahme der *Indifferenz* des Willens, unseres Vermögens, jeder Neigung soweit entgegen zu wirken, daß wir auch das Gegenteil dessen wählen können, dem wir zuneigen. Vgl. dazu Hannah Arendt, Vom Leben des Geistes Bd.2: Das Wollen, München (Piper) 1979, 124.

[310] s. Harry Frankfurt, Alternate Possibilities and Moral Responsibility, Journal of Philosophy 66, 1969, und in H. Frankfurt, The Importance of What We Care About, Cambridge UP 1988, 1-10. Statt von *alternativen* Möglichkeiten sollte man eigentlich von *konjunktiven* Möglichkeiten sprechen, da die Willensfreiheit unterstellt, daß wir zugleich a tun können *und* non-a tun können (nicht, daß wir zugleich a tun und non-a tun); daß wir zugleich a tun können *oder* non-a tun können, gilt auch für den Fall, daß wir keine Willensfreiheit haben.

denden Punkt mit der kantischen übereinzustimmen. Aber ein genauerer Blick zeigt wichtige Unterschiede.

Erstens bringt nach dem scholastischen Begriff die Willensfreiheit keine Handlung aus dem Nichts hervor, sondern *reagiert* auf einen Gedanken. Dieser kann verursacht sein oder ein zufälliger Einfall, ist aber selbst kein willensfreier Akt. Er ist nur *unser* Gedanke, weil er *uns* kommt, aber nicht, weil wir für ihn verantwortlich sind. Verantwortlichkeit und Freiheit sind nur in der Entscheidung darüber zu finden, ob der Gedanke zu verwirklichen ist oder nicht. Daher ist Willensfreiheit kein schöpferisches, sondern ein *reaktives* Vermögen. Wir können mit ihr keine Handlung *initiieren* oder *anfangen*, wie Kant meinte.[311] Auf historische Umstände angewandt: unsere Willensfreiheit kann immer nur in der überlegten Reaktion auf das historisch Vorgefundene bestehen, nicht darin, uns über es hinwegzusetzen. Keine willensfreie Veränderung ohne Reflexion.

Zweitens ist sie ein Vermögen, einen Impuls zu blockieren, ihn zu verneinen, wenn er zum Gegenstand einer Überlegung gemacht wird. Sie ist ein *Verneinungs*vermögen.[312]

Drittens ist sie ein Vermögen zu *urteilen*.[313] Vielleicht ist das der wichtigste Unterschied. Kant und viele andere verstehen den Willen nur als *praktisches* oder *Begehrungs*vermögen, das im Unterschied zu den sogenannten niederen Vermögen eine Vorstellung vom Begehrten hat.[314] Der scholastische Begriff faßt die Willensfreiheit dagegen als praktisches *und theoretisches* Vermögen. Denn mit ihm entscheiden wir nicht nur, ob ein Gedanke zu *verwirklichen* ist, sondern auch, ob er *wahr* ist. Molina beschreibt in seiner Definition die Willensfreiheit zwar nur als Vermögen, *Handlungs*möglichkeiten oder Gedanken darüber, was *zu tun* ist, zu bejahen oder zu verneinen. Er unterstellt aber wie die gesamte scholastische Tradition, daß wir mit demselben Vermögen auch darüber entscheiden, ob ein Gedanke *wahr* ist.

Viertens ist sie zwar ein Vermögen zu urteilen, aber ein Vermögen, auch *unvernünftig* zu urteilen. Willensfrei entscheiden wir über die Wahrheit oder normative Richtigkeit eines Gedankens zwar nach Gründen, aber

---

[311] Das betont auch Benjamin Libet, Mind Time a.a.O 183ff., in seiner Diskussion der Willensfreiheit.
[312] Ebenso B. Libet a.a.O. 177. Daß der Mensch ein Verneinungsvermögen, » a power to *suspend* the execution and satisfaction of any of its desires« hat, leugnete auch nicht Locke (An Essay concerning Human Understanding bk 2, ch. 21, § 47; ed. Nidditch, Oxford, Clarendon, 1975, 263), obgleich er ihm zugleich die Willensfreiheit absprach (ebd. §§ 14-19, S. 240-3).
[313] Daher nennt Descartes in seiner 4. Meditation den Willen *facultas iudicandi*.
[314] vgl. Kant, Kritik der praktischen Vernunft, 1787, 15ff. Anm., 21ff., 29f., 41, 44.

4. Kapitel: Probleme des Handelns

nicht notwendig nach den *einleuchtendsten* Gründen. Willensfreiheit setzt Vernunft, das Vermögen, nach Gründen zu urteilen, voraus, aber fällt mit ihr nicht zusammen, weil sie auch gegen die besten Gründe zu handeln befähigt.[315]

Diese Qualität macht sie zu etwas, was *Indifferenz*vermögen hieß. Da sie uns eine Proposition zu bejahen wie zu verneinen befähigt, auch wenn Gründe oder Neigungen ein Ja nahe legen, müssen wir indifferent gegen solches Nahelegen sein. Kritiker spotteten daher, die Willensfreiheit setze gleiche Neigung zu den zwei Möglichkeiten voraus und verdamme den Handelnden, wenn er keinen Grund habe, eine Möglichkeit vorzuziehen, zur Untätigkeit wie den Buridanschen Esel, der zwischen zwei gleich appetitlichen und gleich nahen Heuhaufen verhungert.[316] Diese Kritik übersieht, daß das scholastische Verständnis die Indifferenz als einen Zustand versteht, den wir kraft unserer Willensfreiheit trotz faktischer Neigung zu einer Seite *herstellen* können. Für die Verteidiger demonstriert die Tatsache, daß selbst Esel nicht zwischen zwei gleich appetitlichen Heuhaufen verhungern, unser Vermögen, über vernünftige Gründe hinaus einen eigenen Handlungsgrund zu wählen und dem Motto zu folgen *Sit pro ratione voluntas*: der Wille kann selbst zum Handlungsgrund werden.

Fünftens ist sie ein *empirisch* nachweisbares Vermögen. Wir können zwar nie *beobachten*, ob jemand zu einem Gedanken ebenso *ja* wie *nein* sagen *kann*. Was wir beobachten, ist entweder, daß er *ja*, oder, daß er *nein* sagt. Aber wir haben empirisch anwendbare Kriterien, ob das *Vermögen* vorliegt. Wir entscheiden empirisch, ob jemand fähig ist, nach Verlassen seiner Wohnung ebenso *ja* wie *nein* zum Gedanken zu sagen, er sollte nochmals prüfen, ob er wirklich abgeschlossen habe.

Sechstens ist sie ein Vermögen, das wir nicht mehr oder weniger haben, sondern nur haben oder nicht haben können. Jemand kann zwar mehr oder weniger gut überlegen, aber wenn er überhaupt Gedanken und Hand-

---

[315] Diese Konzeption hat Joseph Raz, Incommensurability and Agency, in Ruth Chang, Hg., Incommensurability, Incomparability, and Practical Reason, Harvard UP 1997, 110-28, 111f., als die *klassische* der *rationalistischen* Handlungskonzeption gegenübergestellt. Ihr folgte explizit Duns Scotus; vgl. H. Arendt, Vom Leben des Geistes Bd. 2: Das Wollen, München 1979, 124f., mit weiteren Literaturangaben.

[316] Das Beispiel geht auf Aristoteles, De caelo 295b32 zurück. Jean Buridan erörtert das Beispiel (in dem ein Hund den Esel ersetzt) in seinem Kommentar *Expositio textus* zu *De caelo*. Das Beispiel diente ihm zum Beweis der Fähigkeit des Menschen, die Ausführung von Neigungen zu suspendieren. Ebenso dem Autor, der das Beispiel zuerst ausführte, dem arabischen Philosophen Ghazali (1058-1111). Nach dem Artikel zu Buridan von Nicholas Rescher in der Encyclopedia of Philosophy, ed. Paul Edwards, New York (Macmillan) 1967.

160   2. Teil: Von den Tugenden der Docklosigkeit: Wittgenstein und Popper

lungsmöglichkeiten erfassen, Gründe für und gegen sie abwägen und nach ihnen entscheiden kann, dann hat er auch Willensfreiheit, wie schlecht immer er überlegt, abwägt und entscheidet. Daher konnten Willensfreiheit und Vernunft als Eigenschaften gelten, die *allen* (erwachsenen) Menschen eine spezifische Würde geben.

b. Probleme des scholastischen Begriffs und ihre Auflösungen

Der scholastische Begriff der Willensfreiheit setzt sich zwei Einwänden aus. Erstens, bestimmt er nicht nur eine *Handlungs*freiheit? Nach ihm ist Willensfreiheit ein reaktives Verneinungs- und Urteilsvermögen. Dies aber ist nach Ernst Tugendhat und Jürgen Habermas keine Willensfreiheit; vielmehr, nach Tugendhat, Handlungsfreiheit,[317] und nach Habermas keine Willensfreiheit, da diese nicht als Verneinungsfreiheit definiert werden könne und zur vorkantischen Bewußtseinsphilosophie gehöre.[318] Wie müssen wir die Begriffe unterscheiden? Zweitens, können wir, wie mit der *Indifferenzfreiheit* unterstellt, sinnvoll annehmen, wir könnten zwar nach Gründen urteilen, uns aber zugleich über die einleuchtendsten Gründe hinwegsetzen, ohne dabei aufzuhören, für das Urteil verantwortlich zu sein?

Handlungsfreiheit gilt traditionell als Vermögen eines Lebewesens, nach seinem Willen oder seiner Natur zu handeln. Es ist unumstritten, daß Menschen und Tiere zumindest einige Handlungsfreiheit haben, wenn sie nicht in jeder Bewegung gehindert sind. Ob Menschen dagegen Willensfreiheit haben, ist bis heute umstritten. Hobbes hielt dem Anhänger der Willensfreiheit Bischof Bramhall vor, Menschen würden gerecht bestraft, weil ihre Handlungen schädlich sind, nicht weil sie nicht notwendig geschehen,[319] Kant tadelte am Deterministen Leibniz, nur die »Freiheit eines [automatischen] Bratenwenders« zu verteidigen.[320]

Die Definition der Handlungsfreiheit geht auf Aristoteles' Nikomachische Ethik zurück. In ihr finden wir auch die Quelle der scholastischen Definition der *Willensfreiheit*. Aristoteles gebraucht diese Begriffe zwar nicht, unterscheidet aber *freiwillige* Handlungen von solchen, die nach *Überlegung gewählt* werden. *Freiwillig* (*hekousion*), sagt er, nennen wir nicht nur

---

[317] E. Tugendhat, Vorlesungen zur Einführung in die sprachanal.Philosophie, Frankfurt (Suhrkamp) 1976, 110.
[318] Jürgen Habermas, Theorie des kommunikativen Handelns, Frankfurt (Suhrkamp) 1981, I 370, vgl. II 113f.
[319] Th. Hobbes, Of Liberty and Necessity. English Works ed. Molesworth vol. 4, London 1840, 253f.
[320] Kant, Kritik der praktischen Vernunft, 1787, 174.

4. Kapitel: Probleme des Handelns

Handlungen von Leuten, die tugend- und lasterhaft sein können, sondern auch Handlungen von Kindern und Tieren.[321] Freiwillige Handlungen müssen ihren Ursprung »im Handelnden« haben und nicht unter Zwang oder in Unwissenheit geschehen.[322] *Wahl (prohairesis)* nach *Überlegung (boulê)* liegt vor, wenn wir »Dinge überlegen, die in unserer Hand liegen und durch Handlung erreichbar sind«, nicht Dinge, die wir nicht ändern können oder wollen.[323]

Aristoteles' Bestimmung *freiwilliger* Handlungen stimmt mit der späteren Bestimmung der Handlungsfreiheit überein, seine Bestimmung *überlegt gewählter* Handlungen mit der scholastischen Bestimmung der Willensfreiheit.[324] Denn freiwillige Handlungen können wie handlungsfreie determiniert sein und überlegt gewählte Handlungen setzen beim Handelnden das Verneinungs- und Urteilsvermögen voraus, das zur scholastischen Willensfreiheit gehört. Zwar ist nicht eindeutig, ob sie auch das Indifferenzvermögen voraussetzen. Sollte aber das Vermögen, Handlungsimpulse zu verneinen und nach Gründen zu entscheiden, das Indifferenzvermögen implizieren, wie es die scholastische Definition unterstellt, können wir die aristotelische Unterscheidung als Grundlage der Unterscheidung von Handlungs- und Willensfreiheit anerkennen und haben einen Grund, die scholastisch definierte Willensfreiheit als Willens- und nicht als Handlungsfreiheit zu betrachten.

Zwingend ist der Grund allerdings nur, wenn wir zeigen können, daß die Verneinungs- und Urteilsfreiheit tatsächlich die Indifferenzfreiheit impliziert. Diese Frage führt uns zur zentralen Frage: dürfen wir annehmen, wir können zwar nach Gründen urteilen, uns aber zugleich auch über die einleuchtendsten Gründe hinwegsetzen, ohne daß wir aufhören, für das Urteil verantwortlich zu sein? Für diese Möglichkeit hat nachdrücklich Descartes argumentiert.

Descartes stellt in einer Antwort auf eine Anfrage des Jesuiten Pater Mesland seine Unbestimmtheit in der 4. Meditation dahin klar, Willensfreiheit sei ein »positives Vermögen, sich zu jedem von zwei Gegensätzen

---

[321] Aristoteles, The Nicomachean Ethics III 1111a 26, transl. H. Rackham, London 1962 (Loeb Library).
[322] ebd. 1110a 17 und 1110b2 und 1110b20.
[323] ebd. 1112a 33.
[324] Aristoteles formuliert sogar das Prinzip der alternativen Möglichkeiten, durch das die Scholastik und viele heutige Philosophen Willensfreiheit definieren. Wenn er freiwillige Handlungen beschreibt, sagt er: »wenn der Ursprung einer Handlung in jemand selbst liegt, steht es in seiner Macht, es zu tun und nicht zu tun« (1110a 17; Rackham übersetzt falsch »power to do it or not«). Diese Beschreibung würde allerdings besser auf überlegt gewählte Handlungen zutreffen, die er vermutlich an dieser Stelle im Sinn hat.

zu bestimmen, nämlich zum Befolgen oder Vermeiden, Bejahen oder Verneinen«. Er hebt hervor, was der Gebrauch dieses Vermögens einschließt: »Moralisch gesprochen (*moraliter loquendo*) sind wir fast unfähig, uns zum Gegensatz zu bewegen, aber absolut (*absolute*) sind wir es. Denn wir können uns immer von einem klar erkannten Guten oder Wahren lossagen, wenn wir es nur für gut halten, daß dadurch die Freiheit unseres Willens (*arbitrium*) bewiesen wird«.[325] Den »größten Gebrauch« der Freiheit machen wir sogar, wie Descartes in einer Anspielung auf eine Beschreibung Medeas in Ovids Metamorphosen sagt, wenn wir »dem Schlechteren folgen, obgleich wir das Bessere sehen«.[326]

Descartes erklärt hier unmißverständlich, daß er vom Urteilsvermögen das Indifferenzvermögen in dem Sinn impliziert sieht, daß wir uns auch gegen die stärksten Wahrheits- und Richtigkeitsgründe indifferent machen und sowohl eine theoretische wie eine praktische Proposition auch dann verneinen können, wenn wir die besten Gründe für ihre Bejahung haben. Wir können das freilich nicht tun, ohne für unser Urteil wieder auf einen Grund zurückzugreifen. Ein solcher Grund, kein Vernunftgrund, sondern einer des freien Willens, ist der, daß wir durch unser verneinendes Urteil unsere Willensfreiheit beweisen. Vermutlich will Descartes nicht sagen, daß dies der einzig mögliche Grund ist, auf den wir zurückgreifen können, wenn wir uns gegen evidente Gründe indifferent machen. Ein Grund könnte auch der sein, daß wir durch unsere Negation der evidenten Gründe unsere Überlegenheit über kleinliche rationale Abwägungen beweisen wollen, unsere Nonchalance, unsere Coolness, unsere Lässigkeit.

Hat Descartes recht? Leibniz lief Sturm gegen Descartes' Argument: Man

> sagt, man habe, auch nachdem man alles erkannt und betrachtet hat, noch die Macht, nicht nur zu wollen, was einem am meisten gefällt, sondern auch das Gegenteil, nur um seine Freiheit zu beweisen. Aber man muß bedenken, daß auch diese Laune oder Eigensinn oder zumindest dieser Grund, der einen hindert, den anderen Gründen zu folgen, in die Abwägung mit eingeht und macht, daß einem gefällt, was einem sonst nicht gefallen würde.[327]

---

[325] René Descartes an Pater Mesland, 9.2.1645; Œuvres de Descartes ed. Adam et Tannery vol. IV, 173. Meslands Anfrage war durch Unklarheiten in Descartes' Aussagen zur Willensfreiheit in der *4. Meditation* veranlaßt.
[326] ebd. 174. Die Anspielung ist auf Metamorphosen VII 20f., wo Medea sagt: »Video meliora proboque Deteriora sequor: Ich sehe das Bessere und stimme ihm zu, folge aber dem Schlechteren«. Ähnlich wie Descartes die Größe des Willens in unserer Fähigkeit findet, auch gegen Moral und Vernunft zu entscheiden, fand Duns Scotus die Größe des Willens in unserer Fähigkeit, Gott zu hassen. Vgl. H. Arendt, Vom Leben des Geistes II 125.

4. Kapitel: Probleme des Handelns 163

Hierin hat Leibniz recht. Descartes kann und wollte nicht zeigen, daß wir in unsern zurechenbaren Handlungen nicht Gründen folgen und der letzte Grund, der »macht, daß einem gefällt, was einem sonst nicht gefallen würde«, nicht in die Abwägung eingeht. Was er zeigen wollte, ist: in unsere Abwägung kann auch der Grund eingehen, daß wir unsere Freiheit oder Nonchalance beweisen wollen. Wenn das richtig ist, müssen wir eine erstaunliche Eigenschaft bei uns bemerken: unser verantwortliches Handeln folgt zwar immer einem Grund; wir könnten auch sagen: es ist durch einen Grund *determiniert*, aber welchem Grund wir folgen, dem besten oder einem verrückten Grund, das ist nicht determiniert. Weil wir einen verrückten Handlungsgrund wählen können, ohne aufzuhören, Urheber der Handlung zu sein, ist unser verantwortliches Handeln determinismusunverträglich. Das Urteils- und Indifferenzvermögen der scholastischen Definition, das Descartes dem Menschen zuspricht, ist eine Willensfreiheit, die anders als die Handlungsfreiheit mit dem Determinismus unvereinbar ist.

Nach Leibniz ist das unmöglich. Denn:

> Ein Geist, der die Eigenart hätte, daß er das Gegenteil von dem, was für ihn von wem auch immer vorausgesagt werden kann, tun oder wollen will und kann, gehört in die Reihe der Wesen, die mit der Existenz des allwissenden Wesens, d.h. mit der Harmonie der Dinge unvereinbar sind und daher weder waren noch sind noch sein werden.[328]

Leibniz sieht richtig, daß das Indifferenzvermögen uns befähigt, jede Voraussage über unser Handeln zu falsifizieren, wenn wir die Voraussage nur kennen, und daß ein solches Vermögen unvereinbar ist mit der »Harmonie der Dinge«, einer unerschütterlichen Weltordnung, einer Vorsehung und der Allmacht Gottes. Ein Wesen, das alle Determinationen oder Prädestinationen durch die Wahl des Freiheitsmotivs aufheben kann, ist unvereinbar mit einer festgelegten Weltordnung. Leibniz' Schluß jedoch, daß es deshalb die Indifferenzfreiheit nicht geben kann, folgt nur der Logik, daß nicht sein kann, was nicht sein darf. Er hat zwar recht anzunehmen: wenn wir eine Entscheidung überlegen, folgen wir notwendig Gründen. Aber er übersieht, daß wir in der Wahl der Gründe nicht determiniert sind. Von den Gründen, die wir wählen, können wir sagen, daß sie unsere Entscheidung *determinieren*. Aber da wir unter den Gründen wählen können, sogar den Handlungsgrund, die Weltordnung zu durchkreuzen, ist unser Urteil nicht *prädeterminiert*.

Diese fehlende Prädetermination ist nicht die Folge komplexer Determinanten. Die Entwicklung des Wetters könnte von Faktoren determiniert

---
[327] G.W. Leibniz, Nouveaux Essais, über Locke, Essay bk 2, ch 21, § 25, p. 168; ed. C.J. Gerhardt, Die philosophischen Schriften, vol. 5, Berlin 1982.
[328] Leibniz ebd. p. 84f.

sein, die zu komplex für verläßliche Voraussagen sind. Seine Unvoraussagbarkeit würde nichts daran ändern, daß es determiniert ist. Sie wäre nicht ontologisch, sondern nur epistemisch bedingt. Dagegen beruht die Unvoraussagbarkeit menschlicher Handlungen darauf, daß eine Voraussage selbst zu einem Faktor wird, der die Handlung mitbestimmen und den Handelnden dazu führen kann, das Vorausgesagte nur deshalb nicht zu tun, weil er die Voraussage als falsch erweisen will. Die Handlung ist daher zwar durch die Überlegung des Handelnden determiniert, aber nicht prädeterminiert, weil er der Überlegung folgen kann, einer ihm unterstellten Prädetermination entgegen zu handeln. Die Unvoraussagbarkeit des Handelns ist ontologisch bedingt.

c. Willensfreiheit und Hirnforschung

Die heutige Hirnforschung wird oft als Beweis dafür angeführt, daß alle unsere Entscheidungen determiniert, genauer prädeterminiert seien. Jedem psychischen entspreche ein physischer oder neurologischer Vorgang, die neurologischen Prozesse aber seien ebenso kausal determiniert wie die Bewegungen von Billardkugeln. Folglich seien unsere geistigen Tätigkeiten ebenso prädeterminiert wie die Bewegungen von Billardkugeln.

Tatsächlich belegt die moderne Hirnforschung, wie außerordentlich verschieden Hirnprozesse von Billardkugelbewegungen sind. Sie zeigt nicht nur eine außerordentliche Komplexität des Hirns, sondern auch seine Fähigkeit (die natürlich die Fähigkeit seines Besitzers ist), sich anbahnende Prozesse zu blockieren und zu steuern. Wir können daher von Hirnforschern nicht den Nachweis erwarten, daß wir *nicht* Voraussagen über unser Handeln in einen Grund dafür verwandeln können, anders als vorausgesagt zu handeln. Eher werden sie zeigen, wie im menschlichen Hirn Neuronenschleifen und andere Konstellationen uns dazu befähigen, Erwartungen anderer und die Kenntnis vermuteter Naturgesetze zu einem Motiv zu machen, diesen manchmal, aber weder notwendig noch voraussagbar entgegen zu handeln.

Manche Hirnforscher sind allerdings dem kantischen Begriff der Willensfreiheit gefolgt und von seiner Vorstellung einer absoluten Spontaneität irregeleitet worden. Sie deuten Experimente, die zeigen, daß unsern bewußten Entscheidungen Hirnprozesse *vorausgehen*,[329] als Beweis der Determination unserer Handlungen und darüber hinaus als Bestätigung, daß unser Gefühl, etwas zu wollen, nur die Folge davon ist, daß uns etwas ge-

---

[329] v.a. von H. Kornhuber und L. Deecke, Hirnpotentialänderungen bei Willkürbewegungen und passiven Bewegungen des Menschen: Bereitschaftspotential und

schieht. So schloß Wolfgang Prinz: »Wir tun nicht, was wir wollen, sondern wir wollen, was wir tun.«[330] Diese Interpretation ist kurzschlüssig. Es wäre höchst sonderbar, wenn unsern bewußten Entscheidungen *nicht* vorbewußte Hirnprozesse vorausgingen, durch die uns der Gedanke kommt, über den wir in Entscheidungen entscheiden. Solche Prozesse *ermöglichen* überhaupt erst Entscheidungen. Daß sie sie auch *prädeterminieren*, ist bloßes Vorurteil. Der Neurowissenschaftler Benjamin Libet, der die Einleitung gewollter Handlungen so erfindungsreich wie kein anderer experimentell untersucht und dabei einen Freiheitsbegriff entwickelt hat,[331] der dem scholastischen sehr ähnlich ist, stellt selbst dazu klar:

> Versuchspersonen wurde die Absicht zu handeln 350-400 ms nach Beginn des RP [readyness potential, Bereitschaftspotential, U.S.] bewußt, aber 200 ms vor dem motorischen Akt. Der Wollensprozeß wird daher unbewußt initiiert. Dennoch könnte das Bewußtsein das Ergebnis kontrollieren: es kann die Handlung blockieren. Die Willensfreiheit wird nicht ausgeschlossen. Diese Ergebnisse schränken Auffassungen darüber ein, wie der freie Wille handelt: er kann eine Handlung nicht initiieren, aber könnte ihre Durchführung kontrollieren.[332]

Libet setzt hier aus guten Gründen *Bewußtsein* mit *freiem Wille* gleich. Wie weit es berechtigt ist, können wir hier nicht entscheiden. Was wir entscheiden können, ist, daß die heutige Hirnforschung im krassen Gegensatz zu dem, was manche Hirnforscher verkünden, keinerlei Bestätigung für unsere Determination oder genauer Prädetermination liefert.

Was an der heutigen Hirnforschung fasziniert, sind in jedem Fall nicht ihre Ergebnisse, sondern ihre technischen Möglichkeiten, vor allem ihre bewundernswerten bildgebenden Verfahren. Gerade sie aber können die Unmöglichkeit unserer Prädetermination demonstrieren. Machen wir folgendes Gedankenexperiment. Ein Hirnforscher verfolgt auf seinem Com-

---

reafferente Potentiale, Pflügers Archiv für die gesamte Physiologie der Menschen und Tiere 284, 1965, 1-17, und Benjamin Libet, Unconscious Cerebral Initiative and the Role of Conscious Will in Voluntary Action, *The Behavioral and Brain Sciences VIII*, 1985, 529-39.

[330] W. Prinz, Freiheit oder Wissenschaft, in M. v. Cranach und K. Foppa, eds., Freiheit des Entscheidens und Handelns, Heidelberg (Asanger), 86-103, 87.

[331] wie ich oben bei der Beschreibung der ersten drei der sechs Unterschiede des scholastischen vom kantischen Freiheitsbegriffs in den Fußnoten anmerkte.

[332] B. Libet, Do We Have Free Will?, Journal of Consciousness Studies 6, No 8-9, 1999, 47-57, 47. Sehr viel ausführlicher legt Libet seine Experimente und seine Konsequenzen aus ihnen dar in *Mind Time* a.a.O. Im beschriebenen Experiment wurde der Zeitpunkt der Handlungsabsicht daran gemessen, daß die Versuchsperson sich die Uhrzeit einer sehr schnell laufenden Uhr merken und nach dem Experiment berichten mußte. Der motorische Akt bestand im Krümmen des Handgelenks. Libet ist zu recht stolz auf diese Versuchsanordnung.

puterschirm meine Hirntätigkeiten und kann (über die allerneusten bildgebenden Verfahren) an ihnen erkennen, welche Absichten und Stimmungen, welche Gedanken und Gemütsbewegungen ich habe. Nehmen wir weiter an, daß er auch die Reize kennt, die auf mich einwirken, meine gesamte Vergangenheit einschließlich aller Milieueinflüsse auf mich und alle Gesetze der Physiologie, Neurologie, Psychologie und aller andern einschlägigen Wissenschaften. Wird er dann nicht meine Handlungen und sonstigen Entwicklungen voraussagen können?[333]

Nehmen wir zuerst an, daß sein Wissen auch mein Wissen wird und ich wie er meine Hirntätigkeiten auf dem Computerschirm verfolge. Ich müßte dann offenbar wie er meine eignen Handlungen voraussagen können. Nehmen wir aber an, ich sei einer der von Leibniz für unmöglich gehaltenen Trotzköpfe und benutze mein mit dem Hirnforscher geteiltes Wissen dazu, das Gegenteil dessen zu tun, was ich nach unserm Wissen tun müßte. Dann entpuppt sich das vermeintliche Wissen und Voraussagen als Illusion.

»Aber der Hirnforscher wird ja auf dem Schirm auch deine Entscheidung erkennen, das Gegenteil des Vorausgesagten zu tun, und seine Voraussage entsprechend anpassen!«

Wie kann er seine Voraussage *anpassen?* Vergessen wir nicht, daß er mir in seinem Wissen nichts voraushat, denn ich sehe meine Entscheidungen ebenso wie er auf dem Bildschirm. Kann ich aber *voraussagen,* was ich tun werde, wenn ich eine Voraussage widerlegen will? Könnte ich es voraussagen, so wären meine vorausgesagten Handlungen die Vollstreckung einer unaufhebbaren Prädetermination, für die ich nicht verantwortlich sein kann. Tatsächlich aber liegt es an mir, sie zu vollstrecken oder abzuweisen. Wenn ich *weiß,* was sich in mir als voraussichtliche Handlung anbahnt, kann ich es verhindern. Ich kann daher nicht voraussagen, was ich tun werde; ich kann nur *entscheiden,* was ich tun werde. Deswegen muß ich meine Entscheidung auch verantworten.

Daher kann auch der Hirnforscher nicht voraussagen, was ich tun werde, denn solange er mich nicht zwingt oder manipuliert, hat er nichts zu entscheiden und daher auch nichts vorauszusagen. Wenn ich aber *entscheide* und es unmöglich ist, meine Entscheidung vorauszusagen, nicht wegen der Komplexität der Entscheidungsfaktoren, sondern wegen meiner Fähigkeit, immer neue Handlungsgründe in meine Entscheidung aufzunehmen, auch den Grund, meine Freiheit zu beweisen, dann bin ich nicht prädeterminiert.

»Aber deine Entscheidung ist doch ihrerseits durch Ursachen oder Gründe *determiniert.* Auch wenn niemand voraussagen kann, wie du dich

---

[333] Vgl. dazu D.M. MacKay, Freedom of Action in a Mechanistic Universe, Cambridge 1967.

4. Kapitel: Probleme des Handelns

entscheidest, ist sie *faktisch* oder *ontologisch* determiniert. Nichts geschieht ohne hinreichende Ursachen oder Gründe! Die Unvorhersehbarkeit ist nur epistemisch, durch mangelndes Wissen, nicht ontologisch bedingt.«

Wir haben vorausgesetzt, der Hirnforscher habe ausreichendes Wissen, meine Handlungen vorauszusagen, teile mir sein Wissen aber mit. Da ich unter dieser Bedingung gegen seine Voraussage handeln kann, handle ich nicht nur gegen eine Voraussage, sondern die angebliche faktische oder ontologische Determination, auf die der Hirnforscher seine Voraussage stützt. Mit dieser Feststellung fordern wir allerdings die Frage heraus: Wie kann meine Entscheidung, so oder so gegen die Voraussage zu handeln, eine Handlung einleiten, ohne daß dieser Einleitung wie bei andern Handlungen neuronale Tätigkeiten und ein Bereitschaftspotential vorausgehen? Denn würde meiner Entscheidung dergleichen vorausgehen, dann könnte ja der Hirnforscher meine Entscheidung voraussagen; das aber ist, wie wir feststellen müssen, nicht möglich.

Diese Frage stellte sich auch Benjamin Libet. Hier ist seine Antwort:

> Ich schlage [...] vor, daß das bewußte Veto keine vorangehenden unbewußten Prozesse erfordern könnte [...] es gibt keine experimentellen Belege gegen die Möglichkeit, daß der Steuerungsprozeß ohne eine spezifische Entwicklung durch vorausgehende unbewußte Prozesse stattfinden kann.[334]

Libets Vorschlag scheint mir die unvermeidliche Konsequenz aus unserm Gedankenexperiment. Bewegen wir uns mit ihm noch in der *Wissenschaft* oder eher in der *Deutung* ihrer Fakten, einer Deutung, deren Akzeptabilität zwar ebenfalls nach Kohärenzkriterien verbindlich sein kann, aber doch, wie sich unten zeigen wird, eher zur Metaphysik zu rechnen ist? Mir scheint von einer Antwort wenig abzuhängen, da sie die Verbindlichkeit von Libets Vorschlag nicht berührt. Libet bewegt sich in einem Feld, das man Grundlagenforschung nennt und als Grenzgebiet zwischen Wissenschaft und Philosophie betrachtet; Philosophie aber ist nur ein anderer Name für Metaphysik.

Die bildgebenden Verfahren, von denen manche den Nachweis unserer Prädetermination erwarten, geben uns ironischerweise ein Bild der Unmöglichkeit unserer Prädetermination. Die Hirnforschung scheint auf den ersten Blick die Möglichkeit zu verwirklichen, die Habermas als eine Perspektive der Technokratie beschrieben hat:

> Der Mensch kann nicht nur, soweit er *homo faber* ist, zum erstenmal vollständig sich selbst objektivieren [...], er kann, als *homo fabricatus*, seinen technischen

---

[334] B. Libet, Mind Time a.a.O. 187.

168   2. Teil: Von den Tugenden der Docklosigkeit: Wittgenstein und Popper

Anlagen auch selber integriert werden, wenn es gelingt, die Struktur zweckrationalen Handelns auf die Ebene von Gesellschaftssystemen abzubilden.[335]

Eine solche Integration ist unmöglich, wenn der Mensch nur die ihm zugedachte Objektivierung kennt. Denn dann kann er sie zum Grund machen, nicht objektiviert zu werden.

Nehmen wir nun an, ich habe *nicht* das Wissen des Hirnforschers und er teile mir auch nicht seine Voraussage über mich mit. Dann kann seine Voraussage durchaus eintreten. Was aber beweist das? Daß ich (der Natur sei Dank) *manchmal* berechenbar bin; aber nicht, daß ich *notwendig* oder *immer* prädeterminiert bin; nicht, daß ich nicht das Vermögen habe, eine Handlungsmöglichkeit ebensowohl zu bejahen wie zu verneinen. Dazu wäre zu zeigen, daß ich auch dann prädeterminiert bin, wenn ich beim Wissen, das auch der Forscher hat, tun werde, was er voraussagt, und das ist nach unserm Gedankenexperiment unmöglich.

Wer an Freiheit interessiert ist, muß daher die Hirnforschung schätzen. Ihr Wissen trägt dazu bei, unsere Handlungsfreiheit, freilich auch unsere Verantwortlichkeit zu erweitern, vorausgesetzt, ihr Wissen bleibt nicht geheim.

d. Willensfreiheit und Autonomie, Moral, Vernunft und Handlungsfreiheit

Was folgt aus der Anerkennung der Willensfreiheit des Menschen für unser Verständnis der Moral? Finden wir auch hier eine Analogie zur Klärung der Probleme des Erkennens? Die Lösung von Wittgensteins Problem, wie wir überhaupt etwas Bewußtseinsunabhängiges erkennen können, führte uns zur Erkenntnis des sprachspielvermittelten Weltzugangs, der dem von den Wissenschaften eröffneten Weltzugang vorausgeht. Führt uns auch die Lösung des moraltheoretischen Analogs zur Erkenntnis einer Bedingung, die der Erkenntnis von Moralprinzipien mit Hilfe moralischer Intuitionen vorausgeht? Finden wir in unserer Willensfreiheit eine tiefere Grundlage der Moral als die durch Kohärenz von Ideen und Intuitionen gegebene?

Die Lösung des Problems der Willensfreiheit führt uns in der Tat zur Erkenntnis einer Bedingung von Moral, nämlich der *Überlegung*, die der Entscheidung zu einer Handlung vorausgeht und in der begründeten Antwort auf die Frage besteht, ob man die Handlung, die auszuführen man erwägt, ausführen sollte oder nicht. Diese Bedingung erklärt und rechtfertigt den Rang der Selbstbestimmung und der Vernunft in der Moral. Denn die

---
[335] Habermas, Technik und Wissenschaft als ›Ideologie‹ a.a.O. 82.

4. Kapitel: Probleme des Handelns

Überlegung, ob ich einen Gedanken bejahen soll oder nicht, ist die Grundhandlung der Vernunft und der Selbstbestimmung. Jeder Akt der Selbstbestimmung und der Vernunft enthält als seinen Kern eine solche Überlegung. Die Moral würde sich selbst aufheben, erlaubte sie, Vernunft und Selbstbestimmung, ohne die es keine Moral gäbe, zu mißachten. Die Achtung von Vernunft und Selbstbestimmung muß daher Forderung jeder Moral sein.

Die Lösung des Problems der Willensfreiheit führt uns daher zur Rechtfertigung einer Moral der Selbstbestimmung und Vernunft, und diese stimmt mit unserer intuitionengestützten Anerkennung des natürlichen Rechts auf gleiche Freiheit überein. Eine solche Moral ist jedoch nicht, wie es scheinen kann, die Moral, die Kant vertreten hat. Denn Kant versuchte, die Moral auf eine Autonomie zu bauen, die er mit Willensfreiheit und Vernunft gleichsetzte. Moralisch richtig handeln ist nach ihm autonom handeln: wir wollen moralisch handeln, weil wir autonom sein, unserm Handeln selbst das Gesetz geben wollen, und wir können moralisch handeln, weil wir Willensfreiheit haben. Nach meinem Ergebnis dagegen setzt moralisches Handeln überlegtes, autonomes und vernünftiges Handeln zwar voraus, fällt aber weder mit ihm noch gar mit willensfreiem Handeln zusammen.

Kants Ansatz hat zwar den Vorteil der Grandiosität: es wäre imposant, wenn vernünftiges, autonomes und moralisches Handeln zusammenfielen. Aber er impliziert nicht nur, daß immer wenn wir moralisch richtig handeln, wir willensfrei handeln, sondern auch umgekehrt, daß immer wenn wir willensfrei handeln, wir auch moralisch richtig handeln. Das aber hat die mißliche Konsequenz, daß wir nicht zugleich frei und unmoralisch handeln und daher nur für unsere moralischen, nie für unsere unmoralischen Handlungen verantwortlich sein könnten.

Kant war sich dieser kuriosen Konsequenz bewußt. Er erklärt, jemandes moralisch falsche Handlung sei eine »wider seine (gesetzmäßige) Vernunft streitende Wahl«, in die die Willensfreiheit »nimmermehr gesetzt werden kann«.[336] Willensfreie Handlungen können nach Kant eben nur moralisch richtige Handlungen sein. Er erkennt zwar an, daß »die Erfahrung oft genug beweist«, daß »das vernünftige Subjekt auch eine wider seine (gesetzgebende) Vernunft streitende Wahl treffen kann«. Da aber nach ihm »die Freiheit nimmermehr darin gesetzt werden kann«, daß wir auch eine unvernünftige Wahl treffen können, bleibt ihm nur der Schluß, er könne »die Möglichkeit«, daß wir in der Erfahrung »das vernünftige Subjekt auch

---
[336] Kant, Metaphysik der Sitten a.a.O. 30 (Rechtslehre, Einleitung in die Metaphysik der Sitten IV).

eine wider seine (gesetzmäßige) Vernunft streitende Wahl treffen« sehen, »nicht begreifen«.[337]

Müssen wir nicht dies verblüffende Eingeständnis der Unbegreiflichkeit einer empirischen Tatsache als uneingestandene Anerkennung des Scheiterns einer Moraltheorie verstehen?

Wir können willensfreies Handeln offensichtlich nicht mit moralisch richtigem Handeln gleichsetzen. Willensfreiheit ist eine Voraussetzung der Moral, aber ihre Betätigung ist nicht schon Moral. Wie Descartes zu recht hervorgehoben hat, kann sich die Größe der Willensfreiheit auch in unmoralischem Handeln zeigen. Wir können nicht willensfrei handeln, ohne Gründe abzuwägen und daher Vernunft zu betätigen; denn das Abwägen von Gründen ist das Geschäft der Vernunft. Aber das heißt nicht, daß die »objektive Realität eines reinen Willens [...] einerlei ist (mit) einer praktischen Vernunft«,[338] wie Kant behauptete. Denn wir können kraft unserer Willensfreiheit nicht nur unmoralisch, sondern auch unvernünftig handeln. Die Lösung des Analogs zu Wittgensteins Problem führt uns daher zwar zu einer tieferen Grundlegung der Moral, aber nicht zur kantischen Moral. Diese identifiziert Moralität, Vernunft und Freiheit. Wir können Vernunft und Freiheit jedoch nur als Bedingungen der Moral erkennen, die jede Moral zu respektieren fordern muß.

Werfen wir noch einen Blick auf die Autonomie und ihr Verhältnis zur Willens- und Handlungsfreiheit, da über diese Begriffe viel Unklarheit besteht.[339]

Unter Autonomie des Individuums (von der hier allein die Rede ist) verstehe ich seine Fähigkeit, sein Leben so einzurichten, daß es seinen eignen Interessen und Anlagen konsistent und ohne Schaden für seine Identität folgen kann. Sie verwirklicht die Idee der individuellen Selbstbestimmung oder Selbstverfügung, die die klassischen liberalen Philosophen, vor allem Locke und Kant, mit der politischen Idee der gleichen Freiheit verbinden. Diese fordern für jeden Menschen Freiheit, weil sie jeden für gleich fähig halten, über sein Leben zu verfügen.

Es gibt zwei Bedingungen, unter denen man kein autonomes Leben führt. An ihnen wird die positive Bedingung von Autonomie erkennbar. Jemand ist nicht autonom, erstens wenn seine Entscheidungen nur damit be-

---

[337] ebd.
[338] Kant, Kritik der praktischen Vernunft, Riga (Hartknoch) 1788, 96.
[339] Hannah Arendt hat verdienstlicherweise den scholastischen Begriff der Willensfreiheit einem größeren Publikum zugänglich gemacht, ihr gelingt aber nicht eine klare Unterscheidung von Willens- und Handlungsfreiheit. Vgl. etwa Vom Leben des Geistes II, 131ff.

gründbar sind, daß eine Autorität sie verlangt; zweitens wenn er Impulsen folgt, ohne daß sich ihre Befolgung konsistent, wenn nicht kohärent rechtfertigen läßt. Die positive Bedingung der Autonomie einer Person ist, daß sich ihre Entscheidungen mit Gründen rechtfertigen lassen, die zugleich ihren Neigungen und Auffassungen entsprechen und mindestens widerspruchsfrei, wenn nicht positiv durch einen Sinn verbunden sind. Es ist nicht notwendig, daß sie selbst ihre Entscheidungen so rechtfertigen kann; Autonomie impliziert keine Rechtfertigungsfähigkeit. Aber objektiv müssen sich die Gründe der Entscheidungen im autonomen Leben nicht-autoritär und konsistent rechtfertigen lassen.

Autonomie setzt weder politische noch Willensfreiheit voraus. Man kann sein Leben auch unter unfreien Bedingungen autonom führen; je unfreier allerdings die Verhältnisse, vor allem die Erziehung, desto schwerer wird es, autonom zu sein. Autonomie kann auch das Ideal eines Deterministen sein, da auch er danach streben kann, die Gründe seiner Entscheidungen konsistent und mit seinen Neigungen und Auffassungen übereinstimmend zu machen. Sie ist auch nicht dasselbe wie Willensfreiheit. Das Vermögen, zu einer Proposition ebenso ja wie nein zu sagen, befähigt mich, nach Gründen zu entscheiden, aber schließt nicht aus, daß ich mich entscheide, jedem Impuls zu folgen, weil er mein Impuls ist, oder nur und alles zu tun, was eine Autorität (etwa eine geliebte Person) verlangt. Willensfreiheit verlangt nur Urteils- und Verneinungsfähigkeit; diese haben alle normalen Menschen (und Lebewesen, die eine propositionale Sprache beherrschen), aber nicht alle normalen Menschen sind autonom.

Autonomie ist eine bestimmte Art der Handlungsfreiheit, die wie diese und anders als die Willensfreiheit *mehr oder weniger* gegeben sein kann. Man kann seine Impulse mehr oder weniger konsequent nach bestimmten Kriterien kontrollieren; man kann sich dem Willen einer Autorität mehr oder weniger unterwerfen. Kann jemand nicht autonom sein, der jedem Impuls deshalb folgt, weil es *sein* Impuls oder weil es überhaupt ein *Impuls* ist? Kann er sich nicht auch autonom dem Willen einer Autorität unterwerfen, wenn er gute Gründe hat, deren Entscheidungen zu folgen, nur weil es ihre Entscheidungen sind? Formal gesehen würde er in beiden Fällen einer kohärenten Begründung folgen und autonom sein. Aber wie Menschen faktisch sind, ist Autonomie unter diesen Bedingungen sehr unwahrscheinlich. Unsere Impulse treiben uns oft in entgegengesetzte Richtung und fordern eine Entscheidung, welchem von ihnen wir folgen; dann können wir nicht mehr der Regel folgen, *jedem* Impuls zu folgen, weil er unser ist. Ähnlich werden wir auf die Dauer Probleme haben, zugleich den Entscheidungen einer Autorität zu folgen, weil sie *ihre* Entscheidungen sind, und daran festzuhalten, daß wir gute Gründe haben, ihnen zu folgen. Ausschließen kann man solche Formen von Autonomie zwar nicht. Aber Autonomie als Hörigkeit ist nicht der Normalfall.

Oft wird unterstellt, daß man nur autonom sein kann, wenn man moralisch ist. Das ist keineswegs notwendig. Auch ein Verbrecher kann die Gründe seiner Entscheidungen konsistent und mit seinen Neigungen und Auffassungen übereinstimmend machen. Wenn Autonomie dennoch ein Ideal ist, dann deshalb, weil wir in der konsequenten Organisation des eignen Lebens ein Ideal sehen, welchem Ziel es immer dient. Wir sehen darin vermutlich aus zwei Gründen ein Ideal. *Erstens* bewahrt uns die Organisation des Lebens vor dessen Zerfaserung und Departmentalisierung. Sie ist die von Weber hochgehaltene Einheit der Lebensführung. *Zweitens* ist die Autonomie und jede andere Form der Handlungsfreiheit ein Vermögen, ohne das unsere Willensfreiheit wenig praktischen Wert hätte.

Willensfreiheit ist zuerst ein *Urteils*vermögen, das eine Beziehung zum Handeln hat, weil wir mit ihm auch nach Gründen über Handlungen entscheiden und dabei sogar einem Grund folgen können, der nicht der vernünftigste ist. Willensfreiheit verschafft uns zwar die Freiheit zu einem Ja oder Nein zu einer Handlungsmöglichkeit; wie weit wir ihre Entscheidung aber ausführen können, ist eine andere Frage. Dies Können hängt vom Ausmaß unserer Handlungsfreiheit, besonders unserer Autonomie ab.

Das Verhältnis von Willens- und Handlungsfreiheit wird durch Beispiele klarer. Kraft unserer Willensfreiheit können wir Entscheidungen treffen, die praktisch nicht ausführbar, moralisch aber wichtig sind. Duns Scotus' Beispiel ist die Entscheidung eines Menschen, »der sich aus der Höhe hinabstürzt« und, während er stürzt, seinen Sturz verwerfen kann.[340] Ihm fehlt die Handlungsfreiheit, seine Verwerfung des Gedankens, sich zu töten, in die Tat umzusetzen, er entgeht aber durch seine Verwerfung der ewigen Verdammnis. Wegen unserer Willensfreiheit werden uns aber nicht nur Entscheidungen zugerechnet, die wir nicht ausführen können, sondern auch Handlungen, zu deren Ausführung wir uns gezwungen sehen. Ein Beispiel dafür ist die Entscheidung eines von einer Pistole Bedrohten, lieber sein Geld als sein Leben zu opfern. Er trifft seine Entscheidung in Willensfreiheit; daher rechnen wir ihm die Handlung (das Geld auszuhändigen) zu, obgleich er wenig Handlungsfreiheit hatte, etwas anderes zu tun – wir erkennen normalerweise das Opfer seines Lebens anstelle des Opfers seines Gelds nicht als Handlungsoption an (unter Umständen aber sehr wohl).

Beide Beispiele zeigen, daß unsere Willensfreiheit, da sie zuerst eine Urteilsfreiheit ist, unabhängig von unseren Handlungsoptionen besteht. Zwischen Urteilsakt und seiner tätigen Umsetzung können mannigfache

---
[340] nach H. Arendt, Vom Leben des Geistes II 126.

4. Kapitel: Probleme des Handelns

Hindernisse stehen: physische Umstände (beim Sturz des reuigen Selbstmörders), unzumutbare Handlungsalternativen oder eingeschränkter Handlungsspielraum (beim von der Pistole Bedrohten), aber auch Neurosen, Psychosen oder Süchte aller Art. Unsere Willensfreiheit sichert uns daher nicht immer die Verwirklichung des Gewollten; dazu ist vielmehr das Vermögen nötig, Hindernisse der Verwirklichung des Gewollten zu überwinden oder unsern Handlungsspielraum zu erweitern, und Vermögen dieser Art sind Vermögen der Handlungsfreiheit. So sehr wir Willensfreiheit schätzen mögen, um sie können wir nicht kämpfen, da wir sie entweder schon vollständig oder gar nicht haben. In der Handlungsfreiheit dagegen können wir beschränkt sein, um sie können wir kämpfen, und sie schätzen wir notwenig in aktiverer Weise als die Willensfreiheit.

Autonomie aber zeichnet sich dadurch vor andern Arten der Handlungsfreiheit aus, daß sie uns befähigt, unsere Begehren konsistent und ohne Schaden für das begehrende Selbst zu verwirklichen. Daher ist sie ein Ideal, seit Menschen sich für berechtigt halten, ihren Begehren zu folgen. Daß wir dazu berechtigt sind, wenn wir nur in ihrer Befolgung keinen andern in seiner Befolgung seiner Begehren behindern, ist die These der Aufklärung. Wenn dennoch Gegner der Aufklärung wie der Papst und Qutb Autonomie beschwören, obgleich sie sie am Ende widerrufen müssen, beweist das die ungebrochene Kraft dieser Idee.

5. Kapitel: Metaphysische Fragen

Wir haben gesehen, wie die Einsicht in unsere Fehlbarkeit Verbindlichkeit in Wissenschaft und Moral nicht ausschließt, sondern ermöglicht. Außer Wissenschaft und Moral gibt es ein weiteres Feld, das von der Docklosigkeit bedroht scheint, das metaphysischer Fragen. Haben sie überhaupt Bedeutung? Viele Empiristen, auch Neurath, hielten metaphysische Aussagen für sinnlos. Dagegen will ich zeigen, daß sie Bedeutung haben, daß sie verbindlich beantwortet werden können, wenn auch oft nicht mit der Verbindlichkeit empirischer und moralischer Aussagen, und daß zu ihnen sehr viel mehr Aussagen gehören als gewöhnlich angenommen.

Metaphysische Aussagen verloren schon vor Neurath und Nietzsche ihre philosophische Gesellschaftsfähigkeit. Kants Kritik der Metaphysik hatte sie aus dem Reich des Wissens in das des moralgestützten und moralstützenden Glaubens verbannt.[341] Was aber sind sie überhaupt? Kant verstand Metaphysik im Anschluß an ihre Einteilung zu seiner Zeit in Ontologie, rationale Theologie, Kosmologie und Psychologie als Erörterung von Fragen, die die Ideen von »Gott, Freiheit und Unsterblichkeit« betreffen:[342] ob es einen (allmächtigen) Gott gibt (rationale Theologie), ob wir Willensfreiheit haben (rationale Kosmologie, da es in der Kosmologie darum geht, ob alle Ereignisse determiniert sind) und ob wir eine unsterbliche Seele haben (rationale Psychologie). Unsere Diskussion der Willensfreiheit gehört nach diesem Verständnis zur Metaphysik, was wir bestätigt finden werden.

Unter den metaphysischen Ideen, die Kant nennt, fehlt eine *ontologische*. Daran wird deutlich, daß Kant in seiner Beschreibung eignen Erwartungen folgt. In der Tradition ist Ontologie vor allem die Erörterung der Frage, was in der Welt ihre unvergängliche Substanz (oder ihr Wesen) und was in ihr deren veränderliche (und kontingente) Akzidenzen oder Eigenschaften sind. Diese Frage gab den Anlaß zur Unterscheidung der wichtigsten philosophischen Parteien: der Idealisten, die die Substanz als geistig, der Ma-

---

[341] I. Kant, Kritik der reinen Vernunft B XXIXf: »Ich kann also *Gott, Freiheit* und *Unsterblichkeit* zum Behuf des notwendigen praktischen Gebrauchs meiner Vernunft nicht einmal *annehmen*, wenn ich nicht der spekulativen Vernunft zugleich ihre Anmaßung *benehme* ... Ich mußte also das *Wissen* aufheben, um zum *Glauben* Platz zu bekommen«.

[342] Kant, ebd. und B 874. Statt von rationaler Psychologie spricht Kant auch von rationaler Physiologie.

5. Kapitel: Metaphysische Fragen

terialisten, die sie als materiell, und der Dualisten, die manche Substanzen als geistig, manche als materiell ansehen. Die Unterscheidung der Welt in eine oder viele Substanzen und deren Akzidenzen blieb nicht unbestritten; Versuche, an ihre Stelle eine andere Unterscheidung zu setzen, gehören ebenfalls in die Ontologie. Zu ihr muß man auch Fragen nach dem Status der Zeit und nach dem von Farben und andern sogenannten sekundären Eigenschaften rechnen: sind sie eine Eigenschaft der Ereignisse oder Dinge oder nur eine Eigenschaft, die wir ihnen wegen unserer Wahrnehmungsform zusprechen? Zur Ontologie müssen Dualisten auch Fragen nach dem Verhältnis von Geist und Materie zählen. Auch Wittgensteins Versuch, das Affektionsmodell durch sein Sprachspielmodell zu ersetzen, muß als ontologische Untersuchung zählen.

Über diese Fragen hinaus müssen wir nach Kant alle Fragen zur Metaphysik rechnen, von denen, wie Kant sagt, »die menschliche Vernunft [...] belästigt wird«, die sie aber »nicht abweisen kann; denn sie sind ihr durch die Natur der Vernunft selbst aufgegeben; die sie aber auch nicht beantworten kann; denn sie übersteigen alles Vermögen der menschlichen Vernunft.«[343] Zu solchen Fragen gehört die, ob die Welt einen Sinn hat. Auch wenn nicht klar ist, wonach diese Frage fragt, finden wir sie immer wieder gestellt und gegensätzlich beantwortet, so daß nahe liegt anzunehmen, sie sei unvermeidlich und doch unbeantwortbar.

Kants skeptischer Schluß auf eine Tragik unserer Vernunft setzt die dogmatische Prämisse voraus, daß Wissen, ob in Wissenschaft, Ethik oder Metaphysik, *unfehlbar* sein muß. Lassen wir diese Prämisse fallen, so könnten nicht nur Wissenschaft und Ethik allgemeinverbindlich und fortschrittsfähig sein. Auch die offensichtliche Fehlbarkeit metaphysischer Aussagen könnte eine Bedingung ihrer Allgemeinverbindlichkeit und sogar ihrer Fähigkeit sein, im Wissen voranzuschreiten, statt Grund zur Klage über eine Tragik der Vernunft. Die Frage der Willensfreiheit erwies sich uns jedenfalls nicht als eine Frage, »die alles Vermögen der menschlichen Vernunft übersteigt«; sie kann offenbar verbindlich beantwortet werden.

Unter Physikern und andern Wissenschaftlern entzündete sich in den letzten Jahrzehnten, von Philosophen weitgehend unbeachtet, eine Debatte über die Frage, ob das Universum einen Sinn hat.[344] Es waren die Ent-

---

[343] ebd. A VII.
[344] Physiker beklagten das Desinteresse, das Philosophen für die Entdeckungen der modernen Physik zeigen. Einer ihrer Lieblingsgegner ist Wittgenstein. So spottet Stephen Hawking, Eine kurze Geschichte der Zeit. Die Suche nach der Urkraft des Universums, Rowohlt 1988, 217, daß die Philosophen, weil »im 19. und 20. Jahrhundert [...] die Naturwissenschaft zu fachlich und mathematisch für Laien« wurde, »den Horizont ihrer Fragen immer weiter ein(engten), bis schließlich Witt-

deckungen der modernen Physik, vor allem der (empirischen) Kosmologie, die die Physiker zu dieser Frage veranlaßten. Sie ist offensichtlich nicht rein empirisch, durch Beobachtung, aber auch nicht moralisch, durch moralische Intuitionen, entscheidbar. Sie verlangt vielmehr eine *Deutung* der Fakten. Die Debatte gibt uns Gelegenheit zu prüfen, welchen Sinn die Frage überhaupt hat und was die potentiellen Falsifikatoren sind, an denen Antworten scheitern und von deren Gebrauch man ähnliche Verbindlichkeit in der Metaphysik wie in der Wissenschaft und der Moraltheorie erhoffen könnte.

1. Weinberg gegen Dyson, oder wie entscheidet man metaphysische Kontroversen?

Die Debatte entzündete sich am sogenannten Argument vom *design*. Das Argument geht von der Vermutung einiger Physiker aus, daß sich im Lauf der Evolution nur deshalb feste Körper, Leben und Intelligenz entwickeln

---

genstein, einer der bekanntesten Philosophen unseres Jahrhunderts, erklärte: ›Alle Philosophie ist ›Sprachkritik‹ [...] [ihr] Zweck ist die logische Klärung von Gedanken.‹ Was für ein Niedergang für die große philosophische Tradition von Aristoteles bis Kant.« Auch wenn mir diese Kritik an Wittgenstein nicht berechtigt scheint, ist die Verengung der philosophischen Interessen und des philosophischen Selbstverständnisses vor allem in der analytischen Philosophie beklagenswert. – Steven Weinberg, Dreams of a Final Theory. The Scientist's Search for the Ultimate Laws of Nature, New York (Random) 1992, with a new afterword (betr. des Superconducting Supercollider) 1994, widmet ein Kapitel des Buchs der Kritik der Philosophen, denen er Unkenntnis der methodologischen Probleme der Physik vorwirft. Auch Weinberg ebd.28f findet bei Wittgenstein die größte Physikferne: »Ludwig Wittgenstein, denying even the possibility of explaining any fact on the basis of any other fact, warned that ›at the basis of the whole modern view of the world lies the illusion that the so-called laws of nature are the explanations of natural phenomena‹ (Tract. ed.Pears & Guiness 1922, p.181). Such warnings leave me cold. To tell a physicist that the laws of nature are not explanations of natural phenomena is like telling a tiger stalking prey that all flesh is grass.« – Roland Omnès, The Interpretation of Quantum Mechanics, Princeton 1994, 522, erklärt allgemeiner: »Modern epistemology [...] is fascinated by the historical, the sociological, and the psychological aspects of the development of science, its erratic events, its changes of perspective, and its controversies. It may go as far as denying the possibility of a method. As a matter of fact, few scientists recognize in modern epistemology what they see and know in science. [...] contemporary epistemology[...] has gone to such extreme limits in its relativization of science that one can bet that the pendulum will soon have to go back in the opposite direction.« R. Omnès, Quantum Philosophy, Princeton UP 1999 (zuerst Paris 1994), xix, spricht von »this conspiracy of abdications and inaptitudes« in der Philosophie.

5. Kapitel: Metaphysische Fragen 177

konnten, weil einige Naturkonstanten (wie die Größe der Schwerkraft, der Lichtgeschwindigkeit, der Masse des Elektrons) die Größe haben, die sie haben.[345] Wären die Größen nur ein bißchen anders ausgefallen, es gäbe uns nicht. Ihre *Feinabstimmung (fine tuning)* betrachten manche Theoretiker als Beleg für einen göttlichen Plan und für die Existenz eines göttlichen Schöpfers;[346] andere sehen in ihr etwas bescheidener einen Beleg dafür, daß die

---

[345] Die Vermutung ist nicht unumstritten. Steven Weinberg verweist auf ihre Probleme in A Designer Universe? The New York Review of Books Oct. 21, 1999, 46-48.

[346] Dazu gehörten vor allem katholische Theoretiker. Ihr Interesse wurde schon von der Interpretation des Urknalls angeregt, der päpstliche Aufmerksamkeit erregt. Papst Pius XII erklärte in einer Ansprache vor der päpstlichen Akademie der Wissenschaften vom 22.11. 1951 über die Physik: »Thus, with that concreteness which is characteristic of physical proofs, it has confirmed the contingency of the universe and also the well-founded deduction as to the epoch when the cosmos came forth from the hands of the Creator. Hence, creation took place in time. Therefore, there is a Creator. Therefore, God exists!«. The Catholic Mind 49, 1952, 191; zit. nach Bernulf Kanitscheider, Im Innern der Natur. Philosophie und moderne Physik, Darmstadt (Wissenschaftl. Buchgesellsch.) 1996, 213. – Wie Hawking a.a.O. 148 berichtet, ermahnte Johannes Paul II die Physiker, ihrer Aufgabe der Naturforschung nachzugehen, aber nicht den Urknall selbst zu erforschen; denn er sei der Augenblick der Schöpfung und damit das Werk Gottes. Zu den Theoretikern, die dieser päpstlichen Linie folgen, vgl. Henry Margenau, Roy Abraham Varghese, Cosmos, Bios, Theos. Scientists Reflect on Science, God, and the Origins of the Universe, Life and *Home sapiens*, La Salle (OpenCourt), 1992. Zum Interesse von Johannes Paul II an der heutigen Physik und Biologie vgl. sein Grußwort in R.J. Russell, William R. Stoeger, S.J., George V. Coyne, S.J., Hg, Physics,Philosophy, and Theology, Vatican Obervatory, Vatican City 1988.
In jüngerer Zeit haben religiöse Fundamentalisten in den USA das Argument vom Design als einen Beleg gegen Darwinismus und Evolutionstheorie gebrauchen wollen. Vgl. dazu Steve Jones, Religion und Evolution, Die Zeit 33, 11.8.2005 (Online-Ausgabe). Auf diese Diskussion gehe ich nicht ein.

[347] So John Leslie, Universes, Routledge 1989, 198: »It is high time we philosophers took the Design Argument seriously. Whether the evidence of fine tuning points to multiple universes or to God, it does do some exciting pointing; and it does it through being just the sort of evidence which too many of us have tended to dismiss as uninteresting. Too many philosophers construct such arguments as that if the universe were hostile to Life then we shouldn't be here to see it, and that therefore there is nothing in fine tuning for anyone to get excited about; or that obviously there could be only the one universe and that therefore, because probability and improbability can be present only where repetitions are possible, its basic laws and conditions cannot be in any way ›improbable‹. Again, too many have confused being rigorous with rejecting everything not directly observable. My argument has been that the fine tuning is evidence, genuine evidence, of the following fact: *that God is real, and/or there are many and varied universes*. And it could be tempting to call the fact an observed one. Observed indirectly, but observed none the less.«

Welt einen objektiven Sinn hat.[347] Im folgenden spreche ich vom *Design*-Argument nur als einem Argument für einen objektiven Sinn in der Welt.

Die Debatte schlug hohe Wellen, als der nobelpreisgekrönte Physiker *Steven Weinberg* in einer populärwissenschaftlichen Abhandlung erklärte:

> Je verständlicher das All scheint, desto sinnloser [more [...] pointless] scheint es.[348]

Wollte Weinberg nur sagen, man (oder der Physiker) dürfe keine teleologischen Aussagen machen? Nein, denn er schließt nicht aus, daß man einen Sinn in der Welt entdecken könnte. Wenn wir »eine Sonderrolle für intelligentes Leben in den letzten Gesetzen fänden, dort, wo die erklärenden Pfeile zusammentreffen, dürften wir wohl schließen, der Schöpfer der Gesetze sei irgendwie speziell an uns interessiert«[349] Einen erklärenden Pfeil würde er erkennen, wenn während des Vortrags seiner These von der Sinnlosigkeit der Welt »ein Blitzschlag mich am Pult niederstreckte«.[350] Zwar gebe es Schönheiten in der Evolution von Vögeln und Bäumen, die auf ein spezielles Interesse des möglichen Schöpfers offenbar nicht nur an uns, sondern auch an andern Lebewesen schließen lassen könnte. Aber »der Gott der Vögel und Bäume müßte auch der Gott der Geburtsfehler und des Krebses sein«.[351] Daß Menschen und Tiere mit Geburtsfehlern geboren und von Krebs befallen werden, ist offenbar für Weinberg Grund genug, ein »spezielles Interesse« eines möglichen Schöpfers an ihnen auszuschließen.

Auch David Hume, einer der enthusiastischsten Verfechter der newtonschen Physik, die teleologische Aussagen verbietet, sah nichts Anstößiges im Versuch, über Sinn und Zweck der Natur zu urteilen. Im Gegenteil urteilt er selbst darüber: die Natur ergieße aus ihrem Schoß »ohne Aufmerksamkeit oder Mutterliebe ihre verkrüppelten unfertigen Kinder«, und klagt über die Naturwesen: »Wie sie einander hassen und zerstören! Wie unfähig sie alle zum eigenen Glück sind! Wie verächtlich und abscheulich für den Betrachter!«[352]

---

[348] Steven Weinberg, The first three minutes, New York, Basic Books 1977, 131f., 154. Vgl. Weinberg, Dreams of a Final Theory, New York (Vintage)1994, 245: »All our experience throughout the history of science has ended in the opposite direction,« (als »any sign of the workings of an interested God« zu finden) »toward a chilling impersonality of the laws of nature.«
[349] Steven Weinberg, Dreams of a Final Theory, New York 1994, 242, 251.
[350] Aus Weinbergs Antwort in der New York Review 20.1.2000 auf einen Leserbrief zu seinem Artikel *A Designer's Universe*, New York Review 21.10.1999.
[351] Weinberg, Dreams of a Final Theory a.a.O. 250.
[352] David Hume, Dialogues concerning natural religion pt. XI, ed. H.D. Aiken, Hafner Pr., New York und London 1948, 79.

5. Kapitel: Metaphysische Fragen

Hume und, wie wir unterstellen können, Weinberg sind sich klar, daß ihre Urteile nicht physikalisch, sondern metaphysisch sind. Sie beschreiben weder Fakten noch Naturgesetze, sondern interpretieren sie unter der Fragestellung, was sie über den Sinn der Natur besagen könnten. Was ist das für eine Frage? Weinberg gibt ihr eine theologische Fassung, wenn er fragt, ob der mögliche Schöpfer der Naturgesetze »irgendwie speziell an uns interessiert« ist. Ist eine theologische Fassung der Frage aber notwendig? Wenn so, dann könnte die Welt ohne einen Schöpfer keinen Sinn haben. Einen Sinn in ihr erkennen kann aber auch nur so viel heißen wie: etwas in ihr erkennen, das uns oder andern Lebewesen eine bestimmte Rolle zuweist oder dem Naturprozeß eine Tendenz zur Zuweisung dieser Rolle verleiht. Um so etwas zu erkennen, braucht man keinen Gott anzunehmen. Die Sinnfrage fragt daher nicht notwendig nach einem göttlichen Plan, auch wenn Weinberg und seine Kontrahenten dies nahelegen.

Ist sie eine *ethische* Frage, nämlich danach, ob wir in der Welt etwas finden, was uns eine moralische Aufgabe zuweist? Auch das scheint nicht notwendig. Denn als ihren Sinn könnten wir entdecken, daß die Welt dem grausamen Vergnügen einiger Götter dient, so wie tödliche Gladiatorenspiele dem Vergnügen der Römer. Daraus wäre nicht das moralische Gebot ableitbar, daß wir den Göttern Vergnügen bereiten sollten. Die Sinnfrage *kann* moralisch relevant sein: wenn wir in der Welt einen moralisch akzeptablen Sinn erkennen, dann hätten wir ein *zusätzliches* Argument dafür, diesem Sinn entsprechend zu handeln. Aber die moralische Richtigkeit solchen Handelns wäre unabhängig von der Sinnannahme zu entscheiden.

Die Sinnfrage kann als die Warumfrage gestellt werden, die man zu jedem Ereignis und Gesetz, zu jeder Erklärung und Theorie stellen kann. Darauf verweist Weinberg, wenn er sagt: »[...] even when physicists will have gone as far as they can go, when we have a final theory [...] we will still be left with the question ›why?‹ [...] For example, why is the world described by quantum mechanics?«[353] In diesem Sinn ist die Frage unbeantwortbar, weil die Erklärungen, nach denen wir immer von neuem verlangen können, früher oder später an ein Ende kommen. »So there seems to be an irreducible mystery that science will not eliminate.«[354]

Wenn die Sinnfrage einen Sinn hat, in dem man auf sie eine Antwort erwarten kann, dann, so vermute ich, kann es höchstens die Frage nach etwas in der Natur sein, was Menschen oder andern Lebewesen eine bestimmte Rolle im Naturprozeß zuweist, die moralisch, aber auch unmoralisch oder moralisch indifferent sein kann, und in diesem Sinn werde ich die Sinnfrage

---

[353] Weinberg, A Designer Universe? New York Rev. Oct. 21, 1999, 46.
[354] ebd.

verstehen. Sie stellt sich nur, weil die Fakten nicht eindeutig sind. Die Natur zeigt uns ein zweideutiges Gesicht. Einerseits scheint sie sich um unsere (und anderer Wesen) Existenz nicht »speziell« zu kümmern, andererseits ist schon die nackte Tatsache, daß wir überhaupt zur Existenz gekommen sind, ein Beleg dafür, daß die Natur wohlwollend genug ist, uns zuzulassen. Es ist diese seit je wohlbekannte Tatsache, die im Design-Argument nur eine kosmologische Aufblähung erfährt. Die Sinnfrage sucht eine Bestätigung für eine Annahme, die wir kaum vermeiden können zu erwägen, nämlich daß wir, da wir nun einmal Wesen sind, die Ziele verfolgen können und darüber hinaus von der Natur zur Existenz zugelassen wurden, von ihr auch zur Verfolgung bestimmter naturgegebener Ziele zur Existenz zugelassen wurden. Es liegt auch nahe, die Natur, von der hier die Rede ist, als Person oder Gott zu fassen. Aber notwendig ist das nicht. Daß wir von der Natur zur Existenz zugelassen wurden, heißt nur, daß wir unter den gegebenen Bedingungen entstanden sind; daß bestimmte Ziele naturgegeben sind, heißt wiederum nur, daß bestimmte Zustände, die wir erhalten oder hervorbringen könnten, auch ohne unser Dazutun auftreten.

Wenn es auf die so verstandene Sinnfrage eine verbindliche Antwort geben sollte, dann muß es Evidenzen geben, die eine mögliche Antwort falsifizieren könnten. Solche Evidenzen sind bei empirischen Theorien Beobachtungen (vor allem vorausgesagter Ereignisse), bei moralischen Prinzipien moralische Intuitionen. Beobachtungen sind selbst etwas *Empirisches* und moralische Intuitionen etwas *Moralisches*. Sie unterscheiden sich von den zu testenden Theorien und Prinzipien nur darin, daß sie partikular sind. Daher wäre zu erwarten, daß auch die potentiellen Falsifikatoren metaphysischer Thesen von derselben Art der Aussage sind wie die Thesen selbst. Da solche Thesen weder empirisch noch normativ sind, sondern *Deutungen* empirischer Aussagen, müßten auch ihre potentiellen Falsifikatoren *interpretierend* sein. (Wenn wir allerdings Theorien auf ihre *Kohärenz* untersuchen, sind nicht nur die spezifischen – empirischen, moralischen oder interpretierenden – Falsifikatoren relevant, sondern sehr verschiedenartige Gesichtspunkte.)

Dagegen könnte jedoch sprechen, daß Weinberg gegen die Sinnthese auf Geburtsfehler und den Krebs verweist. Gebraucht er da nicht eine empirische Tatsache als potentiellen Falsifikator? Das tut er wohl. Aber als nackte Tatsache kann sie nicht falsifizieren, sondern nur, wenn man sie interpretiert. Das Faktum des Leidens in der Welt spricht nur dann gegen einen Sinn in der Welt, wenn man den Sinn mit der Existenz eines allmächtigen und allgütigen Gottes verbindet (wie Weinberg auch anerkennt).[355] Versteht

---

[355] etwa ebd. 48.

man dagegen den Sinn untheologisch, ist die Tatsache des Leids in der Welt nicht unbedingt ein Argument gegen einen Sinn; man könnte vielmehr davon auf den Sinn schließen, daß Menschen die Aufgabe haben, Leiden zu verringern. Auf der andern Seite erklärt sich Weinberg jedoch bereit, die Tatsache, daß ihn ein Blitz beim Aussprechen seiner Sinnlosigkeitsthese trifft, als Falsifikation seiner Sinnlosigkeitsthese anzuerkennen. Gebraucht er da nicht doch eine nackte Tatsache als Falsifikator? Aber auch hier kann die nackte Tatsache nichts widerlegen; wir könnten sie auch als Zufall verstehen. In der Metaphysik geht es immer um Deutungen von Fakten. Welche Deutung die bessere ist, hängt wieder daran, welche das gesamte Feld der Zweideutigkeit *kohärenter* macht und mehr in ihm zu erkennen oder sich besser in ihm zu bewegen erlaubt.

Tatsächlich hält Weinberg für seine Kritik der Sinnthese seine Kritik am *Design*-Argument für entscheidend. Hier geht es offensichtlich um die Auslegung eines für die Diskussion einmal unterstellten Faktums, der Feinabstimmung. Sie zwinge durchaus nicht zur Annahme eines Designs und Sinns in der Welt, da sie auch Zufall sein könne: »The universe is very large, and perhaps infinite, so it should be no surprise that, among the enormous number of planets that may support only unintelligent life and the still vaster number that cannot support life at all, there is some tiny fraction on which there are living beings who are capable of thinking about the universe, as we are doing here.«[356]

Diese Kritik griff der Historiker John Lukacs als »an example of cosmological nonsense by a physicist« an:

> What kind of language – and logic – is this? ›No surprise‹? Consider: ›The five boroughs of New York City are very large, *and it should be no surprise* that, among the enormous numbers of its inhabitants who do not walk and the still vaster number who do not like to walk at all, there is some tiny fraction who are able to levitate[…][357]

Nach Lukacs muß man die Entwicklung von Leben und Intelligenz, wenn sie nur Zufall ist, für so unwahrscheinlich halten wie eine Levitation, das Aufsteigen eines Menschen gegen die Gesetze der Schwerkraft. Diesem Argument kann jedoch Weinberg fröhlich zustimmen. Denn wenn wir nur lange genug warten könnten, so Weinberg, würden wir eine Levitation erleben. Wenn wir nur unendlich oft würfeln könnten, würden wir auch hundertmal nacheinander eine Sechs würfeln und dürften darin kein Wunder sehen, sondern nur die Folge davon, daß Phänomene mit extrem kleiner

---

[356] ebd. 48. Vgl. auch Weinbergs Antwort in der New York Review 20.1.2000 auf einen Leserbrief.
[357] John Lukacs, At the End of an Age, Yale UP (New Haven & London) 2002, 109.

Auftrittswahrscheinlichkeit bei unendlich langer Zeit einmal auftreten müssen. Lukacs unterstellt, daß die Welt räumlich und zeitlich endlich ist. Weinberg hebt jedoch hervor, daß die Welt »perhaps infinite« ist – was Lukacs übersieht.[358] Weinberg könnte auch auf das Argument von Leukipp und Demokrit verweisen, nach dem es in unendlicher Folge unzählige Welten gibt, in denen alle möglichen Konstellationen der Atome durchgespielt werden und manchmal Leben entstehen lassen, manchmal nicht.[359] Die Deutung der Feinabstimmung als Zufall ist daher mindestens so kohärent wie die als Planung. Daher schlägt Lukacs' Angriff auf Weinberg kläglich fehl.

Trotzdem bleibt die Frage, ob nicht die Entstehung von Leben und Intelligenz, mit welcher Wahrscheinlichkeit immer sie auftritt, gegen die Sinnlosigkeitsthese spricht.

Dieser Meinung ist der Physiker Freeman Dyson. Unglücklicherweise befrachtet Dyson seine Position mit einer abenteuerlichen Theologie. Noch weniger als Weinberg ist er bereit, die Sinnfrage nicht theologisch zu fassen. Er unterscheidet zwar *meta-science* von der Physik.[360] In der *meta-science*, die wir zur Metaphysik zählen können, gehe es nicht um empirische Naturerklärung, sondern um »die Lage des Menschen«,[361] was offenbar so viel heißt wie: um seine Rolle in der Natur. Dennoch hält er das Erkenntnisinteresse der *meta-science* für religiös. So erklärt er, in der *meta-science* brauche man »a little bit of faith«[362], und konstatiert zwar als Faktum: »Der Geist hat sich im langen Lauf der biologischen Evolution als eine bewegende Kraft in unserm Winkel des Universums etabliert. Auf diesem kleinen Planeten hat er die Materie durchsetzt und die Kontrolle übernommen.«[363] Aber im Faktum findet er sofort ein Wirken Gottes: »Ich unterscheide nicht scharf zwischen Geist und Gott.«[364] »Gott ist, was der

---

[358] Lukacs könnte allerdings darauf verweisen, daß Weinberg nur von »*perhaps* infinite« (kursiv von mir, U. St.) spricht. Er gibt als seine Quelle nicht den Artikel in der *New York Review*, sondern im *American Scholar*, Summer 1999, an.
[359] Die Fragmente der Vorsokratiker, Hg. H. Diels und W. Kranz, Berlin [5-7]1934-54, 68 A 40. Ihnen folgt Lukrez, De rerum natura II 333-41. Eine ähnliche These, wenn auch beschränkt auf die zufällige Evolution von Lebewesen, vertrat Empedokles, s. Aristoteles, Physik B8, 198b29.
[360] Freeman Dyson, Infinite in All Directions, New York (Harper) 1988, 296.
[361] Freeman Dyson, ebd. 293.
[362] ebd. 293.
[363] ebd. 118.
[364] ebd. 119. Dyson begnügt sich nicht damit, Geist und Gott zu identifizieren; er folgt der Theologie, die der italienische Renaissancehäretiker Laelius Socinus (1525-62) und sein Neffe Faustus Socinus (1539-1604) entwickelten. Nach dem Sozinianismus entwickelt sich Gott erst mit den Fähigkeiten der Menschen. Er ist ein *werdender* Gott. Der Gott des traditionellen Monotheismus (der Juden, Christen und Muslime) mit seinen Eigenschaften der Allmacht, Allwissenheit und Allgüte be-

5. Kapitel: Metaphysische Fragen

Geist wird, wenn er unser Verstehen überschreitet.«[365] Er ist ein diesseitiger Gott, »der dem All innewohnt und mit der Entfaltung des Alls an Macht und Wissen zunimmt«. »Unser Geist ist nicht nur der Ausdruck seiner« – des allkontrollierenden Geistes oder Gottes – »Absicht, sondern auch ein Beitrag zu seinem Wachstum.«[366] Die Menschen sind »auf diesem Planeten in der gegenwärtigen Entwicklungsstufe die Haupteingänge Gottes«.[367]

Obgleich werdend und offenbar auf unsere Hilfe angewiesen, ist Dysons Gottgeist »durch keine mir vorstellbare Katastrophe oder Schranke auf die Dauer aufzuhalten [...] Wenn unsere Gattung nicht die Führung übernimmt, werden es andere tun oder schon getan haben. Wird unsere Gattung ausgelöscht, werden andere klüger oder glücklicher sein. Der Geist ist geduldig. Der Geist hat auf diesem Planeten 3 Milliarden Jahre gewartet, eher er sein erstes Streichquartett schrieb [...] Früher oder später wird der Geist schließlich sein Erbe antreten.«[368]

Er läßt sich nicht einmal durch den Kältetod des Universums bei seiner weiteren Ausdehnung oder durch seinen Hitzetod bei Umkehrung seiner Expansion aufhalten. Dyson tröstet uns, daß wir in »einem All leben, das an Reichtum und Komplexität grenzenlos wächst, einem All des endlos weiterlebenden Lebens.«[369]

Solche Ausnutzung wissenschaftlicher Reputation zur Autorisierung einer Unsterblichkeitslehre provoziert fast zu Weinbergs Provokation, die Welt scheine immer sinnloser, je besser wir sie kennen. Und doch kann Dyson gegen Weinberg darauf verweisen, *daß* Menschen entstanden sind, die sogar die Natur verbessern können. Kohäriert dies Faktum besser mit der Annahme von Sinn oder Sinnlosigkeit in der Welt? Das ist die zentrale Frage.

Daraus, daß Leben und Intelligenz aus Zufall entstanden sind, folgt nicht, daß in ihrer Entstehung nicht der Sinn der Welt bestehen oder sie zu

---

stimmt nicht die Geschichte, sondern ist ihr Ergebnis; vgl. ebd. 294. Eine ähnliche Metaphysik des werdenden Gottes wie die Socini vertraten im 20. Jahrhundert, beeinflußt vom biologischen Evolutionismus, Max Scheler, s. bes. *Die Stellung des Menschen im Kosmos*, Gesammelte Schriften Bd. 9, Bern 1976, 11- 71, bes. 54ff. und 67ff.; *Die Formen des Wissens und die Bildung*, ebd. 85-119, bes. 101-4, und sehr ähnlich, wenn auch zur theologischen Erklärung von Auschwitz und ohne Nennung Schelers, Hans Jonas, Organismus und Freiheit. Ansätze zu einer philosophischen Biologie, Göttingen 1973, bes. Kap. 1 und 3.

[365] ebd. 119.
[366] ebd. 294.
[367] ebd. 119.
[368] ebd. 118. Mit dem *string quartet* spielt Dyson auf die vier ersten Harvarder Autoren der String-Theorie an.
[369] ebd. 118.

ihrem Sinn gehören könnten. Wir haben in jedem Fall objektive Gründe, den Auftritt von Leben und Intelligenz für gut zu halten, jedenfalls für besser, als wenn sie nicht aufgetreten wären, und wir können kaum leugnen, daß es Sinn macht, wenn etwas, was gut ist, wirklich wird. Ist diese Sicht aber angemessener als die Weinbergs? Mit welchen Umständen *kohäriert* sie, mit welchen nicht?

Weinberg könnte sagen, daß wir der Welt einen Sinn *geben*, wenn wir den Auftritt von Leben und Geist für sinnvoll halten, aber keinen in ihr *finden*. Wir geben ihr einen Sinn, weil wir Leben und Intelligenz *schätzen*. Wir müssen sie aber nicht schätzen; daher müssen wir auch keinen Sinn in der Welt finden; daher gibt es in ihr keinen.

Weinberg hätte recht zu behaupten, daß wir Leben und Intelligenz nicht schätzen müssen, wenn er sagen will, daß wir frei sind, ihren Wert zu verwerfen. Geht es aber um die Frage, ob es *moralisch* geboten ist, sie zu schätzen, so sprechen zumindest starke moralische Intuitionen der meisten dafür, es sei so geboten. Wir können nicht beliebig entscheiden, ob Leben und Intelligenz Werte sind; wir müssen sie *vernünftigerweise* als Werte anerkennen. So müssen wir sagen, daß wir die Werte Leben und Intelligenz in der Natur *finden* und ihr nicht nur Werte *geben*. Nur in der empiristischen Tradition, nach der nur deskriptive und keine moralischen Aussagen allgemeinverbindlich sein können, ist es plausibel zu behaupten, wir könnten der Welt einen Sinn nur geben, aber nicht in ihr finden.

Aber schätzen wir Leben und Intelligenz nicht nur deshalb, weil wir selbst intelligente Lebewesen sind? Müßten nicht ebenso Steine, wenn sie erkennen könnten, den Sinn der Welt darin erkennen, daß Steine verwirklicht werden? Nein, denn wenn sie Intelligenz hätten, würden sie auch erkennen müssen, daß es besser ist, wenn es außer Steinen Leben und Intelligenz gibt. Wir können objektive Gründe angeben, daß eine Welt mit Leben und Intelligenz besser ist als eine ohne, und daher auch sagen, daß es sinnvoller ist, wenn es eine Welt mit Leben und Intelligenz gibt, als eine ohne sie.

Und was sind die objektiven Gründe, eine Welt mit Leben und Intelligenz einer ohne sie vorzuziehen? Wir können unsere moralischen Intuitionen nur dann in ein kohärentes System bringen, wenn wir Leben und Intelligenz sehr hoch schätzen. Wie könnten wir sonst unserer moralischen Verwerfung von willkürlicher Tötung und Betrug Rechnung tragen, ohne die es nicht die Regeln der Gerechtigkeit gäbe, die in den meisten Rechtssystemen positiviert sind? Wir können gewiß auch eine Theorie entwickeln, die zeigt, [370] warum Leben und Intelligenz höhere Werte sind als

---

[370] Ich habe das versucht in U. Steinvorth, Warum überhaupt etwas ist, Reinbek b. Hamburg (Rowohlt), 1994.

5. Kapitel: Metaphysische Fragen

die Existenz toter Steine und warum intelligentes Leben ein größerer Wert ist als unintelligentes Leben. Aber darauf brauchen wir hier nicht zurückzugreifen.

Aber sind die objektiven Gründe nicht nur objektiv für uns intelligente Lebewesen? – Da Gründe nur von intelligenten Lebewesen erkannt werden können, ist das in jedem Fall richtig. Trotzdem folgt nicht, daß unsere Gründe subjektiv sind. Wir haben subjektive Gründe, wenn wir eine Welt ohne Leben und Intelligenz einer Welt mit ihnen oder ein nur animalisches Leben einem intelligenten vorziehen. Unsere Existenz als intelligente Lebewesen zwingt uns ja nicht dazu, Leben und Intelligenz hochzuschätzen. Wenn wir sie dennoch schätzen, dann folgen wir keinem subjektiven Urteil und urteilen nicht relativ auf unsere natürliche Verfassung.

Fassen wir zusammen. Ich schließe zwar nicht aus, daß der Sinn der Welt übel sein könnte, aber auch nicht, daß er gut sein könnte, und folge dem Argument A:

(P1) Wenn *a* aus objektiven Gründen gut ist und in W wirklich wird, dann gehört *a* zum Sinn von W.
(P2) Es ist aus objektiven Gründen gut, daß Leben und Intelligenz in der Welt entstanden sind.
(C) Es gehört zum Sinn der Welt, daß Leben und Intelligenz in ihr entstanden sind.

Dies Argument läßt sich vielfach angreifen. Die wohl nächstliegenden Einwände, die gegen den Begriff der objektiven Gründe für eine moralische Eigenschaft gerichtet sind, reichen jedoch nicht aus, A zu verwerfen. Denn sie setzen einen nicht mehr vertretbaren Empirismus voraus, nach dem wir keine verbindlichen oder objektiven normativen Aussagen machen können. Wir könnten aber auch P1 oder P2 angreifen. Das scheint mir aber zu schlecht mit unsern moralischen Intuitionen zusammenzustimmen. Solange wir daher keine stärkeren Einwände finden, sollten wir A folgen.

2. Verbindlichkeit in der Metaphysik

Ich habe soweit zu zeigen versucht, daß wir eine kohärentere Weltsicht erhalten, wenn wir annehmen, die Welt habe einen Sinn und zu ihm gehöre, daß sie Leben und Intelligenz hervorgebracht hat. Ich unterstelle, daß wir eine Eigenschaft fördern müssen, wenn sie nach objektiven Gründen gut ist; daher ist es eine Konsequenz der Sinnthese C, daß wir Leben und Intelligenz fördern sollen. Trotzdem ist die Sinnthese eine metaphysische, keine normative These, denn sie beschreibt eine Eigenschaft der Welt. Was sie beschreibt, ist allerdings eine Eigenschaft, über deren Gegebensein wir nicht ohne normative Kriterien entscheiden können; das zeigt sich daran, daß sie eine normative Prämisse, P2, und moralische Implikationen hat.

Metaphysische Aussagen beschreiben keine empirischen Tatsachen, sondern *deuten* sie unter den genannten metaphysischen Fragestellungen. Können wir für solche Deutungen je Verbindlichkeit beanspruchen? Ihre Verbindlichkeit hat gewiß nicht dieselbe Strenge wie die der Moraltheorie und der Wissenschaft, jedoch ist es nicht Willkür, welche Deutung man vorzieht. Daher beansprucht mein Argument A für die Sinnthese nicht, die einzig mögliche Deutung der Welt in Hinblick auf die Sinnfrage zu sein. Es beansprucht wohl, eine bessere Deutung als die Sinnlosigkeitsthese zu sein; nicht, daß der Sinn der Welt *allein* darin liegt, daß in ihr Leben und Intelligenz auftreten, sondern nur, daß darin ein Sinn liegt.

Was gehört alles zu den metaphysischen Fragestellungen, unter denen wir empirische Fakten deuten? Ich habe oben die traditionellen Fragen der Metaphysik nach Gott, Freiheit, Unsterblichkeit und Sinn, aber auch die nach der Substanz oder dem Wesen genannt. Ist ihnen mehr gemeinsam, als daß sie nicht empirisch beantwortbar sind und dennoch unsere Vernunft belästigen? Manche erwarten vielleicht, daß metaphysische Fragen mit Transzendenz und Theologie zu tun haben müssen. Aber das ist schlichtes Vorurteil, denn die Fragen nach der Willensfreiheit, nach der Substanz, nach dem Status der Zeit und der sekundären Eigenschaften und auch nach dem Sinn haben nichts mit Transzendenz zu tun. Ich sehe daher in der Tat keine andere Gemeinsamkeit metaphysischer Fragen als die, empirisch nicht beantwortbar zu sein und doch unsere Vernunft zu belästigen.

Wenn so, dann müssen wir sehr viel mehr Aussagen zur Metaphysik rechnen, als man gewöhnlich tut. Alle geistes- oder kulturwissenschaftlichen Aussagen gehören zu ihr, da sie empirische, besonders historische Fakten darauf befragen, welcher Sinn oder welche Bedeutung ihnen zukommt. Der Sinn, nach denen geisteswissenschaftliche und historische Untersuchungen fragen, kann sehr verschieden und wird vom jeweiligen Untersuchungsgegenstand bestimmt sein. In jedem Fall ist er nichts, was sich rein empirisch untersuchen ließe. Daher ist auch die vorliegende Untersuchung, die nach der Bedeutung der Docklosigkeit und der Moderne fragt, eine metaphysische Untersuchung.

Ist es aber überhaupt sinnvoll, bei metaphysischen Fragen verbindliche Antworten zu erwarten? Ob *empirische* Aussagen als verbindlich anerkannt werden, daran hängen so offensichtlich wichtige Fragen wie die, welche Brücken man bauen, wie man fernsehen und fernsprechen und wie man eine Krankheit heilen kann. Vielleicht noch offensichtlicher ist, was an Verbindlichkeit in der Ethik hängt: wenn die Tötung Unschuldiger als Unrecht und ein Staat als legitim verbindlich anerkannt sind, darf der Staat als *ul-*

5. Kapitel: Metaphysische Fragen

tima ratio und im Verhältnis zur Schwere des Unrechts Gewalt zu dessen Verhinderung gebrauchen. Was aber hängt an Verbindlichkeit in metaphysischen Fragen? Niemand kann zu einer metaphysischen Annahme gezwungen und niemand kann durch eine Enttäuschung wie die versagender Brücken, Fernseher oder Arzneien von der Falschheit seiner Metaphysik überzeugt werden.

Wohl wahr. Aber wir werden nun einmal von Fragen belästigt, die wir nicht abweisen können. Wenn wir ihre Beantwortung nicht den Fundamentalisten überlassen wollen, müssen wir Antworten finden, die sich auf Gründe stützen, die wir abwägen, verwerfen und anerkennen. Von ihnen kann das Wohlergehen, sogar das Überleben einer Gesellschaft abhängen. Denn wenn eine Gesellschaft nicht weiß, ob die Welt einen Sinn hat und was ihre Aufgabe ist, kann es ihr nicht gut gehen. Wenn Kant sich rühmt, in der Metaphysik das »*Wissen*« aufgehoben zu haben, »um zum *Glauben* Platz zu bekommen«,[371] hat er gegen seinen Willen eine Einstellung gefördert, aus der der politische Fundamentalismus heute schöpft: metaphysische und besonders Sinnfragen für irrational zu halten und die unbelehrbaren unaufgeklärten Naiven, die immer noch Antworten erwarten, dem irrationalen Glauben zu überlassen.

Gewiß kann niemand zur Annahme begründeter metaphysischer Aussagen gezwungen werden. Aber niemand *braucht* dazu gezwungen zu werden, wenn er die Gründe anerkennt. Als begründete, und nur als begründete, sind sie verbindlich. Wir brauchen Verbindlichkeit auch in der Metaphysik, weil wir auch in ihr Begründungen brauchen.

Aber – ist diese Verteidigung der Suche nach verbindlichen Antworten auf Sinn- und andere metaphysische (einschließlich geisteswissenschaftlicher) Fragen nicht doppelt illusionär? Ist es nicht *erstens* Illusion zu glauben, wir bräuchten Antworten auf Sinnfragen und Gesellschaften könnten gar ohne ihre Beantwortung nicht gedeihen? Es gehört gerade zu modernen Gesellschaften, daß sie unabhängig davon florieren, ob ihre Mitglieder Antworten auf Sinnfragen oder gar welche sie haben. Die meisten finden ihren Sinn, ohne darüber nachzudenken, im Konsum der vielen schönen Dinge, die es in modernen Gesellschaften zu kaufen gibt, in sexueller und anderer emotionaler Befriedigung, in einer Familie mit einigen Kindern. Einige immer griesgrämige Intellektuelle fragen, wozu das alles gut sein soll. Manchmal finden sie sogar Aufmerksamkeit, wie Feuerschlucker und Fakire, aber sie sollten nicht wähnen, von ihren Äußerungen hänge irgendetwas ab. Ist es nicht *zweitens* Illusion zu glauben, wir könnten je Antworten auf Sinnfragen finden, die, wie begründet auch immer, alle oder

---

[371] Kritik der reinen Vernunft B XXX.

auch nur viele überzeugen und dadurch gesellschaftlich wirksam werden? Wenn schon zwei Physiker so entgegengesetzte Schlüsse aus ihren Kenntnissen der Physik über den Sinn der Welt ziehen, wie soll man je Übereinstimmung unter normalen Sterblichen erwarten?

Betrachten wir unsere Zweifel näher. Brauchen moderne Gesellschaften Antworten auf Sinnfragen? Dieser Zweifel stützt sich darauf, daß in modernen Gesellschaften viele, wenn nicht die meisten in Konsumgenuß und einem Leben, das ihre wichtigsten Bedürfnisse befriedigt, ihren Sinn finden. Diese vielen finden also einen Sinn; sie haben vielleicht nicht lange darüber nachgedacht, ob es der richtige Sinn ist; sie können vielleicht nicht die Gründe auseinanderlegen, aus denen sie mit dem Sinn zufrieden sind, mit dem sie zufrieden sind. Aber daß sie keinen finden, läßt sich nicht behaupten. Ebensowenig daß nichts daran hängt, ob sie einen anerkennen und welcher es ist. Denn wenn sie keinen Sinn in Konsumgenuß fänden, würde es keine modernen Konsumgesellschaften geben.

Noch zweifelhafter wird der Zweifel, wenn wir bedenken, daß es auch in modernen Gesellschaften fundamentalistische Bewegungen gibt. Sie artikulieren eine Unzufriedenheit damit, den Sinn des Lebens in Konsum zu finden, und versprechen einen Sinn, der im Glauben an eine unbezweifelbare Wahrheit besteht. Wie wir wiederum an islamischen und hinduistischen Ländern sehen, hängt viel daran, ob Menschen einem solchen Sinn folgen. Es ist daher Illusion, die Annahme der Wichtigkeit der Antwort auf Sinnfragen für Illusion zu halten.

Aber können wir je Übereinstimmung in einer Antwort auf Sinnfragen erwarten? Wenn es weniger Übereinstimmung in Sinnfragen gibt als in empirischen und sogar in moralischen, dann ist wohl ein Grund dafür, daß wir nicht gelernt haben, metaphysische Thesen systematisch an potentiellen Falsifikatoren zu überprüfen. Wir können Falsifikationen in der Metaphysik vermutlich nicht auf einfache Regeln bringen. Aber einzelne Regeln können wir nennen; so die, daß metaphysische Thesen mit unserm jeweiligen empirischen Wissen, aber auch mit unverzichtbaren moralischen Intuitionen vereinbar sein müssen. Diesen Vereinbarkeitstest halten Theorien nicht aus, die dem Menschen ein ewiges Leben versprechen. Wir können zwar nicht beweisen, daß es kein Leben nach dem Tod gibt; das Leben ist immer für Überraschungen gut. Aber nichts in unserer Kenntnis der Welt stützt Weiterlebenshoffnungen. Wenn es einen Gott gibt, der für unser Fortleben nach dem Tod sorgt, hat er die Welt so eingerichtet, daß wir es weder vor uns noch vor ihm verantworten könnten, auf ein Fortleben zu bauen.

Daher sind auch solche metaphysischen Theorien unakzeptabel, die aus dem physikalisch voraussagbaren Ende der Welt darauf schließen, sie sei zu

Sinnlosigkeit verdammt, und darauf die Berechtigung gründen, eine jenseitige Welt anzunehmen.[372] Der Schluß von der Endlichkeit auf die Sinnlosigkeit ist in jedem Fall falsch. Unser Leben wäre vermutlich noch großartiger, wenn es unendlich dauern könnte (auch wenn Heidegger meint, die Endlichkeit gebe dem menschlichen Leben erst seine Größe). Dieser Schluß scheitert an der Anschauung eines bestimmten Lebens, die uns einen Sinn in ihm trotz seiner Endlichkeit zeigen kann. Eine solche Anschauung ist ein Beispiel für eine metaphysische Intuition, die ebenso als Falsifikator fungieren kann wie eine moralische Intuition. Eine solche metaphysische Intuition ist auch die Einsicht, die in der Diskussion der Willensfreiheit eine große Rolle spielt (die wir nachträglich als metaphysisch qualifizieren können), nämlich daß wir jede Voraussage über unser Verhalten widerlegen können, wenn wir von ihr nur wissen.

Metaphysische Thesen können außer an metaphysischen Intuitionen nicht nur an empirischen Fakten, sondern auch an moralischen Intuitionen scheitern. Gäbe es nur moralisch Abstoßendes in der Welt, wie Hume offenbar gelegentlich geneigt war anzunehmen, dann könnte ein Sinn, wenn man der Welt einen zusprechen müßte, offenbar nur darin bestehen, die Geschöpfe zu quälen, und jede andere Sinnthese müßte scheitern. Dann müßten wir mit Mephisto[373] sagen, daß alles, was entsteht, wert ist, daß es zugrunde geht. Ist die moralische Bilanz aber nicht eindeutig, wie Weinberg anerkennt, wenn er auf die Schönheiten von Bäumen und Vögeln verweist, dann können die negativen Seiten nicht entscheiden. Dann spricht vielmehr, wenn unsere Überlegungen richtig waren, die bloße Tatsache, daß Leben und Intelligenz entstanden sind, gegen die Sinnlosigkeitsthese.

3. Die prometheische Idee

Wenn, wie eine Betrachtung des Arguments A nahelegt, eine verbindliche Antwort auf die Sinnfrage nicht so furchtbar schwer zu geben ist, warum wurde sie nicht schon früher gefunden? Werfen wir einen Blick auf die europäische Philosophiegeschichte, so finden wir zwar nicht These C immer wieder vertreten, wohl aber eine These, die als ihre Verallgemeinerung gelten kann. C können wir zwar im prometheischen Mythos ausgedrückt finden. Denn wenn Prometheus die Menschen das Feuer gebrauchen lehrt,

---

[372] so argumentiert John Polkinghorne, The God of Hope and the End of the World, Yale UP, 2001. Freeman Dyson kritisiert Polkinghorne in Science and Religion: No Ends in Sight. In: New York Review of Books 28.3.02.
[373] Goethe, Faust I 1339f.

fördert er Leben und Intelligenz. Wenn er den Göttern das Feuer stiehlt, demonstriert er, daß der Sinn der Welt in der Förderung von Leben und Intelligenz besteht, nicht in der Verehrung der Götter. Wir können ihn aber auch als Vertreter der verallgemeinerten Sinnthese ansehen.

Diese finden wir zuerst bei Platon. Die Vollkommenheit der Welt besteht, so Platon, darin, daß alles wirklich wird, was existieren kann, ohne die Existenz von Vollkommenerem zu verhindern. Diese Lehre richtete sich gegen Parmenides. Parmenides erkannte als wirklich nur an, was seinen Vollkommenheitsstandards entsprach: was wirklich ist, muß unvergänglich und daher unveränderlich, unbeweglich und ungeschaffen sein.[374] Platon dagegen hält auch das Vergängliche für wirklich und verwirklichungswürdig: alles, was möglich ist, ist wert, daß es wirklich wird, wenn es nicht die Verwirklichung weiterer Möglichkeiten verhindert. Er trifft damit eine Aussage über den Sinn der Welt: er besteht nicht in der Existenz von Unvergänglichem, sondern in der Verwirklichung *aller* Möglichkeiten, die zugleich bestehen können oder, wie Leibniz sagen wird, *kompossibel* sind.

Das Hervorbringen von Leben und Intelligenz gehört zwar nach Platon zum Sinn der Welt, aber sie sind nur ein Teil dessen, in dessen Hervorbringung er den Sinn der Welt sieht. Seine Sinnthese ist nicht C, sondern eine Verallgemeinerung von C. Diese Verallgemeinerung können wir auch im prometheischen Mythos ausgedrückt finden, denn Prometheus können wir als Repräsentanten der Einstellung verstehen, nach der alle Naturpotenzen auszuschöpfen sind.

Platon trug seine Lehre im *Timaios* vor, als er auf die Frage, warum es eine unvollkommene *vergängliche* Welt gibt, antwortete, es gehöre zum Guten und sei »in keiner Beziehung Mißgunst« des Weltbaumeisters, auch Unvollkommenes und Vergängliches zu schaffen.[375] Die Bedeutung dieser Antwort hat der Ideenhistoriker Arthur Lovejoy hervorgehoben: »The proposition that – as it was phrased in the Middle Ages – *omne bonum est diffusivum sui* here makes its appearance as an axiom of metaphysics.«[376] Lovejoy nannte das Prinzip, das er Platon befolgen sah, »the principle of plenitude«,[377] weil es fordert, die Welt mit sehr viel mehr Dingen und Verhältnissen zu bevölkern, als es der strenge parmenideische Wirklichkeitsstandard zuläßt. Es fordert, jede Möglichkeit zu verwirklichen, wenn ihre

---

[374] Parmenides Fr. 8 (Simplicius *Phys.* 145,1); vgl. G.S. Kirk und J.E. Raven, The Presocratic Philosophers, Cambridge UP 1966, 273.
[375] Platon, Timaios 29e; Schopenhauers Übersetzung.
[376] Arthur Lovejoy, The Great Chain of Being, 1936, [8]1966, 49. *omne bonum est diffusivum sui*: jedes Gute gießt sich aus.
[377] Lovejoy a.a.O. 52.

Verwirklichung nicht die Welt weniger voll von Wirklichkeit macht, als sie sein könnte.

Auch Aristoteles folgt der platonischen Revolution, denn er findet die Vollkommenheit der Menschen nicht darin, daß sie einer göttlichen Vollkommenheit nachstreben, sondern in der Betätigung ihrer spezifischen Fähigkeiten.[378] Er findet auch die Vollkommenheit von Pflanzen und Tieren darin, daß sie die in ihnen angelegten Möglichkeiten, ihr »Werk«, verwirklichen.[379] Auch er sieht die Vollkommenheit und daher implizit auch den Sinn der Welt darin, daß die in ihr angelegten Möglichkeiten wirklich werden.

Dem Prinzip der Fülle folgen auch (was Lovejoy außer acht läßt) die neuzeitlichen liberalen Philosophen und Politiker, wenn sie Gesellschaften, in denen viel Unvollkommenes entsteht, da jeder über sich selbst bestimmt, höher schätzen als Gesellschaften, in denen einige Autoritäten dem Rest ein Leben vorschreiben, das ihren Vollkommenheitsstandards entspricht. Allerdings gaben sie Platons Prinzip der Fülle einen neuen Akzent: es sind nun die Menschen, die die in der Welt angelegten Möglichkeiten verwirklichen.

Demselben Prinzip folgt Leibniz, wenn er Vollkommenheit als Maximum kompossibler Sachverhalte versteht;[380] ebenso Kant, wenn er seine *Idee zu einer allgemeinen Geschichte in weltbürgerlicher Absicht* mit dem Satz beginnt: »Alle Naturanlagen eines Geschöpfs sind bestimmt, sich einmal vollständig und zweckmäßig auszuwickeln.«[381] Wie Dyson das Leben mit Hilfe des Geistes für »endlos weiterlebend« hält,[382] so findet Kant in der Vernunft des Menschen »ein Vermögen, die Regeln und Absichten des Gebrauchs aller seiner Kräfte weit über den Naturinstinkt zu erweitern«, das »keine Grenzen ihrer Entwürfe (kennt)«.[383]

Auch die sozialistische Tradition folgt dem Prinzip der Fülle und impliziert damit eine platonische Sinnthese. Denn sie sieht die Entwicklung aller konstruktiven menschlichen Anlagen als Ziel der Geschichte. Marx erkennt sogar einen Sinn in der Erhebung ökonomischen Reichtums zum höchsten gesellschaftlichen Ziel. Denn

> wenn die bornierte bürgerliche Form abgestreift wird, was ist der Reichtum anders, als die im universellen Austausch erzeugte Universalität der Bedürfnisse,

---

[378] Aristoteles, Nikomachische Ethik I, 1098a7 und 1098a16.
[379] Aristoteles ebd. 1097b34-98a3 und De anima 415b15-21; De partibus animalium 645b19.
[380] Philosophische Schriften ed. Gerhardt, Bd.5, Berlin 1882 (Nouveaux Essais), 286.
[381] Kant, Idee, Erster Satz, a.a.O. 152.
[382] Dyson, Infinite in All Directions a.a.O. 118.
[383] Kant, Idee, Zweiter Satz, a.a.O. 153.

> Fähigkeiten, Genüsse, Produktivkräfte etc. der Individuen? Die volle Entwicklung der menschlichen Herrschaft über die Naturkräfte, die der sogenannten Natur sowohl, wie seiner eignen Natur? Das absolute Herausarbeiten seiner schöpferischen Anlagen, ohne andere Voraussetzung als die vorhergegangne historische Entwicklung, die diese Totalität der Entwicklung, d.h. der Entwicklung aller menschlichen Kräfte als solcher, nicht gemessen an einem *vorhergegebnen* Maßstab, zum Selbstzweck macht?[384]

Sogar akademische Philosophen der Gegenwart lassen Ansätze zu einer Antwort erkennen, die in der Tradition von Platon und Prometheus stehen. Das Einfallstor für die Antwort ist das Eingeständnis, daß auch moderne liberale Gesellschaften nicht mit Regeln der Gerechtigkeit auskommen, die nur sagen, was wir *nicht* dürfen. Vielmehr braucht man auch in modernen Gesellschaften, wie Rawls anerkennt, in der Verfolgung eines rationalen Lebensplans Ideen des guten Lebens, allgemeinverbindliche positive Ziele, zwar nicht »dicke«, wie die (liberalismuskritischen) Kommunitaristen behaupten, aber »dünne«.[385] Solche Ziele werden durch das *aristotelische Prinzip* bestimmt, das Rawls als empirisches Motivationsprinzip beschreibt:

> other things equal, human beings enjoy the exercise of their realized capacities (their innate or trained abilities), and this enjoyment increases the more the capacity is realized, or the greater its complexity«. »For example, chess is a more complicated and subtle game than checkers, and algebra is more intricate than elementary arithmetic. Thus the principle says that someone who can do both generally prefers playing chess to playing checkers, and that he would rather study algebra than arithmetic.[386]

Tatsächlich dient dies Prinzip Rawls nicht nur als empirisches Motivationsprinzip, sondern als positive Norm, die Handlungsziele angibt und rechtfertigt. Er gründet darauf Vorschriften, nicht nur Voraussagen. Man *soll* solche Handlungen ausüben, die unsere Anlagen und schon erworbene Fähigkeiten weiter entwickeln. Es spielt eine ähnliche normative Rolle wie Qutbs Norm, nicht die niederen, sondern die höheren Fähigkeiten zu betätigen; nicht überraschend, da beide Prinzipien auf Aristoteles zurückführen. Rawls verwendet das aristotelische Prinzip zudem wie Qutb nicht nur als individuelles, sondern als gesellschaftliches Prinzip. Qutb befürchtet von der Nichtbefolgung des Prinzips Spiritualitätsmangel, Rawls Öde:

> [...] in the design of social institutions a large place has to be made for it, otherwise human beings will find their culture and form of life dull and empty.

---

[384] Karl Marx, Grundrisse der Kritik der politischen Ökonomie, Frankfurt (Europ. Verlagsanstalt) o.J., 387.
[385] John Rawls, A Theory of Justice a.a.O. 395f.
[386] ebd. 426.

> Their vitality and zest will fail as their life becomes a tiresome routine. And this seems borne out by the fact that the forms of life which absorb men's energies, whether they be religious devotions or purely practical matters or even games and pastimes, tend to develop their intricacies and subtleties almost without end. As social practices and cooperative activities are built up through the imagination of many individuals, they increasingly call forth a more complex array of abilities and new ways of doing things. That this process is carried along by the enjoyment of natural and free activity seems to be verified by the spontaneous play of children and animals which shows all the same features.[387]

Rawls' aristotelisches Prinzip hat auch die Tugend, Individuen zusammenzuführen. Denn Menschen erfreuen sich nicht nur an der eigenen Betätigung ihrer Fähigkeiten; sie präsentieren sie auch gern einander. »To the degree [...] that the esteem and admiration of others is desired, the activities favored by the Aristotelian Principle are good for others as well.«[388]

Warum aber will Rawls sein aristotelisches Prinzip nur als deskriptiv verstehen, obgleich er ihm auch normative Funktionen gibt? Vermutlich weil er in ihm zuerst eine in Menschen und andern Lebewesen angelegte Tendenz zur Verwirklichung und Entwicklung von Fähigkeiten sieht. Seine Befolgung hat so vielseitige erfreuliche Wirkungen, weil es unserer Natur und der Natur der Welt entspringt. Wir können zwar von ihm abweichen, aber dann veröden wir unser Leben; wir entziehen ihm den Sinn, den wir gewöhnlich unreflektiert in ihm finden. Deshalb können wir fordern, ihm zu folgen, und es als Norm verstehen. Mit seiner Anerkennung aber implizieren wir auch eine Sinnthese, nämlich daß der Sinn des Lebens in der Entwicklung unserer Fähigkeiten besteht. Denn ohne seine Befolgung finden wir das Leben sinnleer.

Unser Rückblick auf die europäische Philosophiegeschichte zeigt uns eine bemerkenswerte Übereinstimmung in den Aussagen über das, was die Vollkommenheit der Welt und den Sinn des Lebens ausmacht. Sie stimmen nicht vollständig mit unserm Argument A überein, sind mit ihm aber auch nicht unvereinbar. Als historische Zeugnisse genommen, können sie uns darauf hinweisen, daß sie den »Geist« Europas charakterisieren und von dem Indiens und Ostasiens unterscheiden. Denn dort fand man die Vollkommenheit und den Sinn der Welt oft gerade in der Enthaltung von Tätigkeit und Entwicklung, im »Nichtsein« (und europäische Verehrer der indischen Philosophie wie Schopenhauer und der von ihm beeinflußte Wittgenstein des *Tractatus* folgten dieser Sicht). Diese Tatsa-

---

[387] ebd. 429.
[388] ebd. 429.

che sollte uns bei Allgemeinverbindlichkeitsansprüchen für Sinnthesen vorsichtig machen.[389]

Können wir dann überhaupt unser Argument A aufrecht erhalten? Betrachten wir zuerst, welche Revision von A unser Rückblick nahelegt. Statt A müßten wir A* folgen:

(P1) Wenn *a* aus objektiven Gründen gut ist und in W wirklich wird, dann gehört *a* zum Sinn von W.
(P2*) Es ist aus objektiven Gründen gut, daß möglichst viel von dem, was zugleich möglich ist, wirklich wird.
(C*) Es gehört zum Sinn der Welt, daß möglichst viel von dem, was zugleich möglich ist, wirklich wird.

Der Begriff, der in A* den des Lebens und der Intelligenz von A ersetzt, nämlich der von »möglichst viel von dem, was zugleich möglich ist«, ist erläuterungsbedürftig. Er setzt voraus, was Lovejoy als Platons Prinzip der Fülle beschrieb: daß es gut ist, daß alles, was möglich ist, wirklich wird, wenn es nicht Vollkommeneres verhindert. Was aber heißt, daß etwas vollkommener ist? Leibniz versuchte den Begriff der Vollkommenheit wieder durch den Begriff der Menge der Möglichkeiten zu erläutern: x ist vollkommener als y, wenn in x mehr Möglichkeiten verwirklicht werden als in y. Dies Verständnis von Vollkommenheit ist in Platons Prinzip der Fülle angelegt, und ich folge ihm in A*.

Der Leibnizsche Ansatz ermöglicht zudem, dem Einwand zu begegnen, daß mit dem Möglichen, das wirklich wird, auch Verbrechen oder Übles wirklich wird, und es daher nicht gut sein kann, daß möglichst viel vom Möglichen wirklich wird. Verbrechen und sonstige Übel sind Dinge, die gerade verhindern, daß möglichst viel von dem, was zugleich möglich ist, wirklich wird. Ihre Schlechtigkeit besteht in Destruktivität, und Destruktivität besteht darin, weniger an Möglichem wirklich werden zu lassen, als zugleich wirklich sein könnte.

Diese Erläuterungen sind nur mehr oder weniger intuitiv und können nicht alle Bedenken ausräumen, die sich gegen A* erheben. Aber ich will nicht die Richtigkeit, sondern nur eine gewisse Plausibilität von A* nachweisen, vorausgesetzt, man akzeptiert A.

---

[389] Max Weber, Gesammelte Aufsätze zur Religionssoziologie Bd. 2, Tübingen (Mohr) 1921, 222, sieht als Grund des indischen Nirwanastrebens »nicht etwa ›Überdruß am Leben‹, sondern ›Überdruß am Tod‹.« Wichtiger ist vielleicht (worauf mich Brenda Steinecke hinwies), die Assoziation von Sein mit Individuum-Sein und Nicht-Sein mit Nicht-Individuum-Sein. Darauf deutet auch Weber (ebd. 221). In dieser Sicht ließen sich asiatisches und europäisches Ideal als zwei Formen nur eines Ideals der Entwicklung von Naturanlagen verstehen.

5. Kapitel: Metaphysische Fragen

Wenn wir A akzeptieren, müssen wir nicht A* akzeptieren, denn P2 impliziert nicht P2*. Aber wir akzeptieren P2, weil wir Leben und Intelligenz schätzen. Und schätzen wir Leben und Intelligenz nicht deshalb, oder doch auch deshalb, weil sie eine Fülle von Möglichkeiten verwirklichen und die Intelligenz obendrein noch weitere unrealisierte Möglichkeiten erfassen und verwirklichen kann? Schätzen wir nicht auch Lebensformen um so mehr, je mehr Möglichkeiten sie verwirklichen und erfassen können? Warum halten wir Hunde oder Delphine für »höherstehend« als Regenwürmer? Nicht deshalb, weil sie differenzierter auf ihre Umwelt reagieren und aktiver auf sie einwirken können? Und heißt das nicht, daß sie mehr Möglichkeiten erfassen und verwirklichen können?

Wenn so, dann liegt es nahe, P2* zu akzeptieren, wenn man P2 akzeptiert. Dann aber wird man auch A* akzeptieren und mit C* einer Sinnthese folgen, die ich die *prometheische Idee* nennen will. C hat die moralische Implikation, daß man Leben und Intelligenz fördern soll, so weit man kann; C* die, daß man so viel wie möglich von dem, was zugleich möglich ist, verwirklichen soll. Wenn wir sehen, daß Gesellschaften nach dieser Implikation leben und möglichst viel von dem, was zugleich möglich ist, zu verwirklichen streben, dann werden wir sagen können, daß sie der prometheischen Idee folgen, auch wenn sie diese Idee nicht kennen oder sogar ausdrücklich verwerfen. Moderne liberale Gesellschaften aber streben in ihrer Produktion danach, nicht nur möglichst viel zu produzieren, sondern schon ihre Produktivkräfte möglichst dynamisch zu entfalten. Darin folgen sie der prometheischen Idee und mit ihr einer Sicht von dem, was der Sinn der Welt ist.

Halten wir fest: Wir können mit A eine Antwort auf die Sinnfrage angeben, für die wir bessere Gründe haben als für die Sinnlosigkeitsthese. Wenn wir A akzeptieren, hat auch A* einige Plausibilität. Die durch A* begründete prometheische Idee wird von modernen liberalen Gesellschaft in ihrem Produktionsbereich befolgt, auch wenn sie nichts von Sinnthesen wissen wollen.

Mit diesem letzten Punkt stellt sich eine neue Frage: wie weit erreicht eine Gesellschaft den Sinn, den sie implizit anerkennt? Es geht hier um die Dimension der Fehlbarkeit, auf die wir bei Wittgenstein stießen: wie weit kann der welteröffnende Sinn unserer Handlungen verfehlt werden? Denn sollte eine Sinnthese auch falsch sein: wenn eine Gesellschaft sie praktiziert, stellt sie dar, wie die Gesellschaft Wirklichkeit eröffnet. Eine Gesellschaft, die der prometheischen Idee folgt, erschließt andere Aspekte der Welt als eine, die sie verwirft.

Schluß: Gemeinsamkeiten von Fundamentalisten und Liberalen

1. Wie Philosophie und Wirklichkeit zusammenprallen

Die Einsicht in unsere Fehlbarkeit, so habe ich im zweiten Teil dieser Arbeit nachzuweisen gesucht, eröffnet nicht den Abgrund des Nihilismus, in den die Fundamentalisten die Moderne stürzen sehen. Die Einsicht ermöglicht uns vielmehr zu erkennen, daß wir in einer gemeinsamen Welt leben, wie Fortschritt in Wissenschaft und Moraltheorie möglich ist, inwiefern wir willensfrei sind und daß wir sogar einen Sinn der Welt annehmen können. Unsere Philosophie könnte uns davon überzeugen, daß unsere docklose Welt Grund zu heiterster Freude ist.

Sobald wir aber die Wirklichkeit betrachten, finden wir Arbeitslosigkeit und Terror, versiegende Ressourcen und Kriege jeglicher Art: Grund genug zu verzweifeln. Nur in einem entspricht sie der philosophischen Erwartung. Die prometheische Idee scheint die Gesellschaft fest im Griff zu halten. Was zwei kritische Zeitgenossen 1848 beschrieben, braucht heute nur durch Worte wie *Flugzeug, Atomkraft, Computer* und *Gentechnik* ergänzt zu werden:

> Unterjochung der Naturkräfte, Maschinerie, Anwendung der Chemie auf Industrie und Ackerbau, Dampfschiffahrt, Eisenbahnen, elektrische Telegraphen, Urbarmachung ganzer Weltteile, Schiffbarmachung der Flüsse, ganze aus dem Boden hervorgestampfte Bevölkerungen – welch früheres Jahrhundert ahnte, daß solche Produktionskräfte im Schoß der gesellschaftlichen Arbeit schlummerten.[390]

Die moderne Gesellschaft hat ungeheure Produktivkräfte entfesselt, aber sie »gleicht dem Hexenmeister, der die unterirdischen Gewalten nicht mehr zu beherrschen vermag, die er heraufbeschwor«.[391] Idee war die Verwirklichung von möglichst viel von dem, was zugleich möglich ist. Wirklichkeit wurde gewaltiger Reichtum für einige, Armut und Arbeitslosigkeit für viele und ein Gehäuse der Hörigkeit für alle – wenn wir jedenfalls einem konservativen Kritiker wie Max Weber folgen. Selbst wenn er übertreibt, kann auch der eifrigste Verteidiger der Wirklichkeit nicht leugnen, daß die prometheische Idee gründlich verfehlt wurde.

---

[390] K. Marx und Fr. Engels, Manifest der Kommunistischen Partei (1848), in Marx, Engels, Werke, Berlin (Dietz) 1964ff., Bd. 4, 467.
[391] ebd. 467.

1. Wie Philosophie und Wirklichkeit zusammenprallen

Ist daher unsere Einschätzung der Docklosigkeit voreingenommen? Diese befähigt uns zu verbindlichen Aussagen über das, was sein soll, aber die gesellschaftliche Wirklichkeit weicht entschieden von dem ab, was sie sein soll, obgleich sie doch wesentlich von liberalen Ideen und der Anerkennung unserer Docklosigkeit geprägt ist. Wie konnte sie die vielen Übel der Gegenwart zulassen? Gibt es nicht doch unerschütterliche Wahrheiten, die wir nur aus Trotz und Stolz auf unsere Freiheit nicht anerkennen wollen? Haben wir so viel Übel zugelassen, weil wir ewige Wahrheiten vergessen haben? Und ist nicht besonders deutlich, daß die prometheische Idee zum Elend der Gegenwart besonders viel beiträgt?

In der docklosen Welt liberaler Gesellschaften ist in der Tat etwas schief gelaufen; sie haben in der Dimension geirrt, auf die wir bei Wittgenstein gestoßen sind: Handlungen, die einmal einen guten Sinn hatten und Wirklichkeit eröffneten, haben ihn verloren und erzeugen eine Leere im Handelnden, ohne daß sich ihm die Wirklichkeit auftut, die einmal mit ihnen verbunden waren. Aber um diese Diskrepanz und ihre Ursachen zu erkennen, hilft uns kein unerschütterliches Fundament; wir müssen vielmehr von unserer Fehlbarkeit ausgehen.

Was die prometheische Idee betrifft, so waren es Vertreter einer dogmatischen Vernunft, die sie entwickelten; deshalb steht der Fundamentalist Qutb ihr ebenso nahe wie der Liberale Rawls. Eine Rückkehr zur dogmatischen Vernunft kann uns bei der Bewältigung der Übel der Gegenwart nicht helfen, da dogmatische und kritische Vernunft nicht in den Idealen unterschieden sind, sondern in der Art sie zu rechtfertigen, und daher in der Bereitschaft, sie zu revidieren. Was wir heute brauchen, ist die Bereitschaft, Vorstellungen zu revidieren, die einmal überzeugen konnten und doch zur Quelle von Fehlentwicklungen wurden.

Es liegt zwar nahe, der prometheischen Idee zu mißtrauen. Da wir unfähig sind, die entfesselten Produktivkräfte zu kontrollieren, müssen wir sie da nicht durch eine weniger produktionsorientierte Idee ersetzen? Das schlugen Heidegger und einige seiner Schüler vor: Herbert Marcuse, Hannah Arendt, Hans Jonas. Marcuse griff ausdrücklich die prometheische Idee an:

> Prometheus is the culture-hero of toil, productivity, and progress through repression [...], who creates culture at the price of perpetual pain. He symbolizes productiveness, the unceasing effort to master life [...] Prometheus is the archetypal hero of the performance-principle.« Statt Prometheus will Marcuse Orpheus, Narziß und Dionysos zu Leitfiguren erheben, denn sie »stand for a very different reality [...] Theirs is the image of joy and fulfilment, the voice that does not command but sings, the deed which is peace and ends the labor of conquest: the liberty from time that unites man with god, man with nature.[392]

---
[392] H. Marcuse, Eros and Civilization: A Philosophical Inquiry into Freud, New York (Vintage) 1955, 146f.

Schluß: Gemeinsamkeiten von Fundamentalisten und Liberalen

Hannah Arendt sieht die Entwicklung Europas seit der griechischen Antike als Depotenzierung des tätigen Lebens. Dies wurde in der Antike noch in all seinen Potenzen als Handeln, vor allem als politisches, verstanden und gelebt; Mittelalter und frühe Neuzeit magerten das Handeln aufs Herstellen ab; für die Gegenwart schließlich gibt es nur noch die Arbeit, die bloß die Notdurft des Stoffwechsels des Menschen mit seiner Umwelt vollzieht. Wir müssen aber mit »einer Arbeitsgesellschaft, der die Arbeit ausgeht«, rechnen. Wenn ihr »die einzige Tätigkeit (ausgeht), auf die sie sich versteht«: »Was könnte verhängnisvoller sein?«[393] Das Festhalten am prometheischen Ideal kann dann nur falsch sein, weil es nicht zu einem Handeln in all seinen Potenzen zurückführt.

Jonas, wie wir sahen, fordert eine Ethik, »die durch freiwillige Zügel« die Macht des »endgültig entfesselten Prometheus, dem die Wissenschaft nie gekannte Kräfte und die Wirtschaft den rastlosen Antrieb gibt [...] davor zurückhält, dem Menschen zum Unheil zu werden«.[394]

Wie immer man die praktischen Konsequenzen dieser drei Kritiken an der prometheischen Idee zu denken hat, sie sehen den Sinn der Welt von ihm verkannt. Marcuse stellt ihr eine »orphische« Lebensweise entgegen, Arendt ein Handeln, das alle Dimensionen des Tätigen ausschöpft, Jonas das Bewahren einer Menschheit, die ihrer eignen Idee entspricht. Was sie ihr entgegenstellen, ist jedoch kein Gegensatz, sondern nur ein Aspekt an ihr. Zur Entfaltung aller Fähigkeiten gehört auch die der eher passiven und lustbetonten Fähigkeiten eines Orpheus, Dionysos, Rilke oder Baudelaire.[395] Ein Handeln, das alle Dimensionen des Tätigen ausschöpft, ist eine Voraussetzung der Entfaltung menschlicher Fähigkeiten, und ebenso ein Bewahren der Menschheit, die ihrer eignen Idee entspricht.

Ist es aber nicht heute, da die Produktivkräfte unkontrolliert wuchern, irreführend, die prometheische Idee herauszuheben? Nun, gerade heute ist es notwendig zu sehen, daß der entscheidende Faktor, der auf alle heutigen Gesellschaften einwirkt, die Entwicklung der Produktivkräfte ist. Wenn sie außer Kontrolle ist, muß man Kontrolle gewinnen und nicht auf andere Bereiche ausweichen. Prometheus aber steht für den kontrollierten Gebrauch des Feuers. An ihm als Idee festhalten heißt auch am Ziel festhalten, die Produktivkräfte zu kontrollieren. Die Ideen, die Marcuse, Arendt und

---

[393] Hannah Arendt, Vita Activa (1958), München (Piper) 1981, 12.
[394] im Klappentext von Hans Jonas, Das Prinzip der Verantwortung. Frankfurt (Fischer) 1979.
[395] So auch Marshall Berman, All That is Solid... a.a.O. 127. Die Entwicklung sowohl der aktiven wie der rezeptiven Fähigkeiten gehört auch zu Nietzsches Idee der Vollkommenheit.

1. Wie Philosophie und Wirklichkeit zusammenprallen 199

Jonas der prometheischen entgegenstellen, wecken dagegen Hoffnungen, daß orphische Tätigkeiten, eine Orientierung an der griechischen Antike oder eine Ethik des Bewahrens die drohenden Katastrophen abwenden können. Was Berman den kulturorientierten Kulturkritikern des 20. Jahrhunderts vorhält, gilt daher auch für Marcuse, Arendt und Jonas:

> [...]what is masked here, by modernists and anti-modernists alike, is the fact that these spiritual and cultural movements, for all their eruptive power, have been bubbles on the surface of a social and economic cauldron that has been teeming and boiling for more than a hundred years. It is modern capitalism, not modern art and culture, that has set and kept the pot boiling – reluctant as capitalism may be to face the heat.[396]

Die Orientierung an der prometheischen Idee macht uns klar, daß wir Besserung der gegebenen Verhältnisse nur hoffen können, wenn wir den Dampfkessel unter Kontrolle bringen, ohne seine Kraft zu schwächen, der alle modernen Gesellschaften antreibt. Dieser Kessel ist die kapitalistische Ökonomie. *Marx* konnte noch hoffen, man brauche nur den Markt durch den Plan zu ersetzen, um die heraufbeschworenen Gewalten zu beherrschen, ohne ihre Kraft zu beschneiden; *wir* können es nach den fehlgeschlagenen planwirtschaftlichen Experimenten des 20. Jahrhunderts nicht mehr. Wir können zumindest nicht mehr hoffen, die Errichtung einer Planwirtschaft reiche zur Beherrschung aus. Ebensowenig können wir hoffen, einige Reformen in der Marktwirtschaft könnten genügen, die modernen Gesellschaften auf sichere Gleise zu bringen und weitere Katastrophen zu verhindern.

Statt den Markt zu ersetzen, müssen wir ihn kontrollieren lernen. Nur dann können wir hoffen, seine Dynamik zu erhalten und zugleich für alle nützlich zu machen. Es gehört aber gerade zur Eigenart des modernen Denkens über den Markt, daß seine eifrigsten Kritiker und Verteidiger in ihm übereinstimmend eine Institution sehen, die man weder kontrollieren kann noch darf. Wie wir sahen, blieb Qutb von der westlichen Annahme der Unkontrollierbarkeit des Marktes unbeeindruckt. Seine positive ökonomische Idee ist eine Form des gebändigten Kapitalismus, den Marx vermutlich als kleinbürgerliche Illusion verhöhnt hätte. Marx aber konnte zwar seine Annahme der Unzähmbarkeit des Marktes auf historische Erfahrungen gründen. Tatsächlich stärkten die Versuche, den Markt zu regulieren, nur die Macht des Kapitals. Wenn es aber möglich war, wie wir wissen und Marx nur hoffte, trotz dieser Macht den Markt durch den Plan

---

[396] Marshall Berman a.a.O. 123. Grundsätzlich dasselbe Urteil fällt C. Offe, The Utopia of the Zero Option a.a.O. 19-21.

zu ersetzen, dann kann es nicht unmöglich sein, ihn, ebenfalls in einem politischen Kampf, zu regulieren.

Wir haben vor Marx auch die historische Erfahrung voraus, daß eine Einbettung des Marktes immerhin für etwa drei Jahrzehnte möglich war. Nach den Weltwirtschaftskrisen der 20er und 30er Jahre unterwarf sich die Ökonomie der USA einem *new deal*, der die Schere zwischen den Schlecht- und Gutverdienenden, die heute weit auseinandergeht, zusammendrückte und die Gesellschaft aufblühen ließ. Für diesen Erfolg war es gewiß nicht unwichtig, daß ein Weltkrieg die Wirtschaftsführer zu Kompromissen zwang oder bereit machte, die sie später nicht mehr eingehen wollten. Dennoch haben wir einen historischen Beleg für eine Marktzähmung, die nach Marx unmöglich sein sollte.

Weber gründete seine Annahme der Unzerbrechlichkeit des Gehäuses, den der »ungeheure Kosmos« der »heutigen kapitalistischen Wirtschaftsordnung« allen durch »die Normen seines wirtschaftlichen Handelns« aufzwinge, auf seine Annahme der Eigengesetzlichkeit aller Wertsphären oder Subsysteme moderner Gesellschaften. Die Eigengesetzlichkeit des Marktes aber ist besonders verhängnisvoll für die Autonomie der Individuen,[397] weil die Ökonomie moderne Gesellschaften dominiert. »Der Fabrikant, welcher diesen Normen dauernd entgegenhandelt, wird ökonomisch ebenso unfehlbar eliminiert, wie der Arbeiter, der sich ihnen nicht anpassen kann oder will, als Arbeitsloser auf die Straße gesetzt wird.«[398]

Webers Einschätzung der Rolle der Ökonomie hat sich in dem Maß bestätigt, wie nicht nur Fabrikanten und ihre Arbeiter in den zu Webers Zeit industrialisierten Gesellschaften »in den Zusammenhang des Marktes verflochten« sind. Heute gibt es kaum noch Menschen auf der Welt, die nicht von den Gesetzen des Marktes betroffen sind. Überall werden Menschen in ein System gezogen, das ihnen die Eigengesetzlichkeit der Sphären aufdrängt und den praktischen Polytheismus nahelegt, den Weber beschrieben hat.[399] Daher hätte Weber für den Islam, die Kultur mit der heute stärksten

---

[397] Weber gebraucht das Wort *Autonomie* nur zur Beschreibung politischer Rechte von Verbänden, vgl. etwa Wirtschaft und Gesellschaft, Tübingen (Mohr) ⁵1980, 419; Gesammelte Aufsätze zur Religionssoziologie a.a.O. I 469. am ehesten entspricht sein Begriff der *Persönlichkeit* dem, was ich als Autonomie beschreibe; vgl. Gesammelte Aufsätze zur Religionssoziologie a.a.O. I 521; Soziologie, Universalgeschichtliche Analysen, Politik a.a.O. 190, 224, 314f. Wegen der Ansprüche, die man stellt, wenn man Persönlichkeit sein will, gebrauchte Weber, wie die angegebenen Stellen zeigen, diesen Begriff auch mit Spott.

[398] Weber, Gesammelte Aufsätze zur Religionssoziologie a.a.O. (Die protestantische Ethik) 37.

[399] Weber, Wissenschaft als Beruf, in Soziologie, universalgeschichtliche Analysen, Politik a.a.O., 329: »Es ist wie in der alten, noch nicht von ihren Göttern und Dämo-

monotheistischen Tradition, den stärksten Widerstand gegen den modernen Polytheismus oder die Eigengesetzlichkeit der Wertsphären voraussagen und sich glänzend bestätigt finden können.[400] Aber seine Einschätzung zeigt sowenig wie die von Marx, daß der Markt unkontrollierbar ist. Sie zeigt, daß er nicht kontrolliert wurde.

Das Erstaunlichste aber ist, daß auch die intelligenten Verteidiger des Kapitalismus die Unzähmbarkeit des Marktes behaupten. Sie unterscheiden sich nur darin von Marx und Weber, daß sie in seiner Unzähmbarkeit keinen Angriff auf die Autonomie der Individuen sehen, sondern deren Förderung. Dabei leugnen sie nicht einmal, daß der Markt Autonomie in der Sphäre der Ökonomie ausschließt. Sie argumentieren vielmehr, ein solcher Ausschluß sei notwendig, um einer Gesellschaft Reichtum zu sichern, Reichtum aber gebe den Menschen mehr Handlungsoptionen und mit ihnen mehr Autonomie.

2. Liberale Gesellschaften und Autonomie

Die wirtschaftsliberale Tradition erkennt an, daß für die Entstehung freier Märkte und des Kapitalismus weder ein Mensch noch eine Gruppe verantwortlich war. Die menschliche Geschichte ist nach ihr normalerweise die ungewollte und unvorhergesehene Folge gewollter Handlungen. Sie soll es aber auch bleiben. Der Mensch würde seine Fähigkeiten überschätzen, wollte er Institutionen und ihre Entwicklung planen. Wofür er allein verantwortlich sein kann, ist zu sichern, daß seine Handlungen und ihre institutionellen Rahmenbedingungen seiner Natur entsprechen. Unserer Natur entsprechen wir, wenn wir tauschen, und die institutionellen Rahmenbedingungen schaffen wir mit einem Recht, das die Freiheit der Märkte schützt. In Gesellschaften, und nur in solchen, in denen sich Märkte frei und ungeplant entwickeln können, findet der Mensch ein Maximum seiner Handlungsfreiheit und mit ihr ein Maximum seiner Verantwortlichkeit und Autonomie. Der Ausschluß der Verantwortlichkeit für die Ökonomie ist die Bedingung größter Autonomie.

---

nen entzauberten Welt, nur in anderem Sinne: wie der Hellene einmal der Aphrodite opferte und dann dem Apollon und vor allem jeder den Göttern seiner Stadt, so ist es, entzaubert und entkleidet der mythischen, aber innerlich wahren Plastik jenes Verhaltens, noch heute.«

[400] Die islamischen Fundamentalisten verfechten unter dem Begriff der Einheit (*tawhid*) eine Harmonie von Staat, Gesellschaft, Wirtschaft und Kultur, die mit der organizistischen Gesellschaftsidee des ebenso fundamentalistischen Erzbischofs Lefebvre übereinstimmt. Vgl. Sadik Al-Azm, Das Unbehagen in der Moderne, Frankfurt (Fischer) 1993. 133.

Adam Smith hat diese Sicht in klassischer Weise artikuliert. Er stützt sich dabei auf die schottische Aufklärung. Wie er kritisierten seine schottischen Kollegen Adam Ferguson und David Hume das naive Gesellschafts- und Geschichtsbild der frühen Aufklärung. Diese neigte dazu, Institutionen als das Werk wohlwollender oder machtgieriger Menschen zu betrachten. Für die Schotten sind sie dagegen die ungewollte Folge gewollter Handlungen. Smith folgt dieser Betrachtung, wenn er die Arbeitsteilung seiner Zeit preist und wie folgt erklärt:

> This division of labour, from which so many advantages are derived, is not originally the effect of any human wisdom, which foresees and intends that general opulence to which it gives occasion. It is the necessary, though very slow and gradual consequence of a certain propensity in human nature which has in view no such extensive utility; the propensity to truck, barter, and exchange one thing for another.[401]

Eine Gesellschaft würde alle Vorteile der Arbeitsteilung genießen und ihren Reichtum vermehren, wenn Dinge ihrem »natural course« folgten, »perfect liberty« herrschte und »every man was perfectly free both to chuse what occupation he thought proper, and to change it as often as he thought proper«.[402] Zu dieser Freiheit der Berufswahl gehört auch die, egoistischen Bereicherungsinteressen zu folgen.

Im 20. Jahrhundert hat Friedrich Hayek dieselbe Auffassung gegen sozialistische Ideen der Planbarkeit von Gesellschaften formuliert. »In society, reliance on spontaneous order both extends and limits our powers of control«,[403] lehrt er. Die *spontaneous order* ist die Ordnung von Märkten. Sie entsteht, wenn wir Verhaltensregeln folgen,[404] die das Recht der Marktfreiheit sichern.[405] In modernen Gesellschaften sichern solche Regeln obendrein »a great increase of the return which men receive from their efforts«: sie werden zu Regeln eines »wealth-creating game (and not what game theory calls a zero-sum game)«.[406]

Wirtschaftsliberale eint die Annahme, Gesetze zum Schutz der Marktfreiheiten reichten aus, Bereicherungsinteressen so zu kanalisieren, daß

---

[401] Ad. Smith, The Wealth of Nations (1776) bk 1, ch 2, ed. A. Skinner, Penguin 1986, 117.
[402] Ad. Smith, ebd., bk. 1, Anfang von chap. 10.
[403] Friedrich A. Hayek, Law, Legislation and Liberty, vol.1, Rules and Order, Univ. of Chicago Pr. 1973, 41.
[404] ebd. 43.
[405] ebd. 44f.
[406] F.A. Hayek, Law, Legislation and Liberty, vol. 2, The Mirage of Social Justice, Univ. of Chicago Pr. 1976, 115. Im Nullsummenspiel ist der Gewinn eines Spielers der Verlust eines oder mehrerer anderer.

2. Liberale Gesellschaften und Autonomie

jeder gerade durch sein egoistisches Handeln sich und jeden anderen bereichert. Man muß nur statt seiner Autonomie der Eigenlogik der Ökonomie folgen. Wie Smith argumentierte: »It is not from the benevolence of the butcher, the brewer, or the baker that we expect our dinner, but from their regard to their own interest. We address ourselves, not to their humanity but to their self-love, and never talk to them of our own necessities but of their advantages.«[407] Bernard Mandeville brachte dieselbe Moral in seiner Bienenfabel drastischer auf die Formel *private vices, public benefits*:[408] was im Privaten, der Moral der Vergangenheit, als Laster gilt, Egoismus und Selbstliebe, erweist sich im Öffentlichen, auf dem Markt, bei konsequenter Befolgung als Moral der Zukunft.

Mandeville, Smith und Hayek sind sich einig, daß ein Marktsystem die Moral revolutioniert. Wenn durch marktkonformes Handeln die wirtschaftlich Schwachen leiden, so verletzt das zwar die traditionelle Moral, da diese Wohltätigkeit fordert. Auf lange Sicht aber fördert marktkonformes Handeln den Reichtum und die Autonomie aller.

Man kann sich der Eleganz dieser Theorie schwer verschließen, und Marx und Weber haben sich ihren früheren Versionen offenbar nicht verschließen können. Müssen wir nicht anerkennen, daß unsere Gesellschaften reich wurden durch die Anerkennung der Eigengesetzlichkeit der Ökonomie und den Verzicht darauf, ihr moralische Vorstellungen aufzuzwingen? Es bleibt jedoch erstaunlich, wie bereitwillig die Wirtschaftsliberalen den Stolz auch der liberalen Tradition preisgaben, nämlich den Anspruch der Vernunft des Menschen, alle seine Lebensbedingungen ihrer Kritik zu unterwerfen. »Unser Zeitalter ist das eigentliche Zeitalter der Kritik«, verkündete Kant, »der sich alles unterwerfen muß. *Religion*, durch ihre *Heiligkeit*, und *Gesetzgebung* durch ihre *Majestät*, wollen sich gemeiniglich derselben entziehen. Aber alsdann erregen sie gerechten Verdacht wider sich«.[409]

Ökonomie darf sich nach den Wirtschaftsliberalen der Kritik durch ihre Reichtumsschöpfung entziehen. Das ist immerhin ein Argument. Aber hält es der Kritik stand?

Das Versprechen der Wirtschaftsliberalen war, ein ungehinderter Markt werde *alle* reich machen, gewiß die einen reicher als die andern, aber auch den Ärmsten reicher als den Reichsten in einer Gesellschaft, die den Markt und seine Freiheiten nicht schützt. Diese Erwartung sprach schon ein Jahrhundert vor Adam Smith John Locke aus, als er die fruchtbaren Ländereien

---

[407] Ad. Smith, The Wealth of Nations a.a.O. 119.
[408] Bernard Mandeville, The Fable of the Bees; or Private Vices, Public Benefits, ⁶1729
[409] Kant, Kritik der reinen Vernunft A XI Anm.

Amerikas mit dem eigenen Land verglich, in dem die Produzenten ihre Produkte ungehindert von Traditionen aneignen und verkaufen dürfen: »[...]a King of a large and fruitful Territory there feeds, lodges, and is clad worse than a day Labourer in *England*.«[410]

Gestehen wir den Wirtschaftsliberalen zu, daß der Kapitalismus allen Menschen bessere Nahrung, Wohnung und Kleidung schafft, so bleibt doch die Frage, ob das genug ist, den Ausschluß der Autonomie aus der Ökonomie zu rechtfertigen. Es ist nicht genug, aus einem einfachen Grund. Wenn das heutige ökonomische System nicht allen oder auch nur den meisten, die arbeiten wollen, Arbeit sichern kann, dann kann der Ausschluß der Autonomie aus der Ökonomie unter keinen Umständen gerechtfertigt werden. Arbeitslosigkeit ist Ausschluß vom produktiven Gebrauch am positiven Gemeineigentum natürlicher Ressourcen und daher ein Unrecht, das durch keine Arbeitslosenhilfe kompensierbar ist. Der Markt erwies sich als unfähig, sie nach seinen Gesetzen zu beheben; daher müssen wir ihn regulieren.

So einig nun die Wirtschaftsliberalen darin sind, daß Autonomie auf dem Markt nichts zu suchen hat, so einig sind erstaunlicherweise die Experten auch heute noch darin, daß die Gesellschaft, die uns bevorsteht, den Massen weder Arbeit noch Autonomie zu bieten hat. Ihr Konsens wurde 1995 auf einer Konferenz ausgesprochen, zu der, mehr Groteske als Ironie der Geschichte, der letzte sowjetische Staatspräsident Gorbatschow in seiner Eigenschaft als Vorsitzender einer ihm von US-Mäzenen eingerichteten Stiftung »500 führende Politiker, Wirtschaftsführer und Wissenschaftler aus allen Kontinenten« nach San Francisco ins Fairmont Hotel eingeladen hatte. Einer der wenigen geladenen Journalisten berichtet über diesen »globalen Braintrust«, wie Gorbatschow die Versammlung nannte:

20 Prozent der arbeitsfähigen Bevölkerung würden im kommenden Jahrhundert ausreichen, um die Weltwirtschaft in Schwung zu halten [...]. Ein Fünftel aller Arbeitssuchenden werde genügen, um alle Waren zu produzieren und die hochwertigen Dienstleistungen zu erbringen, die sich die Weltgesellschaft leisten könnte. Diese 20 Prozent werden damit aktiv am Leben, Verdienen und Konsumieren teilnehmen – egal, in welchem Land. Das eine oder andere Prozent, so räumen die Diskutanten ein, mag noch hinzukommen, etwa durch wohlhabende Erben [...] der US-Autor Jeremy Rifkin, Verfasser des Buches ›Das Ende der Arbeit‹, (sagt), ›die unteren 80 Prozent werden gewaltige Probleme bekommen.‹ Sun-Manager [...] beruft sich auf seinen Firmenchef Scott McNealy: Die Frage sei künftig, ›to have lunch or be lunch‹, zu essen haben oder gefressen werden. [...] Im Fairmont wird eine neue Gesellschaftsordnung skizziert: reiche Länder ohne nennenswerten Mittelstand – und niemand widerspricht.

---

[410] John Locke, Two Treatises of Government II § 41, loc.cit.

2. Liberale Gesellschaften und Autonomie 205

Vielmehr macht der Ausdruck ›tittytainment‹ Karriere, den der alte Haudegen Zbigniew Brzezinski ins Spiel bringt. [...] ›Tittytainment‹, so Brzezinski, sei eine Kombination von ›entertainment‹ und ›tits‹, dem amerikanischen Slangwort für Busen. Brzezinski denkt dabei weniger an Sex als an die Milch, die aus der Brust einer stillenden Mutter strömt. Mit einer Mischung aus betäubender Unterhaltung und ausreichender Ernährung könne die frustrierte Bevölkerung der Welt schon bei Laune gehalten werden.[411]

Das Fairmont-Szenario läßt offen, wie lange 20 Prozent bereit sind, 80 Prozent auszuhalten. Eine Gesellschaft, die 80 Prozent von der Produktion ausschließt, wird sie auch von ihrer Reproduktion, wenn nicht vom Überleben ausschließen. »Es ist keine Gesellschaft mehr möglich, wenn 4/5 der Menschen überflüssig und unproduktiv sind, aber auch keine Ökonomie. Man muß diese Leute dann loswerden.«[412]

Wenn dies die Entwicklung ist, die uns bevorsteht, dann können wir einige Punkte als bewiesen betrachten. *Erstens*, die Klage der Fundamentalisten, Marxisten und Weberianer, der Kapitalismus behindere Autonomie, ist berechtigt. *Zweitens*, der Ausschluß der Autonomie aus der Ökonomie oder die Anerkennung ihrer Eigengesetzlichkeit führt in eine gewaltige Katastrophe. *Drittens*, es ist nicht Docklosigkeit oder die Anerkennung unserer Fehlbarkeit, die diese Katastrophe verursacht, sondern die dogmatische Anerkennung der Eigengesetzlichkeit der Ökonomie. *Viertens*, die Anerkennung der Eigengesetzlichkeit der Ökonomie widerspricht der prometheischen Idee, da sie zum Brachlegen der Fähigkeiten von 80% der Bevölkerung führt. Die prometheische Idee verlangt keine Vollbeschäftigungspolitik, aber verbietet eine Politik, die Menschen an der Entwicklung ihrer Fähigkeiten hindert. *Fünftens*, der Sinn, den die Anerkennung der Eigenlogik des Marktes zu Adam Smiths Zeit haben konnte, nämlich eine moralistische Drosselung der Produktivkräfte zu verhindern, ist heute umgeschlagen in den Sinn, 80% der Bevölkerung brachzulegen und mit *tittytainment* stillzustellen. Dieser Umschlag zeigt den Punkt an, an dem die liberalen Gesellschaften ihren Sinn verfehlt haben. Er zeigt uns, was in ihrer Entwicklung schiefgelaufen ist und warum die Ideen der Philosophie und die Wirklichkeit der Gesellschaft zusammenprallen.

Noch einen *sechsten* Punkt sollten wir erkennen. Die Systemkritik, nach der das kapitalistische System Herrschaft um der Beherrschung willen aufrecht halten kann, weil es sich »durch ein technokratisches Bewußtsein legitimiert«, die »Kategorie der ›Sittlichkeit‹ als einer Kategorie für Le-

---

411 Hans-Peter Martin und Harald Schumann, Die Globalisierungsfalle. Der Angriff auf Demokratie und Wohlstand, Reinbek b. Hamburg (Rowohlt) 1998, 10 und 12f.
412 Susan George im Interview in Christiane Grefe, Mathias Greffrath, Harald Schumann, Attac. Was wollen die Globalisierungskritiker, Reinbek (Rowohlt) 2003, 206.

bensverhältnisse überhaupt« verdrängt, die »Masse der Bevölkerung« entpolitisiert und den »*Unterschied von Praxis und Technik*« eliminiert[413] – diese Kritik läßt sich heute (wenn überhaupt je) nicht halten. Durch den Unwillen seiner Vertreter, die Massen auszubilden, provoziert das System den Rückgriff auf die Kategorie der Sittlichkeit, die Unterscheidung von Praxis und Technik und von systemsprengenden und systemerhaltenden modernen Techniken und eine Repolitisierung der Bevölkerung nicht nur in Europa.

Die Frage, die Habermas in seiner Auseinandersetzung mit Herbert Marcuse und Max Weber den Theoretikern stellte, »was das heißt: daß sich die rationale Form von Wissenschaft und Technik, also die in Systemen zweckrationalen Handelns verkörperte Rationalität, zur Lebensform, zur ›geschichtlichen Totalität‹ einer Lebenswelt erweitert«,[414] erweist sich als falsch gestellt. Was sich im heutigen System zu einer Lebensform erweitern will, sind keine Systeme zweckrationalen Handelns, sondern ist nur das Subsystem einer *Ökonomie*, die der fixen Idee eines selbstregulierten Marktes folgt.

Die Rationalität von Wissenschaft und Technik ist auch keine Zweckrationalität. Die Rationalität von *Wissenschaft* ist die Rationalität der kritischen Vernunft, die über die Verbindlichkeit empirischer Aussagen danach entscheidet, ob sie mit unsern sonstigen empirischen Annahmen, insbesondere mit den aus den Theorien ableitbaren riskanten Voraussagen kohärieren. Die Rationalität von *Technik* ist zwar zweckorientiert, aber da sie von der Rationalität von Wissenschaft abhängt, ist auch sie keine Zweckrationalität; ich habe sie als prometheische Vernunft zu bestimmen versucht. Sie ist weder systemimmanent noch etwas, was heute nicht von der »Praxis« unterscheidbar wäre, dem Handeln, das nach Werten und nicht nach Zweckeffizienz beurteilt wird. Vielmehr wird heute offensichtlich, daß das Subsystem der Ökonomie zu einem unmoralischen Gebrauch der Technik tendiert. Das Potential der Technik ist radikal verschieden von dem der Marktökonomie, da dies historisch beschränkt ist, die Technik dagegen, wie auch Habermas sagt, »offenbar nur auf ein ›Projekt‹ der Menschengattung *insgesamt* zurückgeführt werden kann und nicht nur auf ein historisch überholbares«.[415]

Aber alle diese Überlegungen unterstellen, daß das Fairmont-Szenario die Entwicklung ist, die uns bevorsteht. *Ist* es das? Gewiß nur, wenn die Ei-

---

[413] so Habermas in *Technik und Wissenschaft als ›Ideologie‹* a.a.O. 90f., einer Schrift, die dennoch eine auch heute aktuelle Analyse der Gegenwart gibt.
[414] ebd. 59f.
[415] ebd. 55.

2. Liberale Gesellschaften und Autonomie

gengesetzlichkeit des Marktes respektiert bleibt. Daraus können wir wieder nur schließen, daß wir sie nicht respektieren dürfen.

Wir haben daher keinen Grund zur Revision unserer Annahmen über die Docklosigkeit. Es gibt auch keinen Grund, die prometheische Idee fallen zu lassen, die die Wirtschaftsliberalen der Anerkennung der Marktlogik opfern und manche Systemkritiker nicht von der Marktlogik unterscheiden wollen. Wir sind jedoch nicht auf eine Orientierung an ihr angewiesen, denn wir haben genug verbindliche Moralprinzipien, die uns in der Durchsetzung der Autonomie gegen die Eigengesetzlichkeit der Ökonomie leiten können.

Einen Punkt allerdings sollten wir revidieren, falls unsere Kritik am Fundamentalismus zur Konsequenz geführt haben sollte, eine Zusammenarbeit zwischen Fundamentalisten und Liberalen sei unmöglich. Die Liberalen werden eine für Veränderungen ausreichende Autonomie nicht gewinnen, wenn sie für sie nicht gemeinsam mit den Fundamentalisten kämpfen.

Die Attraktionen des Fundamentalismus sind zu groß und die Tugenden der Docklosigkeit zu unauffällig, als daß man auf einen großen Schwund des Fundamentalismus bauen könnte. Trotz der Unvereinbarkeit ihrer Auffassungen über die Fehlbarkeit hängen Fundamentalisten und docklose Liberale einem gemeinsamen positiven Ideal an, der prometheischen Idee der Entfaltung aller Fähigkeiten. Im politischen Islam hat dies Ideal zwar eine andere Fassung erhalten als im politischen Liberalismus. Wie wir sahen, verlangt die Gewissensfreiheit bei Qutb Freiheit nur für die höheren Fähigkeiten, nicht, wie das liberale Freiheits- und Entwicklungsideal, Freiheit für alle Fähigkeiten. Dieser Unterschied fällt jedoch heute vor den anstehenden Aufgaben nicht ins Gewicht. Die wichtigste Aufgabe ist die Beseitigung der Massenarbeitslosigkeit und die Verhinderung der 20:80-Tittytainment-Gesellschaft. Die Massen würden in einem Zustand gehalten, der der Betätigung ihrer höheren Fähigkeiten Hohn spräche. Das wäre nicht nur in den Augen des politischen Islam ein Verbrechen, sondern ebenso in den Augen des politischen Liberalismus. Der Kampf gegen das, was die Fairmont-Experten für unabwendbar halten, ist für politische Liberale ebenso moralisch geboten wie für politische Muslime und für christliche Fundamentalisten.

Ebenso wie die prometheische Idee verpflichtet das Ideal der Autonomie sowohl politische Liberale wie Fundamentalisten. Zwar können, wie wir sahen, Fundamentalisten dies Ideal in ihrer Praxis nicht verwirklichen; sie müssen, wenn sie mit ihrem Fundamentalismus nicht brechen wollen, am Ende ihren Offenbarungswahrheiten den Vorrang vorm selbständigen Urteil des Individuums geben. Dennoch appellieren sie an die Autonomie ihrer Anhänger, wenn sie diese auffordern, sich von der vorherrschenden

Praxis liberaler Gesellschaften zu trennen und gegen die Departmentalisierung des modernen Lebens die Einheit der Lebensführung in ihrer Religion zu finden. Nicht weniger als die Fundamentalisten sollten Liberale erkennen, daß ihr Autonomieideal unter den herrschenden ökonomischen Bedingungen im besten Fall nur von einer kleinen Minderheit erreichbar ist. Hier können sie von den Fundamentalisten lernen. Denn diese sehen schärfer als die Liberalen die heutige Bedrohung der Autonomie, obgleich sie diese nicht verwirklichen können.

3. Rückblick auf die Twin Towers

Nach dem 11. September 2001 sind die Gründe und Motive der Attentäter vielfältig analysiert worden. Eine Interpretation lautet: hinter dieser Ermordung einiger tausender Menschen steht der Haß gegen jede Art von Zivilisation. So schreibt Richard Herzinger:

> Der Einsturz der riesigen Türme, die wie kein anderes Wahrzeichen für die fortschrittsorientierte, säkulare Lebensart der westlichen Welt standen, rief archaische Muster apokalyptischer Endzeiterwartung wach. [...] Indem er sich exemplarisch gegen die große Stadt richtete, zielte der Angriff vom 11. September auf die Idee der Zivilisation schlechthin, wie sie uns aus uralten Mythen und religiösen Überlieferungen entgegentritt. [...] Der Ort, an dem die Zivilisation lebendige Form annimmt, ist die Stadt. Dort treffen Fremde unterschiedlicher Abstammung und religiöser Überzeugung aufeinander und müssen kulturelle Regelwerke schaffen, die von allen respektiert werden können. Aus den komplexen, arbeitsteiligen Beziehungen, die hier entstehen, entwickelt sich der Markt und die Geldwirtschaft. In allen Kulturen ist die Stadt Kern zivilisatorischer Entwicklung – gerade darum aber steht sie von Anfang an auch unter einem Generalverdacht. Ist ihre Existenz nicht ein unerhörter Bruch mit der natürlich vorbestimmten Lebensweise der Menschen? Reißt sie ihn nicht aus der symbiotischen Einheit der Gemeinschaft mit ihrem angestammten Boden, ist Haltlosigkeit und Ausschweifung nicht die unausweichliche Folge dieser Entwurzelung?«[416]

Es gibt den Haß auf Stadt und Zivilisation, auf Entwurzelung und Docklosigkeit, den Herzinger beschreibt, unter islamischen Radikalen, etwa unter den afghanischen Taliban. Aber es gibt ihn auch unter radikalen westlichen Ökologen und Konservativen. Notwendig gehört er zum politischen Islam sowenig wie zu den Ökologen und den christlichen Konservativen. Der politische Islam Qutbs insbesondere erkennt die Fortschrittlichkeit von Stadt und Zivilisation und die Notwendigkeit des Bruchs mit der überlieferten

---
[416] Richard Herzinger, Whisky für die Taliban, Die Zeit 39, 18.9.2004.

3. Rückblick auf die Twin Towers

Stammesgesellschaft (wenn auch nicht die Docklosigkeit) ebenso an wie Popper, Herzinger und andere politische Liberale (zu denen ich mich selbst zähle). Daher geht Herzingers Erklärung des Hasses der Terroristen vom 11. September fehl. Die Erklärung ist einfacher. Immer mehr Menschen sehen sich sowohl in der Einheit der Lebensführung wie in ihren Betätigungschancen durch das globale Marktsystem bedroht. Die Arbeitslosigkeit ist besonders groß in der Dritten Welt; die Einheit der Lebensführung ist besonders wichtig im Islam. Daher schlägt dem Westen aus den ärmsten Ländern der Welt und der Welt des Islam ein besonderer Haß entgegen.

Ihr Haß richtet sich nicht gegen die Zivilisation, sondern gegen die spezifische Art der Zivilisation, die der Westen heute repräsentiert. Diese erscheint gerade nicht als die Zivilisation, die Liberale wie Popper und Herzinger (und ich) hochhalten: als die Vereinigung, in der Fremde unterschiedlicher Abstammung und religiöser Überzeugung aufeinander treffen und kulturelle Regelwerke schaffen müssen, die von allen respektiert werden können. Sie erscheint vielmehr als eine Vereinigung von Kumpanen aus privilegierten Klassen zur Aneignung der enormen Gewinne, die der zunehmenden globalen Arbeitsteilung entspringen. Mit den Twin Towers wurden nicht Hochhäuser getroffen, die die Zivilisation repräsentierten wie einst der Turm zu Babylon, sondern das World Trade Center, in dem ihre Kritiker keine Zivilisation dargestellt finden, sondern ihre Verödung.

Die Brutalität der Terroristen vom 11. September, ihre Lust an Zerstörung und einem Krieg, in dem sie ihren eignen Tod verherrlichen, offenbart die Werthierarchie von Kriegern, die mit der Werthierarchie von Kaufleuten konkurriert. Diese Konkurrenz gibt es auch im Westen; amerikanische Politikberater empfehlen heute eine *warrior politics*.[417] Die wich-

---

[417] Robert D. Kaplan, Warrior Politics, Why leadership demands a pagan ethos, NY (Random House) 2002. Kaplan preist die USA als »the Romans of the modern world« und empfiehlt ihrer Regierung »Machiavelli's pagan virtue« (153 und 56). Seiner heidnischen Tugend entspringen wohl auch folgende Aussagen: »The Mexican War was probably unjust – motivated as it was by sheer territorial aggression. But it was a war worth fighting: the United States acquired Texas and the entire Southwest, including California« (130); Menschenrechte wurden »ultimately and most assuredly promoted« »by the preservation and augmentation of American power« (109). –
Kriegertugenden leben auch in Deutschland fort. Der Dresdner Kreuzchor sang am 26.2.2005 in der Kreuzchorvesper aus vollen Kehlen eine Motette von Heinrich Schütz zum 137. Psalm mit den Worten: »An den Wassern zu Babel saßen wir und weineten [...] Du verstörete Tochter Babel, wohl dem, der dir vergelte, wie du uns getan hast! Wohl dem, der deine jungen Kinder nimmet und zerschmettert sie an dem Stein.« Die Vesper wurde begleitet von einer Predigt, die von der Wichtigkeit des Brückenbauens handelte, aber nichts zum Psalm sagte.

tigsten Kaufmannswerte sind individuelle Freiheit und Friede. Islamische Kaufleute schätzen sie nicht weniger als europäische. Hochkulturen verdanken ihren Reichtum und ihre Kraft, einfallende Kriegerstämme zu assimilieren, nicht ihren kriegerischen Tugenden, in denen die sie bedrohenden Völker ihnen weit überlegen sind. Sie verdanken sie ihrer Fähigkeit, Barbaren von den Vorteilen ihrer Freiheiten zu überzeugen. Sie überzeugen sie von ihnen, wenn sie ihnen Betätigungsmöglichkeiten eröffnen, die ihre Vorfahren nicht hatten. Stellen sie statt solcher Betätigungsmöglichkeiten Arbeitslosigkeit in Aussicht, dann sind die Kaufmannsideale von Freiheit und Frieden ebenso chancenlos, wie sich die Jugend selbst in der Marktgesellschaft sieht, ganz unabhängig davon, was ihre soziale oder ethnische Herkunft ist.

Die globale Marktgesellschaft der Gegenwart ist in genau dieser Lage. Sie stellt der Jugend, oder 80 Prozent von ihr, weltweit ihre Überflüssigkeit in Aussicht. Die Selbstmordattentäter vom 11. September kamen aus eher bürgerlichen Familien. Ihre Ausbildung gab ihnen gute Chancen auf dem Arbeitsmarkt. Wenn sie sich trotzdem mit Kriegerwerten identifizierten, beweist das zwar die Attraktion eines Islam, der seine Gläubigen oft als Krieger anspricht. Es belegt aber auch die Wucht des Eindrucks der Chancenlosigkeit unter den Jugendlichen in vielen Ländern des Islam. Dieser Eindruck sprengt die Klassengrenzen und weckt bei Angehörigen der nicht direkt von Arbeitslosigkeit bedrohten Klassen eher das schlechte Gewissen unverdienter Privilegien als ein Vertrauen in die bürgerlichen Werte des Friedens und der individuellen Freiheit.[418]

Wenn das herrschende Bündnis von Wirtschaft, Wissenschaft und Politik, das die Fairmont-Konferenz repräsentierte, der Welt nur eine 20:80-Gesellschaft in Aussicht stellen kann, hat die Jugend gute Gründe, die Kriegerideale den Kaufmannsidealen vorzuziehen. Wenn sich an der Einstellung der Repräsentanten des Westens zur Arbeitslosigkeit nichts ändert, werden die Ideale eines Kampfs, der den eignen Tod verherrlicht, die Ideale von individueller Freiheit und Frieden verdrängen. Wer die Werte indivi-

---

[418] Manche Kommentatoren wollen in der Tatsache, daß viele Terroristen gerade nicht aus unteren Schichten stammen und oft beste Chancen auf Eingliederung in ein bürgerliches Leben hatten, den Beweis dafür sehen, sie seien nur von einem irrationalen Haß auf den Westen, insbesondere auf die USA, oder von neurotischen Gefühlen der Unterlegenheit ihrer Kultur gegenüber der westlichen motiviert. Sie sollten eigentlich aus Protestbewegungen, die sich nicht immer zur Brutalität von Terroristen bewegen ließen, gelernt haben, daß ihre Initiatoren gewöhnlich aus privilegierten Familien stammten und weder an Irrationalität noch an Unterlegenheitsgefühlen litten. Vgl. etwa Habermas, Technik und Wissenschaft als ›Ideologie‹ a.a.O. 102.

dueller Freiheit und des Friedens schätzt, wird dann keinen Grund haben, über Unrecht zu klagen. Ein Kriegerleben, das den eignen Tod verherrlicht, ist auch nach der liberalen Idee der Solidarität und dem aristotelischen Prinzip einem Leben in Tittytainment vorzuziehen.

Die Probleme der Arbeitslosigkeit sind nur die Zuspitzung eines Problems, das die Moderne kennzeichnet, die Epoche, die ökonomisch mit der Industrialisierung und philosophisch mit Zweifeln an der Aufklärung beginnt. Es ist das Problem, wie wir unter Bedingungen einer in Subsysteme zerfallenden Gesellschaft unser Leben vor einer Zerfaserung bewahren können, die, wenn wir Rousseau, Nietzsche und Weber glauben, der Verlust von Selbst und Sinn ist und gerade intellektuell bewegliche junge Leute ihr Seelenheil in fundamentalistischen Bewegungen suchen läßt. Dagegen drücken Wirtschaftsführer, Wissenschaftler und Politiker in ihrer Mißachtung der Folgen der Arbeitslosigkeit eine Gedankenleere aus, die Menschen nur möglich ist, wenn ihr Selbst aufgerieben und ihr Sinn nur noch der ist, sich durch Gewinnzahlen oder andere von ihresgleichen anerkannte Leitziffern bestätigt zu sehen. Weber hat sie schon beschrieben: »Fachmenschen ohne Geist, Genußmenschen ohne Herz: dies Nichts bildet sich ein, eine nie vorher erreichte Stufe des Menschentums erstiegen zu haben.«[419]

Wären die Twin Towers kein Trade, sondern ein Technology oder Engineering Center gewesen; wären sie nicht als Symbol einer zivilisationsgefährdenden Ökonomie verstanden worden, sondern als Symbol prometheischer Vermessenheit: sie könnten heute noch stehen. Jedes Symbol einer Einstellung, die Naturschranken herausfordert und Naturbedingungen im Interesse aller Menschen und aller nichtdestruktiven Fähigkeiten nutzt, wird Fundamentalisten mißfallen. Aber es wird keinen Haß der Massen erzeugen, den Fundamentalisten nutzen könnten. Prometheus ist nur den Privilegierten ein Feind.

---

[419] Max Weber, Die protestantische Ethik und der Geist des Kapitalismus, in Gesammelte Aufsätze zur Religionssoziologie I, 1920, 204. Weber spielt auf Nietzsches Beschreibung des letzten Menschen an in der Vorrede zu *Also sprach Zarathustra*, Nr. 5.

Literaturverzeichnis

Sadik J. AL-AZM, Islamischer Fundamentalismus – neubewertet, in Unbehagen in der Moderne. Aufklärung im Islam, Frankfurt (Fischer) 1993
Hans ALBERT, Traktat über kritische Vernunft, Tübingen (Mohr) 1968
Hannah ARENDT, Vita Activa (1958), München (Piper) 1981
Hannah ARENDT, Vom Leben des Geistes Bd.2: Das Wollen, München (Piper) 1979
ARISTOTELES: alle Stellenangaben beziehen sich auf die Seiten und Zeilen der Ausgabe von I. Bekker, Berlin 1831.
ARISTOTELES, The Nicomachean Ethics, transl. H. Rackham, London 1962 (Loeb Library)
Jan ASSMANN, Die Mosaische Unterscheidung, München (Hanser) 2003

John D. BARROW, Theorien für Alles. Die Suche nach der Weltformel, Reinbek (Rowohlt) 1994
Thomas BARTELBORTH, Begründungsstrategien. Ein Weg durch die analytische Erkenntnistheorie, Berlin (Akademie) 1996
Kurt BAYERTZ, Hg., Solidarität, Frankfurt (Suhrkamp) 1998
M.R. BENNETT und P.M.S. HACKER, Philosophical Foundations of Neuroscience, Oxford (Blackwell) 2003
Jeremy BENTHAM, An Introduction to the Principles of Morals and Legislation, ch. I-V; in John Stuart Mill, Utilitarianism, ed. M. Warnock, Glasgow (Collins) 1962
Isaiah BERLIN, The Bent Twig. On the Rise of Nationalism, Foreign Affairs 51, 1972, Neudruck in The Crooked Timber of Humanity, London (Murray) 1990, 238-61, 255; dt. Der gekrümmte Zweig. Über den Aufstieg des Nationalismus, in Das krumme Holz der Humanität, Frankfurt (Fischer) 1995, 297-325
Henri BERGSON, Les deux sources de la morale et de la religion, Paris 1932
Marshall BERMAN, All That is Solid Melts Into Air, Penguin 1988
Paul BERMAN, Terror and Liberalism, New York (Norton) 2003
Hans BLUMENBERG, Schiffbruch mit Zuschauer, Frankfurt (Suhrkamp) 1979, 72.
Laurence BONJOUR, The structure of empirical knowledge, Harvard UP 1985
Johannes BRUSKI, Verbotene Zinsfrüchte, Frankfurter Allgemeine Zeitung, 21.9.1004, Beilage Finanzmärkte

Roderick CHISHOLM, Freedom and Action, in Keith Lehrer, ed., Freedom and Determinism, New York (Random House) 1966

Sabine DAMIR-GEILSDORF, Herrschaft und Gesellschaft, Der islamische Wegbereiter Sayyid Qutb und seine Rezeption, Würzburg (Ergon) 2003
Œuvres de Descartes, éd. Charles Adam et Paul Tannery, 12 vol.s, Paris 1897-1910
Die Fragmente der Vorsokratiker, Hg. H. Diels und W. Kranz, Berlin [5-7]1934-54
Ronald DWORKIN, What is Equality, Part 2, Philosophy and Public Affairs 10, 1981, 283-345.
Freeman DYSON, Infinite in All Directions, New York (Harper) 1988

Freeman DYSON, Science and Religion: No Ends in Sight. In: New York Review of Books 28.3.02

Hamid ENAYAT, Modern Islamic Political Thought, Austin (Univ. of Texas) 1982
John L. ESPOSITO, Unholy War. Terror in the name of Islam, Oxford UP 2002

Philippa FOOT, The Problem of Abortion and the Doctrine of the Double Effect, Nachdruck in Virtues and Vices, Los Angeles (Univ. of Calif. Pr.) 1978
Philippa FOOT, Killing and Letting Die, in Moral Dilemmas, Oxford 2002, 78-87
Harry FRANKFURT, Alternate Possibilities and Moral Responsibility, Journal of Philosophy 66, 1969, und in H. Frankfurt, The Importance of What We Care About, Cambridge UP 1988, 1-10

Edmund GETTIER, *Is justified true belief knowledge?* Analysis 23, 1963, S. 121-123
Johann Wolfgang GOETHE, Sämtliche Gedichte Erster Teil. Die Gedichte der Ausgabe letzter Hand, München (dtv) 1961
Jonathan GLOVER, Causing Deaths and Saving Lives, Penguin 1977
Nelson GOODMAN, Fact, fiction, forecast, Harvard UP 1954
John GRAY, Rival Freedoms, in Two Faces of Liberalism, London (Polity) 2000
Christiane GREFE, Mathias GREFFRATH, Harald SCHUMAN, Attac. Was wollen die Globalisierungskritiker, Reinbek (Rowohlt) 2003

Jürgen HABERMAS, Erkenntnis und Interesse, in Merkur 213, 1965, 1139-53
Jürgen HABERMAS, Technik und Wissenschaft als ‚Ideologie', in Technik und Wissenschaft als ‚Ideologie', Frankfurt (Suhrkamp) 1968
Jürgen HABERMAS, Wahrheitstheorien. In H. Fahrenbach, Hg., Wirklichkeit und Reflexion, Pfullingen 1973, 211-65
Jürgen HABERMAS, Theorie des kommunikativen Handelns, Frankfurt (Suhrkamp) 1981
Jürgen HABERMAS, Diskursethik, in Moralbewußtsein und kommunikatives Handeln, Frankfurt (Suhrkamp) 1983, 53-125
Jürgen HABERMAS, Life-forms, Morality and the Task of the Philosopher, in Peter Dews, ed., Jürgen HABERMAS, Autonomy and Solidarity, London 1986, 191-216
Michael HANIK, Erkenntnis und Management. Dissertation an der Universität Hamburg 2004
James HARRIS, Property and Justice, Clarendon, Oxford 1996
H.L.A. HART, Are There Any Natural Rights? Philosophical Review 64, 1955, 175-91. Nachdruck in Jeremy Waldron, ed., Theories of Rights, Oxford UP 1984, 77-90
Stephen HAWKING, Eine kurze Geschichte der Zeit. Die Suche nach der Urkraft des Universums, Rowohlt 1988
Friedrich A. HAYEK, Law, Legislation and Liberty, vol.1, Rules and Order, vol. 2, The Mirage of Social Justice, Univ. of Chicago Pr. 1973 und 1976
G.W.F. HEGEL, Grundlinien der Philosophie des Rechts, in Werke Bd. 7, Hg. E. Moldenhauer und K.M. Michel, Frankfurt (Suhrkamp) 1970
Martin HEIDEGGER, Sein und Zeit, Tübingen (Niemeyer) ^{16}1986
Martin HEIDEGGER, Die Frage nach der Technik, in Vorträge und Aufsätze, Pfullingen (Neske) 1985
Richard HERZINGER, Whisky für die Taliban, Die Zeit 39, 18.9.2004

Beatrix HIMMELMANN, Freiheit und Selbstbestimmung, Freiburg u. München (Alber) 1996
Thomas HOBBES, Leviathan, ed. Macpherson, Penguin 1968
Thomas HOBBES, Of Liberty and Necessity. English Works ed. Molesworth vol. 4, London 1840
Geoffrey M. HODGSON, Economics and Utopia, London (Routledge) 1999
Wesley Newcomb HOHFELD, Some Fundamental Legal Conceptions as Applied in Judicial Reasonings, Yale Law Journal 23, 1913, und 26, 1917
David HUME, A Treatise of Human Nature, ed. Selby-Bigge, rev. Nidditch, Oxford (Clarendon) 1978
David HUME, Dialogues concerning natural religion pt. XI, ed. H.D. Aiken, Hafner Pr., New York und London 1948
Mir Zohair HUSAIN, Global Islamic Politics, New York (Longman) ^{2}2003 (^{1}1995), 74

Papst JOHANNES PAUL II, Enzyklika Fides et Ratio an die Bischöfe der katholischen Kirche über das Verhältnis von Glaube und Vernunft, 14.9.1998, Hg. Sekretariat der Deutschen Bischofskonferenz, Bonn
Hans JONAS, Organismus und Freiheit. Ansätze zu einer philosophischen Biologie, Göttingen 1973
Hans JONAS, Das Prinzip Verantwortung. Versuch einer Ethik für die technologische Zivilisation, Frankfurt (Fischer) 1979

Bernulf KANITSCHEIDER, Im Innern der Natur. Philosophie und moderne Physik, Darmstadt (Wissenschaftl. Buchgesellschaft) 1996
Immanuel KANT, Kritik der reinen Vernunft, ed. R. Schmidt, Hamburg (Meiner) 1956
Immanuel KANT, Grundlegung zur Metaphysik der Sitten, ed. Vorländer (Meiner) 1962
Immanuel KANT, Kritik der praktischen Vernunft, ed. Vorländer, Hamburg (Meiner) 1959
Immanuel KANT, Metaphysik der Sitten, Tugendlehre Einleitung XII b, ed. Vorländer, Hamburg (Meiner) 1954
Immanuel KANT, Über ein vermeintes Recht aus Menschenliebe zu lügen, in Kants gesammelte Schriften, Akademie-Ausgabe Bd. 8
Robert D. KAPLAN, Warrior Politics, Why leadership demands a pagan ethos, NY (Random House) 2002
Gilles KEPEL, Le prophète et pharaon; aux sources des mouvements islamistes, Paris (Seuil), 1984
G.A. KERTESZ, Hg., Documents in the political history of the European continent: 1815-1919, Oxford 1968
G.S. KIRK und J.E. RAVEN, The Presocratic Philosophers, Cambridge UP 1966
H. KORNHUBER und L. DEECKE, Hirnpotentialänderungen bei Willkürbewegungen und passiven Bewegungen des Menschen: Bereitschaftspotential und reafferente Potentiale, Pflügers Archiv für die gesamte Physiologie der Menschen und Tiere 284, 1965, 1-17
Thomas S. KUHN, The Structure of Scientific Revolutions, in International Encyclopedia of Unified Science vol. II, No. 2, Chicago 1962

Imre LAKATOS und Alan MUSGRAVE, eds., Criticism and the Growth of Science, Cambridge UP 1970
Eun-Jeung LEE, Konfuzianismus und Kapitalismus, Münster (Westfälisches Dampfboot) 1997
G.W. LEIBNIZ, Nouveaux Eßais, ed. C.J. Gerhardt, Die philosophischen Schriften, vol. 5, Berlin 1982
John LESLIE, Universes, Routledge 1989
Benjamin LIBET, Unconscious Cerebral Initiative and the Role of Conscious Will in Voluntary Action, *The Behavioral and Brain Sciences VIII*, 1985, 529-39
Benjamin LIBET, Do We Have Free Will?, Journal of Consciousness Studies 6, No 8-9, 1999, 47-57
Benjamin LIBET, Mind Time. The Temporal Factor in Consciousness, Harvard UP 2004, dt. Mind Time, Frankfurt (Suhrkamp) 2005
John LOCKE, Two Treatises of Government, ed. Laslett (Cambridge UP) 1964
Paul LORENZEN, Methodisches Denken, in: Ratio 7, 1965, 1-13
John LOSEE, Theories of Scientific Progress, London (Routledge) 2004
Arthur LOVEJOY, The Great Chain of Being, 1936, ^{8}1966
John LUKACS, At the End of an Age, Yale UP (New Haven & London) 2002

D.M. MACKAY, Freedom of Action in a Mechanistic Universe, Cambridge 1967
Bernard MANDEVILLE, The Fable of the Bees; or Private Vices, Public Benefits, ^{6}1729
Thomas MANN, Joseph in Ägypten, Frankfurt (Fischer) 1991
Herbert MARCUSE, Eros and Civilization: A Philosophical Inquiry into Freud, New York (Vintage) 1955
Henry MARGENAU, Roy Abraham Varghese, Cosmos, Bios, Theos. Scientists Reflect on Science, God, and the Origins of the Universe, Life and *Home sapiens*, La Salle (OpenCourt), 1992
Hans-Peter MARTIN und Harald SCHUMANN, Die Globalisierungsfalle. Der Angriff auf Demokratie und Wohlstand, Reinbek b. Hamburg (Rowohlt) 1998
Karl MARX, Friedrich Engels, Werke, Berlin Dietz) 1962ff
Karl MARX, Grundrisse der Kritik der politischen Ökonomie, Frankfurt (Europ. Verlagsanstalt) o.J.
Arthur MITZMAN, Prometheus Revisited. The quest for global justice in the 21st century, University of Massachusetts Press 2003
Luis de MOLINA, Liberi Arbitrii cum Gratiae Donis ... Concordia, Antwerpen 1695 (zuerst Lissabon 1588)

Otto NEURATH, Protokollsätze. *Erkenntnis* 3, 1932/3, 204-14,
Otto NEURATH, Gesammelte philosophische und methodologische Schriften, Wien (Hölder) 1981.
Friedrich NIETZSCHE, Kritische Gesamtausgabe, eds. G. Colli u. M. Montinari, München und Berlin/New York (de Gruyter) ^{2}1988
Friedrich NIETZSCHE, Werke, ed. Schlechta, München (Hanser) 1954-6
Robert NOZICK, Anarchy, State, and Utopia, New York (Basic Books) 1974

Claus OFFE, The Utopia of the Zero Option (zuerst 1987), in Modernity and the State, Cambridge (Polity) 1996
Roland OMNÈS, The Interpretation of Quantum Mechanics, Princeton 1994

Roland OMNÈS, Quantum Philosophy, Princeton UP 1999 (zuerst Paris 1994)

Philippe van PARIJS, Real Fredom for All, Oxford 1995
PLATONIS Opera, ed. Ioannes Burnet, Oxford Clarendon Pr. 1900-1902
John POLKINGHORNE, The God of Hope and the End of the World, Yale UP, 2001
Karl R. POPPER, Conjectures and Refutations: The Growth of Scientific Knowledge, New York (Harper) 1963
Karl R. POPPER, Zwei Seiten des Alltagsverstands, in Objektive Erkenntnis, Hamburg (Hoffmann & Campe) 1973, 44-122
Wolfgang PRINZ, Freiheit oder Wissenschaft, in M. v. Cranach und K. Foppa, eds., Freiheit des Entscheidens und Handelns, Heidelberg (Asanger), 86-103
Samuel PUFENDORF, De jure naturae et gentium libri octo IV, Lund 1672

Willard van Orman QUINE, *Word and Object*, Cambridge/Mass. (MIT) 1960
Sayyid QUTB, *Social Justice in Islam*, Islamic Publications (Oneonta, N.Y.), übersetzt von John B. Hardie, revidierte Übersetzung von Hamid Algar, 2000
Seyyid QUTB, Milestones, Damaskus (Dar al-Ilm) o.J. (zuerst 1964)

Jonathan RABAN über Adam Curtis in *The New York Review of Books* Jan. 13, 2005
John RAWLS, A Theory of Justice, Oxford (UP) 1973
Joseph RAZ, Incommensurability and Agency, in Ruth Chang, Hg., Incommensurability, Incomparability, and Practical Reason, Harvard UP 1997, 110-28
Nicholas RESCHER, Buridan, Jean, in der Encyclopedia of Philosophy, ed. Paul Edwards, New York (Macmillan) 1967
Heiner ROETZ, Die chinesische Ethik der Achsenzeit. Eine Rekonstruktion unter dem Aspekt des Durchbruchs zu postkonventionellem Denken, Frankfurt (Suhrkamp) 1992
Heiner ROETZ, Chancen und Probleme einer Reformulierung und Neubegründung der Menschenrechte auf Basis der konfuzianischen Ethik, in Walter Schwendler, Hg., Menschenrechte und Gemeinsinn – westlicher und östlicher Weg? St. Augustin (Academia) 1998
John RUSKIN, Unto this last, in Unto this Last and Other Writings, Penguin 1985
Bertrand RUSSELL, Der Pragmatismus, in B. Russell, Philosophische und politische Aufsätze, ed. Ulrich Steinvorth, Stuttgart (Reclam) 1971, 60-98. Zuerst in Edinburgh Review 209, April 1909, 363-88
R.J. RUSSELL, William R. Stoeger, S.J., George V. Coyne, S.J., Hg, Physics, Philosophy, and Theology, Vatican Obervatory, Vatican City 1988
Malise RUTHVEN, A Fury of God, London (Granta) 2002 (stellt im 3. Kap. *Milestones* vor);

Max SCHELER, Gesammelte Werke Bd. 8 und 9, Bern (Francke) 1976
Thomas SCHMIDT, Moral begründen, Moral verstehen. Zum Objektivitätsproblem in der gegenwärtigen Moralphilosophie, Habilitationsschrift an der Universität Göttingen April 2005
Reinold SCHMÜCKER, Krieg als Mittel der Moral? in Nationale Interessen und internationale Politik, Rechtsphilosophische Hefte X, 2005, 7-41
John SEARLE, Intentionality, Cambridge UP 1983

Susan SELL, Private Power, Public Law. The Globalization of Intellectual Property Rights, Cambridge UP 2003
Amartya SEN, Elements of a Theory of Human Rights, in Philosophy and Public Affairs 32, 2004, 315-56
William E. SHEPHARD, Sayyid Qutb and Islamic Activism. A Translation and Critical Analysis of *Social Justice in Islam*, Leiden (Brill) 1996
Henry SIDGWICK, The Methods of Ethics, Bk III ch xi §3; London (Macmillan) [7]1907
Adam SMITH, The Wealth of Nations (1776), ed. A. Skinner, Penguin 1986
Wolfgang SPOHN, How to understand the foundations of empirical belief in a coherentist way, in Proceedings of the Aristotelian Scoiety 98, 1997/8, 23-40
Hillel STEINER, An Essay on Rights, Oxford (Blackwell) 1994
Hillel STEINER, Three Just Taxes, in Philippe van Parijs, ed., Arguing for Basic Income, London 1992
Ulrich STEINVORTH, Warum überhaupt etwas ist, Reinbek b. Hamburg (Rowohlt), 1994
Ulrich STEINVORTH, Gleiche Freiheit, Berlin (Akademie) 1999
Ulrich STEINVORTH, Was ist Vernunft? München (Beck) 2002
Ulrich STEINVORTH, animal rationale, in Heinrich Schmidinger und Clemens Sedmak, Hg., Der Mensch – ein ‚animal rationale'? Vernunft - Kognition - Intelligenz, Darmstadt (Wissensch. Buchgesellschaft) 2004, 32-47
Ulrich STEINVORTH, Gründe und Grenzen militärischer Gewalt, in Nationale Interessen und internationale Politik, Rechtsphilosophische Hefte X, 2005, 43-67
Ulrich STEINVORTH, Natürliche Eigentumsrechte, Gemeineigentum und geistiges Eigentum, Deutsche Zeitschrift für Philosophie 52, 2004, 717-38

Paul THAGARD, Coherence in thought and action, MIT Press 2000
Henk T. THOMAS und Christopher LOGAN, Mondragon: An Economic Analysis, London (Allen&Unwin) 1982
Judith Jarvis THOMSON, The Realm of Rights, Harvard UP 1990
Ernst TUGENDHAT, Vorlesungen zur Einführung in die sprachanalytische Philosophie, Frankfurt (Suhrkamp) 1976

Max WEBER, Gesammelte Aufsätze zur Religionssoziologie, Tübingen (Mohr) 1920
Max WEBER, Parlament und Regierung im neugeordneten Deutschland, in Gesammelte politische Schriften, Tübingen [2]1958
Max WEBER, Wirtschaft und Gesellschaft, Tübingen (Mohr) [5]1980
Max WEBER, Soziologie, universalgeschichtliche Analysen, Politik, hg. J. Winckelmann, Stuttgart (Kröner) 1973
Steven WEINBERG, The first three minutes, New York, Basic Books 1977
Steven WEINBERG, Dreams of a Final Theory. The Scientist's Search for the Ultimate Laws of Nature, New York (Random) 1992, with a new afterword (betr. des Superconducting Supercollider) 1994
Steven WEINBERG, A Designer Universe? The New York Review of Books Oct. 21, 1999, 46-48
Lawrence WEISKRANTZ, Blindsight. A Case Study and Implications, Oxford 1998 (zuerst 1986)
Lawrence WEISKRANTZ, Consciousness Lost and Found, Oxford UP 1997
Leif WENAR, The Nature of Rights, Philosophy and Public Affairs 33.2005, 223-52

Rotraud WIELANDT, Spielräume ethischer Entscheidungsfindung in der Sicht zeitgenössischer Islamisten, in F.-J. Bormann und Chr. Schröer, Hg., Abwägende Vernunft. Praktische Rationalität in historischer, systematischer und religionsphilosophischer Perspektive, Berlin (de Gruyter) 2004, 715-37

Bernard WILLIAMS, A Critique of Utilitarianism, in: J.J.C. Smart u. B. Williams, Utilitarianism. For and Against, Cambridge 1973, 77-150

Bernard WILLIAMS, Truth and Truthfulness, Princeton UP 2002

Ludwig WITTGENSTEIN, Philosophische Untersuchungen, in Schriften, Frankfurt (Suhrkamp) 1960

Ludwig WITTGENSTEIN, Logisch-philosophische Abhandlung, in Schriften, Frankfurt (Suhrkamp) 1960

Theodore ZIOLKOWSKI, The Sin of Knowledge. Ancient themes and modern variations, Princeton UP 2000

Namenregister

Abu Zahra 73
Adam 34
Adorno 94
Al-Azm 23, 43, 201
Al-Banna 39
Albert 96
Alexander 63
Altes Testament 14
Arendt 157, 159, 162, 170, 172, 197ff
Aristoteles 23, 32f, 57, 59, 62-5, 147, 159ff, 176, 191f
Asad 48-51
Assmann 56, 66
Augustin 112

Barrow 105
Bartelborth 106
Bayertz 143
Bayle 56
Bennett 32, 118
Bentham 9, 23, 99, 129f
Bergson 56
Berlin 13
Berman, Marshal 12, 15, 198f
Berman, Paul 36
BonJour 106
Bramhall 160
Bruski 75
Brzezinski 205
Buridan 159

Chisholm 156
Condorcet 12
Constant 134
Curtis 36

Damir-Geilsdorf 36ff, 48, 84
Davidson 154
Demokrit 182
Derrida 94
Descartes 9, 23, 112, 157f, 161ff, 170
Dewey 76

Duns Scotus 159, 162, 172
Dworkin 149
Dyson 182f, 189, 191

Einstein 104f
Empedokles 182
Enayat 87
Engels 12, 196
Esposito 87
Eva 34

Ferguson 202
Foot 137
Frankfurt 157

Galen 32
Gellner 87
George 205
Gettier 98
Ghazali 159
Glover 133
Goethe 12, 28, 189
Goodman 106
Gorbatschow 204
Gray 61, 89

Habermas 12, 16f, 30, 89, 93f, 108, 160, 167f, 206, 210
Hacker 32, 118
Hanik 98
Harris 148
Hart 136, 138
Hawking 175
Hayek 74, 202f
Heidegger 30, 112f, 189, 197
Hegel 71, 93, 141
Herzinger 208f
Himmelmann 11
Hobbes 9, 12, 23, 59f, 147f, 151, 160
Hodgson 74f
Hohfeld 138
Humboldt 12

Hume 47, 61, 112, 155f, 178f, 189, 202

James 76
Johannes Paul II 18, 23-29, 35, 37, 45, 50 82, 173, 177
Jonas 30, 47, 183, 197ff

Kant 9, 12, 23, 33, 59f, 66-70, 99, 111f, 129f, 132, 134-7, 155-60, 169f, 174ff, 187, 191, 203
Kaplan 209
Kepel 36
Kertesz 23
Konfuzius 32
Koperinikus 106
Kornhuber 164
Kuhn 105

Lakatos 105
Lee Eun-Jeung 32
Lefebvre, Erzbischof 23, 201
Leibniz 160, 162f, 190f, 194
Leslic 177
Leukipp 182
Libet 118, 123, 158, 165f
Locke 12, 23, 58ff, 70, 112, 147f, 151f, 158, 170, 203
Lorenzen 10
Losee 104f, 107
Lovejoy 190f, 194
Lukacs, John 181f
Luther 24

MacKay 166
Mandeville 203
Mann, Thomas 57
Marcuse 30, 197ff, 206
Marx 12f, 28, 74, 191, 196, 199ff, 203
Martin 205
Medea 162
Mesland 161
Mephisto 189
Metz 143
Mitzman 30
Molina 157f
Mondragon 75
Musgrave 105
Mustafa 43

Nagib 37
Nasser 37
Neurath 10f, 13f, 72, 174
Newton 47, 104f, 152
Nietzsche 10f, 13f, 34, 174, 198, 211
Nozick 133, 140-5, 150

Offe 12ff, 199
Omnès 176
Ovid 162
Otto 56

van Parijs 141
Parmenides 190
Peirce 76
Pius IX 23
Pius XII 177
Platon 9, 23, 62f, 97f, 112, 129, 133, 190, 192, 194
Polanyi, Karl 74
Pokinghorne 189
Pope 12
Popper 14, 93f, 96ff, 104-109, 111, 127, 209
Prinz 165
Probst, Manuel 102
Prometheus 20, 27-30, 34, 50, 54, 62, 79, 82, 85, 110, 189f, 192, 195-8, 205ff
Pufendorf 144

Quine 10
Qutb 18, 25, 35-88, 97, 106, 108, 143, 173, 192, 197, 199, 207f

Rackham 161
Rawls 94, 133, 140f, 143, 145f, 154, 192f, 197
Raz 89, 159
Rendtorff 669
Rescher 15
Roetz 32f
Rom 47, 52, 63,
Rousseau 15, 211
Ruskin 74
Russell 77ff, 81, 108

Scheler 108f, 129, 183
Schmidt, Thomas 153

Schmücker 140
Schopenhauer 47, 193
Schumann 205
Searle 156
Sell 148
Sen 69
Shephard 37
Sidgwick 132
Smith, Adam 202f
Sokrates 9, 33, 62, 133, 135
Socinus 182
Spohn 106
Stachanow 140
Steinecke 194
Steiner 144
Steinvorth 21, 140, 143f, 148f, 184
Strauss 35
Strawson 154

Taliban 206
Thagard 106

Thomson 133, 137f, 148
Tugendhat 160

Wang Yangming 32f
Weber 12f, 15f, 41, 49ff, 53-6, 63, 80, 86, 91, 93, 125, 172, 194, 196, 200f, 203, 206, 211
Weinberg 176-184
Weiskrantz 118
Weiss s. Asad
Wenar 138
Williams 19, 135
Wildt 143
Wielandt 39, 48, 84
Windhager 48
Wittgenstein 14, 93-97, 110-127, 147, 153ff, 175f, 193, 195, 197

Xunzi 31ff

Ziolkowski 27f, 34